孤独社会

現代日本の〈つながり〉と〈孤立〉の人類学

Chikako Ozawa-de Silva

The Anatomy of Loneliness

Suicide, Social Connection, and the Search for Relational Meaning in Contemporary Japan

小澤デシルバ慈子

吉川純子 訳

青土社

孤独社会

目次

第七章　孤独が教えてくれること　265

孤独社会　現代日本の〈つながり〉と〈孤立〉の人類学

チャン・チャンに

日本語版への序文——日本の読者の皆さんへ

私は心理的苦悩、病や死、ウェルビーイング、心理療法、観想的実践に関する文化を考察する医療人類学、心理人類学を専門としています。特にセラピーとして、そして観想的実践としての内観、ウェルビーイング、自殺、孤独について長年研究してきて、その成果を日米での出版やシンポジウムなどを通して発表してきました。日本で大学卒業後、イギリスでオックスフォード大学にて人類学の博士課程、その後アメリカでハーバード大学にて客員研究員、シカゴ大学にてポスドクを経て、二〇〇三年以来アトランタのエモリー大学にて人類学者として教鞭を執り、研究に取り組んでいます。

人類学とはそもそも文化、異文化分析に焦点を当てる分野なのですが、それに加えて日本人としてイギリスおよびアメリカに長年住んでいると、自分の生まれ育った日本社会の抱える問題がクッキリと浮かび上がって見えてくることもあります。例えば、二〇一〇年、日本にサバティカルで戻っていて何気なくNHKニュースを見ていたときのことでした。たまたま失業者のインタビューを報道していたのですが、インタビューを受けている人の顔にボカシがかかり、音声も意図的に変え男性なのにとても甲高い声で応答していたのです。私は大きな違和感を持ちました。アメリカではインタビューでボカシがかかったりするのは匿名性が必要な犯罪者ぐらいだというイメージがあります。日本では失業することはそれほど屈辱的なことなのでしょうか？　アメリカという失業が誰にでも起きる可能性のある国に長年住んでいると、失業者に対する日本社会の態度がこれほどネガティブなのか、とテレビ報道の配慮から翻って日本社会の失業者に対する態度を見せられる結果となったのです。幼少の頃からそういう報道を見慣れていると、失業することは社会的にとても恥ずべきことだと刷り込まれるのではないでしょうか。「当たり前」とされていることから少し外れることに対して、目に見えないレベルでの社会的規制がかかり、社会から排除される傾向が強いことに、日本を離れてより強く気づくようになりました。

孤独とは何でしょうか？　孤独はなぜ個人の問題だけではなく社会全体の問題となるのでしょうか？　日本でもコロナ禍を経て孤独、孤立問題についての議論、出版物が多々うまれました。しかしコロナ以前にもすでに孤独が社会問題となってきていることは認識されており、二〇一八年にはイギリスのテリーザ・メイ前首相により「孤独は現代の公衆衛生上、最も大きな課題の一つ」としてトレーシー・クラウチ前下院議員が孤独問題担当大臣に任命されたのは皆さんの記憶にも新しいのではないでしょうか。奇遇にも私の著書、*The Anatomy of Loneliness: Suicide, Social Connection and the Search for Relational Meaning in Contemporary Japan* が出版された二〇二一年、日本でも孤独問題を担当する大臣が世界で二番目に任命されました。二〇二二年に日本政府は孤独、孤立の実態に関する全国調査結果を発表しました。孤独感が「しばしば、常にある」「時々ある」「たまにある」と返答した人の割合が全体で三六・四％、二〇〜二九歳の年齢層ではなんと四四・四％でした。日本社会における孤独の深刻さが浮き彫りになりました。

引きこもり（これは日本独自の問題だと認識されている）、ニート、高い自殺率、最近の若年者による自殺問題がしばしば報道され、書店に行けば「生きづらさ」をタイトルに掲げた書籍が多くあります。そして特に二〇〇〇年代前半から報道された「インターネット集団自殺」。これら全てに共通しているのは孤独感です。日本社会の何がこのように孤独感を引き起こしているのでしょうか。なぜ日本の若年者はこのような孤独感、生きづらさを感じているのでしょうか。

日本社会の孤独について、まず大事なのは孤独とは一人でいるという物理的な状態のみを指すのではなく、居場所やつながりの欠如、誰にも必要とされていない、認識されていない、受け入れてもらえない、自分は社会にとって価値がないと感じる社会的な「孤独感」も存在するということです。ゆえに孤独への対策には、孤独を個人の問題とする見方から、社会的な条件が若年者を孤独感や自殺願望へと向かわせているという見方への転換が必要です。本書では社会問題としての孤独について分析し、最終章では孤独への対策や対応を提示します。人間を道具として目的志向で捉え、個人の成果やパフォーマンスのみを測り評価するような方法からの転換が必要なのではないでしょうか。

本書は、具体的なとある人物の孤独の経験についてだけではなく、社会の孤独についても扱っています。ゆえに、私は「孤独な社会」(Lonely Society)というあえて逆説的なフレーズを使っています。もともと社会とは人々が共に生活すること、社会的に参加することを意味します。社会に属するということは一人でないということです。しかしだからと言って、人は独りぼっちだと感じないとは言えません。「孤独な社会」にはいくつかの条件があります。第一条件は、その社会にいるたくさんの人が孤独を感じていること。それを「孤独の蔓延」という人もいます。第二条件は、その社会にいる人々が自分は重要でなく価値が無い存在だと思わせられてしまう社会。この場合、社会構造のあり方に問題があり、その社会の構造は帰属意識やつながりよりも、孤独感を促進するようなものです。第三条件は、その社会またはコミュニティ自体が孤立していて、他の社会とのつながりがない、もしくは見捨てられている、無視されている、過小評価されている、権利をはく奪されているなどと感じてしまう状況です。本書で明らかにしたことですが、私は日本は「孤独な社会先進国」だと残念ながら思わざるをえません。しかしこの本では孤独とは何かということから、孤独と孤立の違い、孤独の経験についてのナラティブ、日本が孤独社会になった理由を分析するだけではなく、最終章では個人レベル、そして社会レベルでのいくつかの解決法も提示しています。

また、この本の日本語版を担当してくださった青土社の村上瑠梨子さんと、翻訳をしていただいた吉川純子さんに感謝を申し上げたいです。なかなか日本語でピッタリくる訳語がない専門用語も多い中色々と相談に乗って頂きありがたかったです。

最後にこの本を手に取ってくれた日本の読者の方に感謝したいです。日本社会における孤独を扱った本書が今回こうして日本語版が出版されたことでより多くの日本の人々に読んでいただける機会を提供でき、とても感慨深いです。現在孤独感を体験している方、および周りに孤独に苛まされている人がいる方、そして孤独についての理解をもっと深めたいと願っている専門家の方に、この本が少しでもお役に立てることを願ってこの序文を終えます。

三月の春日和のアトランタにて

小澤デシルバ慈子

謝辞

このプロジェクトについて考えるとき、「縁起（interdependence）」という概念を思い浮かべずにはいられません。これは、仏教でよく知られている概念で、自分としては大好きなものです。この本の出版は、多くの人々のご厚意、ご支持、そしてご理解なしには実現できなかったでしょう。ここにお名前をすべて挙げきれないほど多くの方々にお世話になっているうえ、私の知らないところでも間接的にご協力いただいた方々も大勢いらっしゃるに違いありません。フィールドワークを行うときは、いつも頭の下がる思いがします。私と対話をしてくださった方々、このプロジェクトを実現可能にして下さり、そのために時間を割いていただいた方々の親切に、私はたびたび感銘を受けました。このプロジェクトに関わった方々は、それぞれがユニークでかけがえのない役割を担って下さいました。

この本の企画がどのように始まったかを振り返ると、二〇年以上前の二〇〇〇年に遡らなければなりません。ハーバード大学の客員研究員だった私は、ハーバード大学の医療人類学プログラムの金曜モーニングセミナー（ＦＭＳ）で、絶えず刺激を受けていました。おそらくこのときに、主観性と孤独に対する私の長期にわたる関心が芽生えたのでしょう。私が訪問した年にＦＭＳを運営していたメアリー＝ジョー・グッド博士とバイロン・グッド博士には、それ以来、長年にわたるご支援とご親切をいただき、感謝しています。FMSの多くの刺激的な発表者の中でも、ジョアオ・ビール博士とロバート・デジャーレイ博士にご自身の研究を語っていただいたことに感謝したいと思います。私は今でも彼らの講演や考察を憶えていますし、彼らの本を読んだり教えたりするたびに、心の中で対話をしています。

アーサー・クラインマン博士には感謝しています。博士は、日本におけるインターネット集団自殺に関する私の研究を知って、私がまったく別の（もっと感情的負担の少ない）テーマに移ろうかと迷っていたときに、鬱や自殺研究において著名なクライマン博士にこのテーマは大事だから探究する価値が大いにあると背中を押していただき、そのテーマを突き詰めた結果、孤独に関する本書のプロジェクトに発展するきっかけを作ってくださいました。北中淳子博士もまた、私の研究の実現に大きな役割を担って下さいました。私の一年間の研究休暇を彼女が所属する慶應義塾大学の客員教授として過ごすようお招きいただき、精神医学と自殺研究の主要人物に私を紹介して下さったのです。彼女はまた、私の自殺に関する論文の草稿をお読み下さり、洞察に満ちた多くのご意見を下さいました。当時、国立精神・神経医療研究センター（NCNP）に勤務しておられ、現在は立命館大学教授の川野健治博士は、NCNPでインターネット集団自殺や若者の自殺対策に取り組んでいる彼のチームに会わせて下さり、またその他の数多くのミーティング、ワークショップ、会議に招いて下さいました。NCNPのチームメンバーの中で、勝又陽太郎博士と末木新博士には、研究と時間を惜しみなく共有していただき、感謝しています。

「いのちの電話」の創設者である齊藤友紀雄博士には、何度もお目にかかってご自身の豊富な経験を語っていただき、さらに日本の自殺やメンタルヘルスに関する多くの専門家を紹介していただいて、本当に感謝しています。齊藤先生の優しさと自殺防止への真摯な取り組みに、私は心を打たれました。また、茨城大学の伊藤哲司博士には、北茨城での三・一一に関する質的心理学震災ワーキンググループに私を加えていただき、お礼を申し上げます。また、このワーキンググループのメンバーである八ッ塚一郎博士には、北茨城を訪問した際に先生が撮影した写真を本書で使用することをご快諾いただき、感謝申し上げます。ご厚意と温かいお言葉をありがとうございました。

また、本書の一つの章を構成するインタビューを進んで受けてくれた学生の皆さんにも感謝いたします。彼らはしばしば一回のインタビューに二時間を費やし、何人かは複数回のインタビューを受けてくれました。彼らの人生に対する真摯な態度、家族や友人に対する温かい思い、将来に対する希望や不安の話は、私に感動を与え、また本書のいくつかの重要な問題に対する洞察を与えてくれました。本書では、匿名性を守るために学生の方々の名前を変えていますが、私はインタビューを受けてくれた方々のことを懐かしく思い、将来またお目にかかりたいと願っております。

エモリー大学では、数多くの同僚や大学院生が論文の草稿を読み、詳細なコメントや考察を提供してくれたことに大変感謝しています。北茨城と三・一一災害の章は、彼らのコメントを受けて大幅に修正されました。特に私の学生たちは、この災害が起こったときの私自身の体験について話すことをためらわないよう、私の背中を押してくれました。アン・アリソン博士、クラウディア・ストラウス博士、ボビー・ポール博士、池内須磨博士、エレナ・レズリー博士などの皆さんが本書の原稿全体を読んで下さり（何度も読んでくれた方もいます）、彼らの意見や提案によって本書の内容が補強されたのは間違いありません。彼らの関心と費やしてくれた時間、そして洞察力にとても感謝しています。

また、カリフォルニア大学出版局の"Ethnographic Studies in Subjectivity"というシリーズの編集者であるターニャ・ラーマン博士には、貴重なご意見と建設的なご提案をいただき、長年にわたって素晴らしい友人、同僚としておつき合いいただいていることに感謝いたします。レベッカ・レスター博士とクラーク・チルソン博士は原稿の査読者を務めて下さり、幅広く貴重なコメントを寄せて下さったおかげで、本書は大きく改善されました。お二人が貴重な時間を費やして下さったこと、専門知識を共有して下さったこと、そして本書の価値を信じて下さったことに感謝しています。

また、カリフォルニア大学出版局のケイト・マーシャルとエンリケ・オチョア‐カウプにも感謝の意を表したいと思います。彼らのたゆまぬ努力のおかげで、本書の出版は実にスムーズでストレスのないものとなりました。エモリー大学で人類学の博士号を取得中のA・J・ジョーンズに感謝いたします。彼女は、編集に関して水も漏らさぬ目を持つ素晴らしい研究者です。彼女の編集能力、重要なコメント、そして参考文献、末註、書式設定に関する支援はこの上なく貴重で、彼女の手助けにはとても感謝しています。

夫のブレンダン・オザワ＝デシルバには特に感謝しています。彼がいなかったら、本書というプロジェクトを完成させることはできなかったでしょう。彼のサポートがどれほどありがたいものであったかは、言葉では言い表せません。このプロジェクトを本にするのは無理だろうと思った日々もありました。彼は、私の話にじっと耳を傾けてくれて、本書の主たるテーマがどうあるべきかを明確にする手助けをしてくれました。私が精神的に疲れ切っているときには、そばに寄り添って元気づけてくれました。本書がこのような形になるまでに最も大きな影響を与えた人が一人いるとすれば、それはブレンダンです。彼は、人類学以外の学問、特に心理学と神経科学の研究の多くを提案してくれて、それは本書とその主張に活かされています。彼は過去二〇年間にわたって私の学問的視野を広げてくれて、初めて会って以来、これまでずっと私の同志でいてくれました。何があっても私を支え、鼓舞してくれる存在でいてくれたことに、感謝の気持ちでいっぱいです。

また、本書の重要部分の執筆が行われた場所として、ラファ自身とその家族を含むラファ・ナダル・スポーツセンター・アカデミーの経営者とスタッフにも感謝いたします。ブレンダンと私は数年前、魅力的なマヨルカ島に惚れ込んで、当スポーツセンターで数週間を過ごしました。午前と午後に執筆し、そしてスパでリラックスし、ジムで汗を流したのです。ラファが一度に三時間もコートで練習し、その後クリスマスの時期でさえずっと休まずジムで練習する姿は、粘り強さと計画的な努力が持つ力を日々思い起こさせてくれましたが、当センターの和やかな雰囲気は、仕事と家族、そしてコミュニティが決して相容れないものである必要はないことを教えてくれました。

本書の改訂は、新型コロナ禍の一年目に完了しました。新型コロナ・パンデミックによって孤独や社会的孤立への関心が大きく高まり、私もこれらのテーマでいくつかの講演に招待されました。新型コロナ禍の経験が、人と人とのつながりの大切さを教えてくれることを、そしてその結果、孤独や社会的な絆に関する研究が進むことを期待しています。そのような絆と言えば、最後に、私を育て、生涯にわたって私を支えてくれた両親に感謝したいと思います。両親の支援と理解がなければ、私がアメリカで勉強し、やがて人類学者になるチャンスはなかったでしょう。お父さん、お母さん、心配なときもあったでしょうに、娘が日本を離れて留学することを許してくれて、ありがとうございました。お父さん、お母さんが私を信頼してくれたことは、とてもありがたく思っています。

本書の研究は、米国政府機関の「全米人文科学基金（NEH）」による「日本に関する先進的社会科学フェローシップ助成金」および、エモリー大学の「宗教と公衆衛生の共同組織」からの「新規プロジェクト助成金」などの内部資金によって実現されました。

言葉遣いに関する覚書

インタビューした大学生、北茨城などでの対話の相手、投稿を引用した自殺サイトの訪問者は仮名で表記しています。川野健治博士や伊藤哲司博士など実名を使う場合は、ご本人の許可を得ています。

はじめに――つながりを失った人々と孤独な社会（「ロンリー・ソサエティ」）

孤独は、社会にとっても、教育面でも、経済面でも、そして健康面でも大きな問題であり、二〇三〇年までには流行り病のように蔓延するだろう。……今のところ、これを防ぐ手段はない。解決策はどこにあるのだろうか？　どこにも見つからない。

――スティーブン・ホートン教授（西オーストラリア大学）

孤独はすべての人間に起きることであり、誰にとっても他人事ではない。人は誰でも、時に寂しく感じたり、置いてきぼりにされたと感じたり、仲間外れにされたと感じたり、見捨てられたと感じたことがある。これは、まったく正常なことなのだ。なぜならば、本書が示すように、私たちが孤独を感じる能力の根底には、人間の脳や生物としての性質そのもの、社会とのつながりを求める気持ち、そして一人の人間、すなわち「自己」というものの本性があるからだ。私たちは、人間として何かに所属したり社会とのつながりを持ったりしたいという欲求と、自分と「自分ではない」ものとは別のものだという感覚によって自分の意識や自己そして主体が定義されているという事実とのせめぎ合いを絶えず経験している。

しかしながら、人によっては、時に孤独を感じるというだけでなく、ずっと孤独な状態にあることもある。このような人は、度を超えた孤独を感じている。この苦しみは、必ずしも精神障害や精神疾患ではない。それは、身体や心の病気として片づけられるものではない。どう分類するにせよ、この苦しみは主観的なものである。つまり、ある人がその苦しみを抱えているということは真実ではあるものの、必ずしも他の人々の目に見えるとは限らないということだ。家族や友人に囲まれているのに、ひどく孤独を感じている人もいるだろう。現代社会において、事実としてこのような孤独のあり方がよりありふれたものになってきていることを憂慮すべきである。

世界に蔓延する孤独

孤独が身体の病気でもなく、精神障害でもないのなら、それはいったい何なのだろうか。それが本書で明らかにしようとする重要なトピックの一つである「孤独の分析」である。しかしながら、本書が最も伝えたいことの一つは、孤独の分析は一個人を分析することではなく、ある種の社会を分析することだということである。

孤独と言えば、おそらく単身独居の人を思い浮かべることだろう。しかしながら現代においては、孤独は実のところ社会的な問題である。高度に産業化された社会では、それが特に深刻であり、役人たちは、孤独の広がりを「蔓延する疫病」と呼んでいる。『ニューヨーク・タイムズ』や『ガーディアン』のような新聞が特集を組み、「孤独は肥満や喫煙以上の脅威とは言わないまでも、同じぐらい深刻な健康への脅威である」と報じている。二〇一八年に、当時の英国首相テリーザ・メイは「孤独は現代の公衆衛生上の最大の課題の一つである」と言い切った。そして、孤独を抑制するため、政府を挙げての取り組みの先頭に立つ、同国初

の孤独問題担当大臣トレーシー・クラウチを任命した。(1)

この変革は、英国で九〇〇万人が「しばしば」または「常に」孤独を感じている、という研究結果を受けて行われたものである。米国で二〇一〇年に行われた調査によれば、四五歳以上の米国民の三分の一以上が孤独を感じている。(2)二〇一七年に、米国の元公衆衛生長官ヴィヴェック・マーシーは、孤独感を「ますます増える疫病」と呼び、社会的孤立が「一日一五本のタバコを吸うのと同じくらい寿命を縮めかねない」とする研究について言及した。(3)他の研究によると、社会的孤立は肥満や薬物乱用よりも寿命を縮め、死亡リスクを二六%増加させることが判明している。(4)心理学者と遺伝学者の共同研究により、慢性的な孤独が遺伝子発現の変化を起こし、それによって身体の健康状態が悪化し、病気にかかりやすくなることが判明している。(5)孤独に関する著名な研究者たちの主張によれば、長期的な孤独は、うつ病、不安、自殺念慮など、全体として精神衛生上悪い結果につながる。(6)そのため現代の学界においては、孤独は個人の問題というだけではなく、身体にも心にも悪影響を及ぼし、死亡のリスクさえ高める公衆衛生上の問題だと捉えられている。(7)

最近まで、世界保健機関（ＷＨＯ）や米国国立精神衛生研究所（ＮＩＭＨ）等の組織の自殺防止対策は、主にうつ病の治療に焦点を当てる傾向があった。一方で自殺の研究者たちは、うつ病と自殺との関係は単純なものではないことを強調している。彼らは、むしろ家族内に自殺者がいることや自殺という行為が選択できると知ったこと、生い立ち等の要因が加わることを指摘している。(8)コリー・キースのように、心を病んでいなければ心の健康状態が良いというわけではないと捉える研究者たちも、精神疾患よりも有害で、将来の自殺によりつながりやすいのは「倦怠感や衰弱感を伴う苦しみ（languishing）」、すなわち感情的、社会的、心理的なウェルビーイングが欠如した状態と考えられるものだと主張している。その結果、うつ病を患っていても生きがいを感じていて人間関係などに恵まれている人たちは、心を病んではいなくても倦怠感や衰弱感を伴う苦しみがあり、生きがいや人間関係に恵まれない人たちよりも自殺のリスクが低くなる可能性がある。[9] これが示唆していることは、心の健康と自殺に関する研究は、社会的支援や孤独などの要因を考慮すべきだということだ。キースらは、心の健康状態が良いということは、心を病んでいないというだけでなく、生きがいなどの心理的および社会的ウェルビーイングが感じられる状態だと述べている。[10]

孤独と自殺

本書は、孤独に関する研究プロジェクトとして始まったものではなく、日本の自殺に関する研究プロジェクトとして始まったものだが、自殺の根底にある非常に重要な問題は孤独だということを明らかにする方向に次第に変化してきた。一九九八年に、日本では自殺率が突然に高まり、年齢層によっては五〇％も増加した。そして、自殺率はその後も高止まりを続けた。これは日本において大きな不安を巻き起こし、多くの問題が提起された。当初、自殺者の急増は、次の二つが原因だと考えられていた。それは、日本経済の停滞とうつ病——特に失業などの要因によるうつ病である。自殺者の急増は、一九九〇年代初頭の日本のバブル崩壊により、不安定な経済と失業に直面した四〇代から六〇代の男性を主に襲った問題だと見られていた。

しかしながら、この想定には当初から無理があった。まず、自殺者の急増は日本の生産年齢世代の男性だけでなく、青少年を含む複数の年齢層で発生しており、青少年の自殺はたった一年で五〇％も増加していた。次に、経済の停滞がうつ病の引きがねとなり、うつ病から自殺に至るという説明は、自殺未遂者たちが自ら語った話には当てはまらなかったし、またインターネット集団自殺のような全く新しい自殺形態がなぜ出現したのかをうまく説明することはできなかった。

経済の長期停滞と、それに伴う非正規雇用（パートタイムや派遣社員）の増加が、中年層だけでなく、バブル崩壊後に育ったより若い世代にも悪影響を及ぼしていたのである。日本の若者が大きな影響を受けていたことを示す二つの兆候として、ニート（学生でもなく、働いてもいないし、訓練を受けているわけでもない人たち）と引きこもり現象の増加がある。引きこもりの若者は、半年から数年という長期にわたって自分の部屋や家から出ずに閉じこもったままで、親やケアする人に食事や生活必需品を頼りきっている。[11]

二〇〇三年に、私は日本の「自殺サイト」をたびたび訪れる人たちの調査を開始した。[12] 日本で自殺が急増した理由、さらに、新しい自殺の形態、特にインターネット集団自殺（ネット上で知り合った人たちが、お互い知り合いでもないのに、合意の上で実際に集まって自殺をすること）が出現している理由を理解したいと思ったのである。ほどなくして分かったことは、自殺サイトの訪問者が訴える問題は、失業や労働条件の問題にもうつ病にもほとんど関係がないということだ。むしろ、最もよく出るテーマは、孤独、生きがいのなさ、他人から必要とされているとは感じられないということだった。どれも日本の学界やメディアでの自殺をめぐる言説ではあまり語られないテーマであった。しかしながら、私は、自殺サイトの訪問者がよく口にするテーマを知ったとき、日本全国で同じテーマがさまざまな形で現れていることに気がついた。本や映画、テレビ番組、そして私が「親密さの商品化」と呼ぶ新しい形態の交際サービス業［訳注：「イケメソ宅泣便」などの性的接触を伴わないサービス］の中にも同じものが現れていた。私は、自分の研究において、自殺の問題だけでなく、日本の若者が直面しているより深く根本的な問題、特に孤独の問題に焦点を当てなければならないことに気がついた。

こうした根本的な問題は、日本だけでなく現代社会全般の問題だと多くの社会評論家が指摘している。二〇一六年に、ダライ・ラマは、『ニューヨーク・タイムズ』への投書で次のように書いている。

私たちは誰でも、必要とされることを求めているのです。……（豊かな国における）問題は、物質的な豊かさが足りないことではありません。自分がもはや役に立っていない、必要とされていない、社会の一員ではない、と感じている人々が増えていることが問題なのです。……今日の米国では、五〇年前と比べて三倍もの生産年齢人口の男性が、完全な失業状態にあります。このような現象は先進国全体で出現しており、その影響は経済的なものにとどまるものではありません。人は自分が余計ものだと感じると、殴られたような痛みを心に感じます。それが社会的孤立や精神的苦痛を生み、ネガティブな感情が根づく状況を作り出しているのです。[13]

ダライ・ラマがたびたび述べてきたことは、物質的なウェルビーイングを重視するあまりにウェルビーイングのより人間的、感情的、社会的な側面を軽視すれば、不安、孤独、生きがいの喪失といった問題の増加につながるというものである。後に述べるように、日本の政治経済学者たちも、物質的なウェルビーイングのみを重視することが主観性の危機につながっているというダライ・ラマと同様の結論に至っている。

孤独な社会

本書は、一人の人間、あるいは少数の人間の孤独だけではなく、ある社会の孤独、つまり、自分は気にかけてもらえず、眼中に入れてももらえず、取るに足らない存在だと人々に感じさせるようなタイプの社会、言わば「孤独な社会」を扱うものである。[14]

この表現は、あえて逆説的なものにしている。社会とは、人々がともにあり、一緒に生活し、関わり合うところである。社会にいるということは、一人ではないということだ。しかし、だからといって人が孤独を感じないというわけではない。本書が示しているのは、自分が気にかけてもらっている、つながっていると感じられ、ここが自分の居場所だと感じさせてくれる社会もあるということだ。一方、それとはまったく反対の社会もある。どの社会も、この両極の間のどこかに当てはまるが、社会が経済的に発展し続けるにつれて、やっかいなことに孤独な社会の方向に進んでいくように思われる。

孤独な社会の特徴とは何なのだろうか。なぜ社会は、ますます孤独になっていくのだろうか。そして、孤独に向かってじりじりと動いてゆくこの社会の流れを変えるためにできることがあるとすれば、それは何なのだろうか。本書は、このような問題意識から生まれたものである。この二五年間、主に日本と米国で研究を行ってきた結果、「孤独な社会」とは、非常に多くの人が孤独を感じる社会、いわゆる「疫病のように蔓延する孤独」がある社会というだけのものではないという結論に達した。それは、一つ目の条件に過ぎない。二つ目は、自分が社会全体からケアを受け、気にかけてもらっていると感じられない社会、居場所やつながりを持っているという意識よりもむしろ孤独感を助長するような構造になっている社会もまた孤独な社会である。三つ目は、一つの集団として孤独な社会、つまり、他の社会や人類全体と密接につながっていない、もしくは見捨てられた、無視された、隅に追いやられた、権利を奪われたと感じているような社会も、孤独な社会と言える。私が「孤独な社会」と呼ぶものの三つの条件はこのようなものであり、本書ではそれぞれの側面を詳しく探究している。

本書の構成

本書の構成は、私が執筆中にたどった道筋に沿っている。この序章の後、第一章では、主観性と共感というトピックに焦点を当てながら、私の理論的アプローチの概要を述べる。第二章と第三章は、日本における自殺、自殺サイト、インターネット集団自殺に関する私の当初の研究を扱っている。第二章では、日本における自殺の実情を大まかに説明し、次にインターネット集団自殺という現象について述べる。そして第三章では、自殺サイトとその訪問者たちに焦点を当て、彼らのコメントや議論が、自殺を考えている日本人の主観的な経験について何を語っているのかを検証する。

当初私は、自殺のみに焦点を絞って研究していたが、やがて、自殺、自殺サイト、インターネット集団自殺という形で現れている問題の根本にあるものに強い関心を持つようになった。このような流れで追跡調査を行うことになり、大学生の年齢にあたる数十人の若者にインタビューを行って、自殺や生きる意味についての考えを語ってもらった。彼らの言葉が自殺サイトに投稿した人たちの気持ちとは異なっているのか、それとも似ているのかを知るためである。この調査の結果は第四章に示されている。インタビューは複雑かつ多岐にわたるものであったが、私がインタビューを行った大学生の年齢にあたる日本人と自殺サイトの投稿者の考えとの間に多くの一致点があることが明らかになった。自殺サイトの投稿者が語る「生きる意味のなさ」「孤独」「生きづらさ」といった気持ちが、自殺サイトの中だけにとどまらず日本の社会に大きく共鳴し、広がっていることが気になった。

研究が進むにつれ、問題や課題を明らかにするだけでなく、解決策や希望が持てる理由も明らかにする必要があると感じるようになった。私の関心は、自殺や孤独についてだけでなく、レジリエンス（立ち直る力）や人とのつながりなど、個人と集団のウェルビーイングにつながる他の要因にも向かうようになった。自殺、孤立、孤独に関する聴き取りデータを大量に収集し終えた後に、「東日本大震災」という三重苦が日本を襲った。二〇一一年三月一一日、東北地方で、地震、津波、原子力発電所事故が発生し、福島の原子炉が災害に襲われた。日本では、この災害の連鎖によって約二万人の死傷者と二〇万人以上の避難民が発生した。

東日本大震災とその余波により、数十万人もの人々が住まいを追われ、その後社会的孤立を余儀なくされたが、事はそれだけでは済まなかった。家も地域社会も街全体も失ったことは、被災地の住民に大きな困難をもたらした。だがそれにも増して、住民たちは震災後の政府、メディア、企業の対応が不適切だと感じ、

「モラル傷害（心の傷）」（moral injury）を負った。そのせいで住民たちは、孤立感、見捨てられ感、絶望感を抱くようになったのだ。「居心地の良さ」が居場所があるという意識と幸福感につながっているのと同じように、立ち退きを迫られ、故郷に帰れないことが孤独感を引き起こすこともある。物理的、もしくは心の居場所やつながりを持つことは、人とのつながりだけではなく、場所や環境とのつながりを感じることでもある。東日本大震災は、社会の政治的、経済的、社会的構造によっていかに人々が見捨てられたと感じるか――この場合、個々の人だけでなく地域社会全体が見捨てられたと感じるという意味で――を知る大きなきっかけである。第五章では、東日本大震災にまつわる物理的災害および社会的災害について考察する。

しかし、厳しい状況だからこそ被災者は結束し、「絆」をより重視するなど、生き延び、人生に意味づけをする新たな方法を模索するようになった。被災者たちは、東日本大震災の物理的な災害に抵抗し、レジリエンスを示したのと同じように、メディアや政治家、支援事業、企業などの扱いに抵抗し、レジリエンスを示したのだ。私が訪問した北茨城市の地域社会の対応ぶりは、自分たちは見捨てられたと感じさせる人間性を奪うような風潮に対して、個々の人や地域社会がどのように立ち向かうことができるのかを示している。彼らはレジリエンスとレジスタンスについて重要な教訓を与えてくれたが、これらの力はもっと広く応用できるものであり、また応用すべきものだと私は思う。第六章では、このような「モラル傷害」「レジリエンス」「人と人とのつながり」「レジスタンス」という問題に焦点を当てる。

第七章では、この序論で提起された理論上の問題のいくつかに立ち返り、私の研究から生まれた二つの関連する理論を展開し、本書を締めくくる。第一の理論は、孤独を癒すものとして社会の中で共感と思いやりを育むことの重要性と、それを個人のレベルだけでなく、対人関係やシステムのレベルで行うことの重要性に関わるものである。人と人とのつながりを育み、それを価値あるものとして認めることが、孤独を直に癒す薬であり、お互いを尊重すること、共感すること、思いやりを持つことが、人と人とのつながりを根づかせ、成長させるというのが私の主張である。

二つ目の理論は、「意味の関係性理論」である。これは、生きる意味や生きがいとは何かについての理論であるが、目指すべき一つだけの目標があるかどうかとか、頭で認識、理解した生きる意味に基づくものではなく、むしろいかに他人にとって自分が重要であると感じるか、つまり他人から見て自分はどのような意味を持つのかに基づくものである。これまでのところ、心理学や人類学など生きる意味や生きがいについての研究に取り組むさまざまな学問分野では、この重要な相互主観的な、つまり関係論的な一面が見落とされてきた。しかしながら私の研究結果では、孤独に対処するために最も適切なのは、関係の中での生きる意味、そして生きがいである。

これら二つの理論的アプローチは、密接につながっている。生きる意味、生きがいとは何か、あるいは何が生きる意味や生きがいとなりうるかを考え直すことは、個人の努力にとどまるべきではなく、結局のところ社会が努めるべきことなのだ。本書全体を通して示すように、私たちの社会の構造は、まさにその生きる意味、生きがいについて、あるいはそれらがないことについて、互いの評価を反映し、補強するものである。

広範な学問分野との接点

本書は一般の読者向けに書かれているので、読者が日本、人類学、心理学、あるいは孤独や自殺に関する研究の専門家であることを想定したものではない。既存の学問分野について論じる際には、分かりやすく、文献の妥当性を説明するように心がけている。特定の分野の研究者が読者である場合に備えて、本書が扱う三つの特定の学問的議論の分野をここで簡潔に記載しておくに越したことはない。これらの分野のうちの一つ目は、日本を対象とする人類学と日本研究である。この研究分野では、日本人が自意識をどのように解釈しているのか、それが欧米の自我の概念とどのくらい似ているのか、あるいは似ていないのかという問題と、日本の近代の性質――そしてまた、それが欧米諸国の近代とどの程度似ているのか似ていないのか――の両方が論争の中心になっている。日本に関する研究が投げかけているとりわけ興味深い疑問は、日本の経済的停滞への対策のつもりで断行されたネオリベラル的改革が、日本人の自我の特性や今日の日本人が主観的に経験している不安定さを無視しているとしたら、それは効果的でありうるのかどうかというものである。本書はこの問題を解明するエスノグラフィー調査をしているので、最終章でこの問題に立ち返って詳細に論じることにする。

本書が扱う二つ目の学問分野は、苦しみ、レジリエンス、そして「善の人類学（anthropology of the good）」についての人類学の文献である。「善の人類学」は、人類学者に対して、苦しみだけでなく人に意欲を持たせるものとしての道徳規範や、人々の「善」の概念にも焦点を当てることを呼びかけている。この文献で重要な論争は、意識的で内省的な善の概念が、行動を説明するにあたって実際どの程度重要であるかについてである。本書では、この論争に真正面から取り組み、レジリエンスや地域社会のケアについて焦点を当てるのと同時に、生きる意味と生きがいに焦点を当てている。

本書が扱う三つ目の学問分野は、心理学、ポジティブ心理学（人間の幸福と繁栄に関する研究）、観想科学（contemplative science）、すなわち瞑想と観想的実践（contemplative practice）に関する学際的研究の文献である。本書では、私の前著で行ったほどには日本の「内観」という観想的実践を正面から検証してはいないが、ポジティブ心理学と観想科学の双方において重要なテーマには、思いやり、共感、および生きる意味と、それらが個人と集団の繁栄に果たす役割がある。[15] このため、「幸福学（science of happiness）」や「思いやりの科学（science of compassion）」などの造語が生まれた。ポジティブ心理学の論争には、生きる意味が繁栄やウェルビーイングにどのような役割を果たすのか、また生きる意味を構成するのは何かというものがある。私は、本書のいくつかの章でこの論争に真正面から取り組み、結論の章で私自身の理論を提示している。

孤独についての誤解

孤独は人間にとってありふれた経験であり、私が主張するように、実際には万人共通のものであるが、一般的に誤解されている点がいくつかある。以下に述べるのは、私が見つけた孤独に関するありがちな誤解であり、手始めに取り上げたいものである。

誤解その一——孤独は、社会の新しい（心理的な）問題である

最近、「孤独の突然の蔓延」を煽るメディア記事が相次いでいるが、孤独が深刻な社会問題や公衆衛生上の問題として認識されたからといって、それが人類にとって何らかの新しい問題であると考えるべきではない。孤独は記録が残っている歴史と同じくらい古くからあるものであり、人類の過去の進化と人間が他者と交流せずに生き延びることはできない社会的動物であるという事実から生じていることはほぼ明らかなので、孤独は人類そのものよりも早くから存在するとさえ言えるかもしれない。

孤独は、すべての人ではないにせよ、ほとんどの人が人生のどこかで、たとえほんの一瞬であっても経験したことがあるものである。別れること、大切な人を失うこと、（子供のころに一時的であっても）置き去りにされること、あるいは新しい不慣れな環境に置かれたりするだけでも孤独という感情が生まれる。進化論や心理学の観点から見ると、孤独は人間に限らず、他の哺乳類や恐らくは鳥類にも本来備わった心理的メカニズムに伴うものである。なぜならば、すべての哺乳類や鳥類は、出生時そして出生後に生き延びるためには母親によるケアを必要としており、つまり、あまりに長期間放置されれば死んでしまうだろうからである。

社会的な死と肉体の死が切り離せないということは、人間を含むすべての哺乳類の種に共通である。このような基本的な事実を考慮すると、人間だけでなく他の哺乳類も、孤独を味わうと免疫系やストレス系が活性化するのは当然である。

したがって、孤独は社会的な現実の一面というだけでなく、生物学的、進化論的な現実の一面でもある。孤独は、他者や場所と結びつき、居場所を確保し、つながりを持ちたいという強い願いと欲求——生理的なレベルにおいてでさえも——に基づいている。その結果として私たちは、自分自身、家族、そして社会のウェルビーイングにとってプラスになるような支え合いのシステムを作り上げている。[16] 発達心理学者の主張によれば、孤独は人生の最初のころから始まっている。それは、幼児が母親やその他のケアする人の注意が自分から逸れた瞬間に体験するものである。[17]

したがって、現代のネオリベラル社会では確かに孤独が増大しているように思われるものの、孤独には心理的なものだけではなく、私たちの中にかなり古くからある真に生物心理社会的（bio-psychosocial）なものが関係していると認識することが重要である。

誤解その二——孤独はうつ病の一種、または隠れうつ病の一症状である

うつ病と孤独とは混同されがちだが、この二つは概念として区別しておかなければならない。孤独をうつ病の一種と見なしたり、うつ病の症状や現れと見なしたりするのはよくあることだが、それは誤解を招きやすい。確かに、孤独とうつ病は同時に起こることが多い。[18] しかしながら、孤独を無理やりうつ病の中に押し込めてしまうと、孤独の具体的な原因に対処できなくなってしまうだろう。

孤独についての研究者の間では、孤独とうつ病は、それぞれ別の概念であると考えられている。[19] 心理学者のレティーシャ・ペプローとダニエル・パールマンは、うつ病の人は必ずしも孤独ではないという意味で、

うつ病は孤独よりも広い概念であると主張している。[20] しかしながら、孤独な人が必ずしもうつ病にかかっているとは限らないのも事実である。米国精神医学会によると、うつ病は治療を要する病気であり、その症状には、悲しい気分や憂鬱な気分、かつて楽しんでいた活動への興味や喜びの喪失、自分が無価値だという気持ちや罪悪感、思考困難、死や自殺についての思いなどが含まれる。[21] 一方、孤独は常に関係を指向するものであり、誰かと一緒にいたい、一人でいたくないという願望や、自分の周りに居場所がないと感じることから生じるネガティブで不快な感情である。[22] 孤独は、自分の人間関係について、また世の中での自分の居場所について、あるいは居場所がないことについて、人がどう感じているかを根本的なところで映し出すものである。[23] 一方、うつ病は、必ずしも関係を志向するものではない。心理学者のジョン・カシオッポは、うつ病は自己志向であり、孤独は関係志向であるとさえ主張している。[24] 孤独とは人間関係がうまくいっていないと感じることに関心が集中している主観的な経験であるという点には同意できるが、他人の欲求や他人の経験ではなく自分自身が満たされていないことに関心が集中しているという点で、孤独はやはり究極的には自己に焦点を当てたものだと私は理解している。

つまり、うつ病も孤独もともに人を衰弱させるものであるが、うつ病は漠然とした悲しみや絶望、落胆という感情であるのに対し、孤独は、親密な、あるいは意味のある関係やつながりのなさ、居場所のなさを感じたり認識したりすることから来る社会的苦痛の感情を伴う。うつ病と同様に孤独という経験には、社会的、環境的、生理的、情動的、認知的な要因の全てが関係しているが、孤独のすべての事例を臨床的なうつ病の範疇に押し込めてしまうのは有害であることは確かだろう。このような理解をすれば、孤独を噛みしめ、それと闘っているけれども、うつ病にかかっているとは分類されない多数の人々を取りこぼすことになるだろう。

誤解その三――孤独とは、一人でいることである

「一人でいること」と「孤独を感じていること」とは同じように聞こえるし、相伴うこともよくあるが、概念としては別ものである。まったく一人でいても孤独を感じないこともあれば、人に囲まれていても孤独を感じることもあるのは明らかだ。人間は、一人で放っておかれたり取り残されたりすると不快に感じる性質をもともと強く持っている。この性質は、幼少期に非常に顕著に現れる。社会的なつながりを持つことで安全性を確保し、潜在的な敵から保護されるからだ。数多くの研究が示していることだが、人間は、絆、つながり、愛情、居場所を求めるように、また、社会的に拒絶されるのを恐れるように進化の過程でプログラムされているのだ[25]。

一般向けのメディアではよくあることだが、時には一部の研究論文においてさえも、孤独と社会的孤立が同じものであるかのように一緒くたに考えられている[26]。『ニューヨーク・タイムズ』の最近の記事には、「厳密な疫学的研究により、孤独と社会的孤立が、心臓病、がん、うつ病、糖尿病、および自殺と関連があることが分かった」、また、「孤独や社会的孤立は、一日一五本のタバコを吸うのに匹敵するくらい寿命を縮める。これは、肥満に関連する寿命短縮幅よりも大きい」とある[27]。しかしながら、大多数の研究者が認めているように、孤独と社会的孤立とは、同じものではない。社会的孤立は、身体的、社会的な現実であり、孤独は、感情的、主観的な現実である。社会的孤立と孤独の両方を研究することは少しも悪いことではないが、この二つを混同すると、何かと問題が生じる。そのような問題の一つは、適切で効果的な解決策を見つけられなくなるかもしれないということだ。それは社会的孤立には対処しているかもしれないが、その一方で孤独という根本的な問題が対処されないままとなってしまう。ここで重要なのは、孤独とは、社会的に孤立していることを認識し、実感する主観的な経験だということである[28]。孤立は一人でいることだが、孤独とはひとりぼっちだと感じることである。

東日本大震災によって住まいを追われた人たちのコミュニティについて述べた第五章からも分かるように、人は、自分とのつながりを感じる場所、帰属していると感じる場所、特に居場所と感じる場所から離れたときに孤独を感じることがある。立ち退きを余儀なくされること、故郷喪失、強制移住、難民状態は――仕事や勉強のために別の都市や国に移動するだけでも――孤独をもたらす可能性がある。これは私たちが、人だけでなく環境にも帰属していると感じているからである。物理的・身体的な環境が帰属意識や孤独に対してある役割を担っているということはごく普通に経験されるものなのだが、そうした環境の役割は、孤独の研究においてほとんど無視されてきた。

誤解その四――孤独は、主に高齢者の問題である

よくありがちな思い込みとして、孤独は高齢者だけの深刻な問題だというものがある。そのような傾向を反映して、孤独に関する研究の非常に多くは高齢者とその社会的孤立を対象としている。老年期の健康を専門とする雑誌には、『老化と健康』、『老化と社会』、『高齢者精神医学国際誌』、『臨床老年学および老年学評論』などがあり、これらの雑誌には、高齢者の社会的孤立が健康に与える影響についてかなりたくさんの研究論文が掲載されている。(29) しかしながら、社会的孤立と孤独は同じものではないことが分かっている。それなのに、孤独の研究は、高齢者を対象とするもの以外ではいまだに非常に小さな研究分野のままである。

これは困ったことである。なぜならば、高齢者にとって社会的孤立が深刻な問題であることはよく知られている事実だが、孤独が主に高齢者だけの問題であることを示すエビデンスはほとんどないからである。(30) 最も強い孤独を経験するのは思春期後期の子供たちであるが、その強さが中年期になると徐々に弱まり、その後の年代では再び徐々に強まるという研究結果もある。(31) 心理学者のジェニー・ド・ジョング・ギアベルドらによれば、六〇％を超える高校生が時々孤独を感じることがあると語っている。彼らは、これを「社会的関

係、友人関係、支援、親密さに関する期待の高まり」と結びつけている。[32]
一方、統計によると、高齢者の孤独率は過去五〇年間にわたって一定であり、約一〇％の高齢者が孤独であると回答している。一九四八年まで遡った調査では、慢性的に孤独を感じている高齢者の割合は七〇年間にわたって一定であり、調査対象者の六～一三％が「いつも、または、たいてい」孤独を感じていると回答している。[33]
したがって、近年複数の国で認識されている孤独の急増は、高齢者だけに見られるものであるはずがない。これが示していることは、全年齢層の孤独に関するさらなる研究が必要だということだ。マンフレート・ボイテルらは、「これまでの研究結果とも一致していることだが、私たちが集めたデータが示唆しているのは、若い年齢層が孤独の影響をより強く受けているということだ。したがって、三五歳未満で孤独を感じている人の割合、および孤独が彼らの精神の健康に与えている影響の調査をすることが望ましい」と述べている。[34]

孤独の定義

これまでに、孤独ではないものについていくつかの事を述べてきた。それでは、孤独とは何かをどのように定義すればよいのだろうか。本書で使用する私自身の定義を示す前に、孤独に関する研究文献からいくつかの定義を手短に紹介する。

『人間関係に関するケンブリッジ論文集』の「孤独と社会的孤立」という論文において、ド・ジョング・ギアベルドらは、カシオッポ、ファウラー、およびクリスキタスの「孤独とは「社会的孤立を認識していること」である」という簡潔かつ見識ある定義を引用している。[35] また彼らは、パールマンとペプローの定義「人の社会的な関係のネットワークの量あるいは質が、何らかの重要な点で不足しているときに起こる不快な経験」も引用している。[36]『米国医師会雑誌(JAMA)』の最近の特集号では、孤独は「望んでいるレベルの他者との接触と、実際に得られる接触のレベルが一致しない苦しみ」であると定義されている。[37]これらの最近の定義は、孤独を社会的孤立と区別し、孤独という経験は当事者が自分は孤独だと評価し認識することなのだという点を強調している。

心理学者のクラーク・ムスターカスは、一九六一年に出版された影響力のある著書『ロンリネス』の中で、現代人の孤独には二種類の孤独があり、「実存的な孤独」と「孤独不安」、すなわち自己疎外の孤独と自己拒絶の孤独があると論じている。[38]彼によれば、実存的な孤独は人間の生活にはもともとあるもので避けられないものであり、「苦しみと見事な創造」の両方につながる。[39]実存的な孤独とは、実体験によるリアルな孤独――例えば親しかった人を失ったこと――であり、彼に言わせれば、それは人間の経験の中心にあり、避けられない側面である。

一方、孤独不安は「人生を純粋に体験することができず、自分自身や他者と真正面から関われない」ことから生じる。[40]人が孤独不安を感じるのは、他人との親密な本物の関係を望んだが叶わず、その結果、自分が無価値だとかニセモノだという感情を抱くときである。ムスターカスの主張によれば、これは一種の自己疎外であり、現代の生活ではその種の孤独への恐れはよくあるものだ。それに悩む人は、人生から取り残された結果として他人を疑い、劣等感を抱き、怒りを抑えきれず、復讐心を抱くようになる。彼は、この孤独を「気がかりな不安」の一つのタイプだと捉えている。[41]

一九七四年に、社会学者のロバート・ワイスは『ロンリネス――感情的孤立および社会的孤立の経験』という独創性に富んだ本を出版した。愛着という視点の主要な提唱者であるワイスは、孤独を二つのタイプに分類している。一つ目は「感情的孤独」であり、彼は、これを虚しさとか見捨てられたという痛切な感情だと説明している。このタイプの孤独は、人が離婚や死によってパートナーを失ったときに起こる。彼に言わせれば、この種の孤独は新たな親密な関係を始めるときまでは解消されないものだ。二つ目のタイプの孤独は「社会的孤独」であり、それは社会的なネットワークの支えがないことが特徴である。[42]より最近の研究で、ド・ジョング・ギアベルドらは、孤独を（一）ポジティブな孤独、（二）ネガティブかつポジティブな孤独、（三）ネガティブな孤独、の三つのタイプに分類している。[43]ポジティブな孤独を示す人は長期にわたる瞑想者であり、社会的な交流や接触から自ら身を引いている。ネガティブかつポジティブな孤独は、ムスターカスが言うところの「実存的孤独」に近い。この種の孤独は、人間が生きていく上で避けられないものであり、疑いや不安を経験させると同時に自己を成長させる可能性がある。[44]三つ目のタイプのネガティブな孤独は、たいていの人が孤独とはこういうものだと考えるものであり、孤独の研究の対象となるものである。その他に、私自身は苦悩的孤独（afflictive loneliness）という用語を作った。[45]これは、孤独のネガティブな側面をとらえ、他の形態の孤独と区別するためのものである。苦悩的孤独とは、耐えられない苦しみ、あるいはとても耐え難く感じられる苦しみとして経験される慢性的な孤独である。

　欠けているものに焦点を当てたアプローチとは対照的に、パールマンとペプローは、孤独と他者との関係が欠如していることとの間には直接的な関係はないと主張している。[46]彼らによれば、孤独の研究に取り組むにあたっては、本人が望んでいる状態と現状の認知が一致しないことが重要であり、現状の人間関係を本人が主観的にどう評価するかが孤独の有無を決定するのだ。

　本書では、これまでに挙げたいくつかの著作から着想を得て、孤独を「他者や環境との関係において生じるさまざまな不満を感じること」と定義している。さまざまなという表現を用いる意図は、慢性的に孤独があるとしても、それは現れたり消えたり波や流れがあったりすること、永続的ではないこと——つまり常に変化している状態であること——さらに、孤独の形態や現れ方がさまざまに存在することを示すためである。また、感じることという言葉を使うにあたって重要なことは、孤独は心理的な認知的現象というだけではなく、生物学的、社会的な現象でもあると強調することである。次章で詳しく説明していることだが、本書で論じるにあたっては、主観性や情動は生物学的、かつ心理社会的なプロセスとして扱われる。したがって、私は「孤独には自分が幸せになるために重要だと思える人間関係に手が届かないという当人の認識がつきものかもしれず、そして実際そういうことがよくある」という他の学者たちの定義には同意するし、実際私自身も、以前はこれを孤独の定義として使っていた。けれども、今ではこの定義は孤独の認知的な側面にしか対応していないと考えている。孤独は、それを感じている当人がまったくそれに気づいていなくても、また自分が感じていることや経験していることを言葉にするのに苦労していても、その人の身体の中で、そして身体によって「感じられる」ことがある。のちに説明するが、このような感情は、何かを喪失したり、移住を余儀なくされたり、隅に追いやられたり、または自分自身の居場所や適所（niche）が見つからないとか期待が満たされないことから生じることがある。

　私が非常に重要だと考えることは、孤独および他者とのつながりを求める気持ちには、進化論的および生物学的なルーツがあると認識することである。なぜならば、これらのルーツは、孤独がなぜこれほど抜きがたく身体に根づいているのかを説明するのに役立つからである。また、不満（dissatisfaction）という言葉を使う目的は、社会と文化の重要性を強調することにある。例えば、「人は決して孤独であってはならない」という考えのように、しばしば理想化された、あるいは非現実的なやり方で関係性や幸福に対する期待を形成するにあたって、社会と文化は重要な役割を果たしているのだ。したがって、情動と身体の重要性を強調するからといって、主観性における認知の重要な役割とそれが社会の構造によって形成される方法を無視するというわけではない。また、関係性という言葉は、関係的な意味、絆、そして「世界の共有」という概念を指し示している。これらの概念は、すべて本書で詳細に検討されている。最後に、「または環境に」という表現を使うのは、後に述べるように、孤独には他の生き物との満足な関係性を持っていないことがつきものだというだけでなく、自分が帰属していると感じられ、自分の居場所だと感じられる社会的かつ物理的な場所がないということがつきものだと指摘するためである。「感じること」に「一個人が」という言葉をつけないのは、逆説的に聞こえるかもしれないが、孤独は集団として経験することがありうるし、またしばしば集団として経験されるものだと指摘するためであり、また、孤独は一個人の心の中の作用で形成されるだけでなく、社会的、文化的、政治的な作用によっても形成されることを指摘するためである。したがって、この定義のそれぞれの部分は、本書の各章で詳細に検討を行う「孤独の分析」の重要な側面のそれぞれに対応している。

孤独の分析に乗り出すにあたって、希望を持っていないわけではない。先にも述べたように、近年「善の人類学」に促されて、人類学者は「苦しみを抱えている主体」に注目するだけでなく、価値、道徳、共感、ケアといったトピックにも注目するようになった[47]。このような研究路線に後押しされて、私たちは、自由、ウェルビーイング、個人の成長、活躍に通じる価値観や識見を吟味することによって、善なるものを育むプロセスを追い求めるのである。これは、まさに私が本書で試みようとしているものである。自殺願望があり、孤独を噛みしめ、孤立し、隅に追いやられていても、立ち直る力があり、抵抗する力があり、賢明で洞察力のある人たちを調査することで、この試みを行っている。本書全体を通じて私が検証しようと試みたのは、研究対象とした集団や個人が善や「生きがい（purpose in life）」をどのように考えているのか、そしてどのように自分たち自身の居場所を作り出し、心の中の構造や外部の構造――自分たちのことを使い捨てにできる存在であり、無価値で無用であると感じさせるもの――と闘っているのかということである。また、共感力、つながる力、孤独に対するレジリエンスを高めるためには、社会や文化がどのように再構築されればよいのかも精査する。最終章では、孤独とそれに苦しんできた人々が私たちに教えてくれることについて述べて、本書を締めくくることにする。

第一章　主観性と共感

私は、一九四五年から一九四九年のニュルンベルク裁判の被告人たちとの仕事で「悪とは何か」を探っていたが、今ではそれを定義できそうなところまで来たと思う。それは、共感性（empathy）の欠如である。これは被告たち全員に共通する特徴であるが、彼らは同じ人間である他者に共感する能力がまったくないのだ。思うに、悪とは共感性の欠如である。

——米陸軍心理学者ギュスターヴ・M・ギルバート大佐（一九五〇年）

これまで説明してきたように、孤独とは一人で「いる」ことではなく、独りぼっちだと「感じる」ことである。本書に挙げられている孤独の体験について探究しているうちにより明確に分かったことは、孤独が実は主観性の性質そのものと根本的なところで結びついているということである。本章の目的は、本書で提示された主要な理論的主張のいくつか——特に主観性、共感、孤独が相互に関連していることについて——の概略を述べることである。次に、それらが「主観性の苦悩」と私が呼ぶもの——例えば「孤独」——の人類学的研究にとって方法論として重要だと思われることを説明する。

社会学や人類学の著名な理論家の中には、内的プロセスと外的プロセスの相互作用によって主観性がどのように構築されるかについて研究した人が何人かいるが、なかでも最も注目すべき理論家の一人は、ピエール・ブルデューである。ブルデューは、主観性が——個人としても集団としても——どのように社会構造によって形成されるようになり、そしてその主観性がいかに社会構造を複製し、永続させるようになるのかを、「ハビトゥス（habitus）」という用語を用いて説明した。ハビトゥスとは、ある社会における個人や集団が、他者や環境に対して精神的にも身体的にも保持するようになる態度、つまり世界との関わり方や世界の認識のしかたを指す。ブルデューは、ハビトゥスを以下のように定義づけた。この定義は有名だが、やや謎めいている。「持続性がありながら変質もする性向のシステムである。それは、構造を産みだす構造として機能する、すなわち客観的に見てそれがもたらす結果に適合した慣習的行為や表象を生み出し、まとめる原理として機能する性質を持つ、社会構造によって条件づけられた構造である。目的の達成を意識的に目指すことや、それに必要な操作を明確な形で習得することは想定されていない(1)」。重要なのは、この引用が示しているように、こうした主観性の構造は意識的に理解できるものである必要はないということである。

これらの主観性の内部構造は、何から構成されているのだろうか。その内部構造はどのようなものなのだろうか。主観性は、いくつかのやり方で定義することができるし、またこれまで定義されてきたが、私の研究目的のための定義としては、主観性を「一人称の経験と、経験を形成する身体と心の内部構造」であるとする。主観性とは、人が経験するということ、人が何を経験するか、そしてどのように経験するかである。この定義が、ブルデューの定義と同じくらい抽象的で漠然としたものだと思う人もいるかもしれないが、ここでは主観性の主要な内部構造のいくつかだと思われるものと、それぞれの構造が孤独のような感情状態にどう関係しているのかを、より具体的に説明する。

説明を分かりやすくするために、これらの理論的、方法論的な議論と、それを裏付ける文献を本章に集めている。そして、これらの議論の根拠となるエスノグラフィーの結果については、次章以降で述べる。そのため、これらの議論や主張の裏づけが不十分だとか、あるいは大ざっぱにしか実証されていないと思う人も最初はいるかもしれない。次章以降で示されるエスノグラフィーのデータが、私の主張のさらなる裏づけになっているかどうかについては、読者諸賢のご判断に委ねたい。本書の結論では、これらの議論に立ち戻り、それらが孤独について明らかにしていることと、それがどのように今後の研究の裏づけとなりうると私が考えているかを結びつけてまとめることにする。

二つの顔を持つ神ヤヌスのような主観性の二面性

主観性の最も根本的な一つ目の構造は、私が「主観性の二面性」と呼ぶものである。それは、ローマ神話で出入り口と移り変わりを司る神ヤヌスがそれぞれ反対方向を向いた二つの顔を持つことに由来している。[2] つまり主観性とは、「自己」と「非自己」または「他者」との間に――きっちりとしたものではないにせよ――境界線を引く差異化のプロセスである。主観性は、同時に作用する二つの側面を構築する。つまり、外部と内部を同時に見るのである。この境界作りのプロセスにより、相互依存的で相互に構成し合う二つの側面の境界に、「膜」が絶えず形成される。相互に構成し合うのは、自己を語れば、自己でないもの、すなわち環境や他者を必然的に含意することになるし、一方、「他者」である何かを語れば、「自己」を必然的に含意するからである。それがプロセスだと言えるのは、「自己」や「非自己」として構成されるものは、静止しているものではなく動いているものだからであり、情況や時間によって変化することがあるからである。このプロセスそのものは、いわゆる主観的経験、あるいは、ただ経験とだけ呼ばれるものである。なぜならば、このプロセスは経験の主体と経験の対象や内容を含み、またそれらを構築するものだからである。

この概念を理解するためには、この境界膜の二つの面のそれぞれをまず捉えてから全体をまとめるとよいだろう。第一の面は、「外を見る」主観性の側面である。人間は社会的な動物であり、他者と共有された象徴的世界に参与している。主観性の「共有された世界」という側面とは、意味づけ、言語、概念、価値観や信念、思い込みや態度、そして環境や自分自身を経験する方法そのものが、すべて他者とともに作り出されたものだということだ。世界を共有することは、私たちが他者と交流し、他者と共存する能力にとって不可欠であると同時に、他者を求めること、受け入れられること、所属することへの痛切な欲求の根底にある。発達心理学者のフィリップ・ロシャは、そういう欲求を「他者と仲間になりたいという、ごく基本的な欲求」と呼んだ(3)。世界を共有しているという事実のおかげで、共感したり、ケアをしたり、思いやりを持ったりできるのだが、それはまた、社会的に孤立したり、村八分にされたり、いじめられたり、軽蔑されたり、無視されたり、隅に追いやられたりすると、苦痛を感じるということでもある。すべての主観性は相互主観的なものであり、すべての経験は相互主観的であり、すべての意味、言語、文化は本質的に社会的なものであると研究者たちが主張しているのは、このような主観性の構造を認識しているからである。この観点から見ると、自己であることはすなわち他者と相互に依存していることなのである。人は他者との関係において自己であり、自己となるのである。

しかしながら、この「外を見る」側面には、それと双子のように対になる「内を見る」という側面がある。これは、私たちが自分自身を他人や環境から切り離された「自己」としても経験する事実を指している。エトムント・フッサール以来の現象学者たちの指摘によれば、経験の基本的な構造は、常に対象(他者)に向かっており、このことは志向性(intentionality)と呼ばれるが、それと同時に、それは常に「自分の」経験であり、「自分にとっての」経験である。なぜならば、経験する主体であるということは、経験する自己の存在を前提とするだけでなく、経験する対象としての自己でないものの存在を前提としているからである。[4]実は、この自己と環境との区別こそが自己を持つ意味であり、また、生き延びようとする生物であることの意味なのだ。神経学者のアントニオ・ダマシオが指摘するように、もし生物が自分と環境とを区別しなければ、生物は生き延びようとはしないだろうし、食べ物や安全を求めたり、危険から逃げたりすることもないだろう。[5]このような観点から見れば、自己であるということは他者から切り離された存在だということであり、独りぼっちだということになる。

例えば、ある人がつま先をぶつけて痛い思いをしたとき、その人は声や表情、身ぶりでその経験を他者に伝えることが多いものだ。それを見た他者は、経験や意味づけの性質が共有されているので、共感を経験することができる。実際、その人たちは顔をしかめるかもしれないし、脳機能イメージング研究によると、まったく同じではないが、まるで自分がその痛みを経験しているかのような神経の活性化を経験することがある。[6]これが証明しているのは、経験が共有される性質を持つということである。同時に、その同じ人が、他者には気づかれもせず見えもしない心の痛みを経験している可能性もある。本人がその痛みを伝えようとしても、他者には理解できないかもしれないし、共感できないこともある。伝えられない体験があるという事実が証明していることは、経験が自分にしか分からない性質を持つということである。[7]

主観性の中に構築されるこの二つの側面は、一見矛盾しているように見えるが、その二つが主観的な経験の基本的かつ根源的なダイナミクスを形成しているのだ。すなわち、私たちの存在は相互依存的であると同時に個別的であり、私たちは世界を共有していると同時に独りぼっちでもあり、その両方が経験の性質そのものの根幹をなしているということである。実際、これは同じ境界膜の二つの側面である――それゆえ、ヤヌスの顔という言葉を使っているのだ。また、この二面性は、孤独の本質的な条件を作り出してもいる。孤独は、この過渡的段階（liminality）の中に存在し、そしてその結果としても存在する。したがって、孤独は副次的なものではなく、人間の経験の根本的な問題であり、条件でもある。

主観性は、自己、サバイバル、情動を構築する

ここで探究した主観性のその他の構造は、すべて差異化のプロセスとしての主観性というこの一つの基本構造から派生し、その中に含まれているのだが、分かりやすくするために、ここではそれぞれを順番に説明していくことにする。主観性の構造の二つ目は、それが自己の構築に果たす役割である。主観性とは、自己を創り出すプロセスなのだ。それが相互依存的なのは、生き物と環境の相互作用によって生じるからというだけでなく、より根本的には、この差異化のプロセスこそが環境から区別されるものとしてその生物を構築しているという事実があるからである。この区別は、自己（selfhood）の最も基本的な特性の一つと考えることができる。

この視点は、主観性とは自己の存在が先にあってこそのものであってその逆ではないという「単純素朴な自己論」と呼べそうなものの対極にあると見なすことができる。結局のところ、私たちが存在するという事実は疑いようがないように思われる。しかしながら、なぜ私たちは存在するのだろうか——言い換えれば、なぜ私たちは自分自身を周囲の環境以外のものとして経験する存在なのだろうか。脳と神経系の構造についての知識から分かることだが、私たちが自分の存在を当然視する意識と感覚を持つ存在として自らを構築するのは、神経的なプロセスの結果である。したがって、私たちが存在意識や自己意識を持てるのは、こうしたプロセスのおかげで感じることができるからなのである。デカルトの「我思う、ゆえに我あり」ではなく、「我感じる、ゆえに我あり」、あるいは「我感じる、ゆえに我ありと思う」と言ってもよいかもしれない。経験は存在を構築し、本質に先行するのだ。

主観性は、可塑的（plastic）である

高い認知能力を持った人間である私たちにとって、自己とは感覚の器というだけのものではなく、もっとはるかに複雑になりうるものである。数多くの人類学者や文化心理学者が指摘していることだが、自己の形成のされ方にはさまざまな方法があり、社会や文化の違いによって奨励される自己の解釈が異なるかもしれない。(8)とりわけ、例えば心理学者の北山忍とヘイゼル・マーカスは、欧米の社会で好まれる独立した自己という解釈と比べて、日本人は相互依存的な自己という解釈を好むと指摘している。(9)北山が指摘するように、このような違いが生じうるのは、主観性には可塑性あるいは柔軟性があるからであり、また、主観性が自己を構成する方法がダイナミックなものだからである。(10)

それと同じくらい根本的なことだが、暴力やトラウマ、統合失調症などの病気その他の経験によって、主観性のプロセスが根底から変化することがある。人類学者のバイロン・グッドの指摘によれば、経験を新カント派的な不変のプロセスとして扱う文化現象学的アプローチは、「主観性の理論にとって、きわめて不適切な基盤」しか提供しないかもしれない。それは特に、こうしたアプローチは、主観性の形成にあたって社会的、歴史的、政治的プロセスが果たす役割や複雑な心理体験を考慮しない傾向があるためである。(11)本研究と同様に、グッドも主観性に関する人類学的研究において共感（empathy）が果たす役割を認識している。共感について言葉で伝えられるものにだけ関心を持つことに限定してはいけないと、彼はもっともな警告を発してはいるけれども。人類学者のジョアオ・ビールが、一人の対話者に焦点を当てた優れた著作『ヴィータ』や共編著『主観性』の中で示していることは、主観性とは、不透明で不確実かつ予測不可能な状況を理解しようと個々の人間が苦闘する、絶え間なく継続する関係性のプロセスだということだ。したがって、そ

のような生きられた（lived）経験に目を向けるには、美学さえも含む新しいアプローチが、エスノグラフィーには必要かもしれない。[12]

この最も基本的なレベルでいったん自己が構築されると、サバイバルが意味のある概念となる。環境とは区別されたものとしての自己を構築することは、必然的に副産物としてサバイバルという概念を構築することにもなる。つまり、この自己が完全な状態で守られなければ、死んで身体の構成要素が分解され、再び環境の一部となってしまうだけなのである。自己はサバイバルを必然的に含意し、サバイバルはそれを促進するものに向かって動き、またそれを脅かすものから遠ざかる動きを必然的に伴う。ここから情動の基本的な構成要素が発達する。そして、それは感覚（sensations）の最も基本的なレベルから始まるのだ。生物が生き延びるためには、何が自分の生活の快適さを増進し、何がそれを脅かすのかを感知し、それに応じて反応できなければならない。ダマシオのような感情（emotion）についての研究者から見れば、自己は生き延びなければならないものとして基本的に構成されているので、それが神経系における感覚の発達を促し、次に鳥類、哺乳類、そして人間における感情的な生活のより複雑な発達を促すのである。心理学や神経科学における多くの感情研究者の間では、感情は生き延びるために進化したメカニズムだという理解が主流である。[13] したがって、主観性の第三の構造は、その情動的性質（affective nature）であると言える。すなわち、主観性は情動を構築し、情動――生き延びる助けになるような感じ方をする能力――は、主観性の土台となるものである。

相互主観性と社会

主観性のヤヌスの顔のような二面的な性質は、相互主観性（intersubjectivity）とは何かを解明するのに役立つはずである。そしてこれが、本章で探究する主観性の第四の構造である。主観性とは、自己と他者（他人や環境）とを差異化することであり、その境界膜には透過性があって、中を見る面と外を見る面がある。また私たち人間は、生き延びるために母親の世話に依存し、また互いに依存し合って生きていく社会的動物であるため、私たちの主観性が独立した存在ではなく、社会や他人の主観性によって共に構成されるプロセスであるのは当然である。精神科医で人類学者のローレンス・キルマイヤーが述べるように、「経験それ自体が、そもそも人と人との間に生じるものであり、相互主観的なものなのだ[14]」。

人間のサバイバルは、個人の問題に限られたものではない。他のすべての哺乳類や鳥類の種と同様に、人間の子供も、この世に生まれ、生き延びていくためには、母親の世話に全面的に頼らざるをえない。この事実は、共感や感謝といった社会性のある感情や、慰め、助け、協力といった社会性のある行動が、哺乳類や鳥類の種に共通して見られる理由の説明として、霊長類学者や比較心理学者などから示されることが増えている[15]。動物の子供たちは生まれつき自立してはいないし、人間は大人になるまでの発達期間が特に長い。この発達期のどの時点でも、ケアをする他者から世話が受けられなくなったら、子供は死んでしまうだろう。私たち人間は、大人になった後でさえも、食料や住居、その他の生活必需品を無数の他者に依存し続けている。つまり、動物のサバイバルが感情や情動（感覚を持つという状態そのもの）に左右されるのと同様に、人間のサバイバルも、社会的な情動（social affect）に左右される。社会的な情動とは、自分自身や他者、帰属、共感、受容、信頼、親密さについての感情である。また、これらが存在しないこと——社会的拒絶、排除など——にも左右されるが、社会的拒絶や排除は生存をおびやかすものと結びついており、場合によっては死につながるため、恐れられている。したがって、他の哺乳類の種と同様に、人間同士の間でも、社会的拒絶や排除が一般的に極度のストレスをもたらすことは驚くべきことではないはずだ[16]。

この進化の歴史は、帰属への欲求がなぜ私たちの身体と心のメカニズムに組み込まれているのかについて説明してくれる。それは、例えば思いやりと愛情を込めて触れられたときの人の体の反応のしかたを考えれば分かることだ。[17] また、人間がなぜ肉体の死よりも社会的な死（恥をかくこと、排除、仲間はずれ）を恐れることがあるのかについての説明にもなっていると思われる。またこのことは、恥や恥をかくことへの怖れが、なぜこれほどまでに強力に行動の動機づけとなるのかを説明するのにも役立つ。恥をかくかもしれないことを語るとき、「死んだ方がましだ！」などと言うのは、アメリカでも日本でもよくあることだ。

しかしながら、私たちが社会的存在であるのと同様に、生物学的、そして心理学的な性質（体と心のメカニズム）により、私たちは個人でもある。先に述べたように、主観性、意識、自己の構造そのものが、心と体、および人格として分離されているという感覚を構築しているのである。この分離感の重要な側面のいくつかは、人間が発育する過程で強まっていく。例えば、心理学者たちが「心の理論（theory of mind）」と呼ぶものにおいて、幼い子供がだんだん高度に発達していくには時間がかかる。「心の理論」とは、他人の心の状態を自分自身のそれとは違うものとして理解する能力のことである。四歳ごろまでの子供は、自分が知っていることが他人には知られていないかもしれないと認識する必要がある「誤信念課題（false belief test）」で誤答する傾向がある。発育の過程で、人間の脳の発達と並行して仲間外れにされる可能性への敏感さが増していく。子供たちは、人が正直でなかったり信用できなかったりすることがあることや、本心でないことを口にすることがあることを学ぶ。特に思春期は、社会的認知に関して脳が大幅に発達するのに伴って、帰属する場所があることが非常に重要になり、のけ者にされることが特に苦痛となる時期である。[18]

主観性、孤独、そして社会

それゆえ、私たち人間は矛盾した存在である。私たちは、生き延びるために他人とのつながりに依存する社会的存在であるのと同時に、他人とは必ずしも共有されない、あるいは共有できない独自の視点から物事を経験する個人的存在でもある。どちらの状態も、私たちの身体と心のメカニズムに根ざしている。しかしながら、この人間性の二つの側面を合わせると、内在的な緊張感が生まれ、また、孤独が生まれる可能性がある。一方では、私たちが生物学的にも進化論的にも抜きがたく必要としているのは、居場所があること、一つの世界を共有すること、親密さ、信頼、安全性である。他方、私たちがますます実感するようになっているのは、自分の居場所がないことが多い、ありのままの自分を受け入れてもらえない、一つの世界を共有していない、ということである。この二つの側面の綱引きが、孤独の原因になるのだ。

重要なことは、社会の構造が私たち全員で共有するこの内在的な状態を改善したり悪化させたりするということである。私たちが共感や心からの親密さや人とのつながりを得るのに社会の構造が役立つこともあれば、社会の構造によっては、そのつながりがより困難になることもある。人間にとってこれほど基本的かつ本質的なことは、社会科学の研究に携わる者すべてにとって重要であるはずだ。しかしながら、人類学者のジャニス・ジェンキンスが鋭く指摘しているように、「人間文化の情動的要素（感情、予感、感覚）よりも精神的要素（価値観、信念、意味）を優先するという人類学の伝統により、認知人類学というサブフィールドが出現したが、情動人類学は生まれなかった」のである。[19] 実際、後述するように、共感へのアプローチでさえ大部分は認知的アプローチに組み込まれてしまっていることが多い。しかしながら、ここ数十年、人類学は主観性に強い関心を寄せるようになり、それが内的な感情状態や情動状態への関心につながっている。[20] 主観性と情動とに関連があるのは当然である。なぜなら、主観性の主要な構造は、物事を感じる能力、つまり自分自身が感じるウェルビーイングやその欠如を重視するようなやり方で感覚や感情を経験することだからだ。実際、主観性は、個人の認知的かつ情動的な状態であると定義されることが最も一般的である。人類学者のシェリー・オートナーは、主観性に関する影響力の大きな論文の中で、主観性を「行動する主体を動かす知覚、情動、思考、欲求、恐怖などの様式の集合体」と定義しているので、このカテゴリーに入る[21]。しかし、オートナーは、ブルデュー、アンソニー・ギデンズ、マーシャル・サーリンズ、ウィリアム・シーウェルといった社会科学における主観性についての有力な理論家たちについて検討した後、「彼らの研究のすべてに、特有の欠落や貧弱な部分がある。……それは、主観性の問題を軽視する傾向である。主体を実存的に複雑な存在として見ること、すなわち、感じ、考え、反省し、意味を作り、求める存在として見ることが軽視される傾向がある」と指摘する[22]。

主観性をめぐる研究の課題

主観性に関する人類学的研究には、いくつか注目に値する課題や反論になりうるものがある。まず、主観的な状態は、定義上内面的なものであるため、目に見えず、観察できないもののように思われる。観察できないのであれば、厳密かつ科学的に研究することは非常に困難である。このため、人類学者の中には、主観性や情動は研究する価値がない、あるいは、ひょっとすると研究自体が不可能であるとさえ結論づける人までもいる。

第二に、主観的な状態は個人的なものであるが、人類学者は、社会や文化の中で人間の集団同士の相互影響を研究することに関心を持つ傾向がある。個人とその内的状態を研究するとなると、コミュニティの研究から逸れると思われるかもしれない。この点もまた、人類学的研究において主観性を避ける理由であるように思われる。しかしながら、ジョアオ・ビールが一人の人間に焦点を当てた著作『ヴィータ』で示したように、熟練したエスノグラファーなら、革新的な方法論に注意を払えば、個人の主観性の中に現れる複雑な社会、政治、文化のダイナミクスをやはり探究することができるのだ[23]。

第三に、主観性や感情は内面的なもので目に見えないためなのか、他の研究対象になりうるものほど研究対象としてリアルなものでも重要なものでもないように、どうしても思われるのだ。人がいろいろなことを感じることは分かっていても、結局のところ、それは本当に重要なことなのだろうか。きっともっと重要なのは、人が実際にどのようにふるまい、どのように行動するのかということなのだ。観察しやすい行動や意思決定に焦点を当てて、感情や感覚などの主観的な状態を無視するほうがより分かりやすく見えるかもしれない。さらに、人は自分自身の内面の状態についてしばしば混乱し、不正確な報告をすることがあるので、外的行動よりも内的状態に焦点を当てすぎることは、実際には誤解を招くかもしれない。

　これらはすべて妥当な反論だが、だからと言って、それが私たちの主観性の研究の妨げになるとは限らない。本書で私が示すつもりなのは、主観性と情動を研究することは可能であるばかりでなく、必要不可欠だということである。さらに、人類学者をはじめとする社会科学者の多くは、しばしば間接的にではあるが、すでに主観性のさまざまな側面の研究に携わっていると論じておこう。主観性の研究は人類学の土台をなすものであり、これまでも常にそうであったのだ。

　その理由の一つは、私たちが社会と呼ぶものの大部分は、実は集合的な主観性の産物だということである。前述したように、私は主観性を一人称の経験とその経験を形成する身体と心の内部構造と定義している。つまり、人が環境を自分とは切り離されたものとして経験すること、その人が何を経験し、それをどのように経験するかということである。これには、人がその人自身（自己概念）、その人の環境、そしてその人の「世界における存在」を経験することが含まれる。この定義は、主観性が個人の認知的、情動的な状態であるという考えを含んでいるが、私はその定義が若干より正確であると感じている。というのも、状態はランダムに生じるのではなく、身体と心の構成を通じて、それ自体が内的に構造化されているからである。したがって、経験を形成するこれらの主要な構造は、生物学的、心理学的、および生理学的なものであるが、他の個人や政治・経済構造を含む外部環境とその生命体との相互作用と互いに依存しつつ共時的に発達する。

前述したように、これらの主要な構造の一つ──孤独の研究にとって特に重要なもの──は、自己を環境から切り離し、サバイブできるもの、ウェルビーイングと苦しみを経験できるものとして自己を構築することである。もし私たちが主観性を持たなければ──つまり感情や欲望、恐れ、何がより良くて何がより悪いかという概念を持たなければ──私たちは感覚を持った生き物ではないだろう。感覚を持つということは、感じるということである。さらに、感覚を持つ生き物すべては、自己のサバイバル、ウェルビーイング、幸福を促進すると信じるものに向かって動き、痛みや死につながると信じるものから遠ざかる傾向がある。したがって、感覚を持つ生き物は、その神経系と認知能力が及ぶ範囲で自己のサバイバルと繁栄に役立つ環境を探し求め、あるいは作り出す。私たちが社会と呼ぶもの、そして政治、経済、文化など社会のあらゆる制度は、こうした内的状態が発露されたものであり、産み出したものであり、私たちの繁栄を支え、苦痛を最小限にする状況を作りたいという願望を反映している。これらの制度や構造を研究するとき、私たちは主観性が外側に現れたものを研究しているのである。

同様に、私たちの主観性は、外部からの影響を受けない内面性であるどころか浸透性のある穴だらけのものであり、私たちが生まれ落ち、生きる環境によって形成される。人類学者や社会学者は、ブルデューのハビトゥスという概念などを通じて、ずいぶん前からこのことを論議してきた。私たちの周りの人々も含めて、環境は私たちの考え方や感じ方を形成している。環境は、私たちが考えたり感じたりできることの限界を決定することさえよくあるが、私たちがほとんど気づかず、意識しないやり方でそうするのである。このように、私たちの主観性は、常に環境や他者の主観性と対話をしているのであり、それが社会的ということなのだ。私たちの主観性は、最初は胎児とその母親、そして次に、多くの他者に囲まれた一人の人間という社会的なコンテクストの中で発達していくことによって出現するものでさえある。実際、幼児と母親の関係は、相互主観的存在の典型的な例である。自己は常に非自己との関係の中で発達し、主観性は子宮の中で始まる本質的に社会的なものである。故に、すべての主観性は相互主観性なのである。

発達を通じて明らかになることは、私たちが主観性と呼ぶものは私たちの身体の生物学的なメカニズムと環境との相互作用の産物であり、その環境には自然／物質的環境だけでなく、政治的、社会的、経済的環境も含まれるということだ(24)。生物学的なレベルでは、私たちはサバイバルを求めるとともに、世界を経験し、渡って行くための進化したメカニズムを求めている。しかしながら、社会的動物である私たちは、自然環境や物質的な環境だけでなく、社会的な環境の中に生まれ出ている。私たちは、家族や人間関係、社会的、政治的、経済的な構造の中に生まれ落ち、これらすべてが私たちの人格や心理を含めて脳と身体を発達させる。私たちが文化と呼ぶものは、このような物質的、社会的環境と私たちの生物としてのメカニズムとの間の相互作用の結果である。したがって、文化を理解するうえで最も重要な要素は、自然環境、社会環境、そして生物としてのメカニズムである。

社会と情動

社会は、人々の理性だけでなく、情動が集合的に現れたものである。したがって、情動は社会の制度、規範、そして私たちが「文化」と呼ぶものの中にすでに存在している。社会は環境を形成し、また社会は環境によって形成される。これは、意外なことではないはずだ。なぜなら、幸福と繁栄を決定するのは、理性だけでなく、感情、感覚の問題でもあるからである。私たちには、好きなものもあり嫌いなものもあるが、なぜそうなのかは必ずしも説明できるものではない。たとえ理由を思いついたとしても、それはよく心理学者が「つくり話（confabulations）」と呼ぶものだったりする。それは、あることが好きな理由や、あることをする理由を理解したような気になるために語るものである。しかしながら、結局のところ私たちの行動の多くは、気持ちや感情によって左右されている。私たちが何を求め、何を恐れるかは、合理的なものによって厳密に規定されてはいない。だからこそ、社会の制度は常に私たちの情動の状態を反映しているものなのだ。

前述したように、情動は社会的な性質も持っている。感情について考えるとき、私たちはそれを個々の人のプロセスとして考えがちである。しかしながら、感情は個人だけのものではない。一つの理由としては、感情には進化的ルーツと文化的ルーツの両方があるということがある。感情は、全人類を含む進化の過去の産物であり（よって、個人だけのものではない）、私たちが暮らす文化によって形成される（よって、これもまた個人だけのものではない）。もう一つの理由としては、ほとんどすべての感情は、その性質上社会的なものだということがある。感情は私たちがお互いに対する感じ方と関係があり、しばしば他者へのメッセージを伴う。

実際、英語の単語 emotion（感情）の語源を調べてみると、非常に興味深いことに気づく。この言葉の由来は、一般大衆または社会の騒動や扇動にある。つまりこの言葉は、個人の感情ではなく集団の行動を表す言葉として一六世紀に誕生したのである。その後、この言葉は強い感情を指すようになり、数世紀の間、強くネガティブな感情を指すためのみに使われた。一九世紀になってようやく、この言葉はより繊細でポジティブなものを含むあらゆる種類の感情を指す言葉として使われ始めたのである。[25]

このような観点から見れば、主観性の研究は不可能でもなく不適切でもないことが分かる。主観性の研究は、文化や社会を研究するうえで、実は土台となるものなのである。もし社会や文化の規範、慣習、信念、技能によって作り出したもの、制度などを研究するならば、それは相互主観性が集合的に作り出す歴史とプロセスを研究していることになる。それならば、人々の主観的な状態を無視しないように用心しなければならない。さもないと、コインの片面である相互主観性の外面への現れを見ていて、その裏面である行為者の相互主観的な状態を無視することになってしまうだろう。科学や社会科学のあらゆる分野——特に後生学［訳註：生物の発生過程を研究する］の分野から——生命とは環境と生命体との絶え間ない交渉であることが分かっている。環境の変化に応じて生命体の内部状態が変化し、そして——環境を変えることができる生命体は——自らのサバイバルと繁栄を促すために環境を変化させる。

したがって、感情の研究は、心理学や神経科学に限定されるべきものではない。人類学には、果たすべき重要かつ重大な役割がある。アントニオ・ダマシオをはじめとする研究者たちの業績は、認知と感情との明確な区分を撤廃することに大きく貢献した。この区分は、感情人類学の主要な貢献者の一人である人類学者のキャサリン・ルッツが「理性と感情のジェンダー化されたヒエラルキー、人間の活動に対する理解を歪め、分断する区別」と呼んだものである[26]。本書は、ルッツが「中間（mid-range）」の空間と呼ぶものに寄与しようとするものである。すなわち、「エスノグラフィーのフィールドワークが提供する独自の洞察は、人間の本質や自然の本性に関する抽象的な理論の下にあり、現在の歴史により近い、重要だが無視されているミッドレンジを厚くすることで、情動研究における理論構築を進展させるだろう」[27]。それを踏まえ、私は人間の心理と行動に関する一般理論から確かに知見を得ている。それは主に心理学から得たもので、実証的な——しかしながら、しばしば実験室ベースの——研究に基づいている。その理論をエスノグラフィーのフィールドワーク——具体的で実社会についてのものであり、ごちゃごちゃしていて、細かい事柄と曖昧さの両方がたっぷりある——と結びつけようとしているのだ。

主観性と情動の人類学的研究へのもう一人の重要な貢献者は、ターニャ・ラーマンである。彼女は、「人類学者は「主観性」という言葉を、主体の共有された内面、特に政治的主体の感情的経験を指すのに使った」と記している[28]。ラーマンは、主観性の人類学的研究において、感情の心理学的モデルが有用であると論じている。「主観性が政治的主体の感情的な経験だとすれば、感情の心理的構造を明確にすると、権力は私たちの身体に刻み込まれており、道徳的判断は直観的、非理知的行為だと主張する根拠が増えるだけである」。(29) オルトナー、ルッツ、ラーマン、およびその他の人類学者の研究は、以下の章で提示される孤独と自殺に関するエスノグラフィーの知見を理解しようとするにあたって、特に重要である。

人類学者は、社会の具体的な場面で行動として表される感情の探求に重要な役割を担ってきた。そして、人類学を含む学際的なアプローチのおかげで、私たちは個人と社会との間の相互作用を最もよく理解できる。その相互作用とは、相互主観性の内的側面と社会、政治、経済構造の外的側面の絶え間ない相互作用である。心理学者や神経科学者は、いくつかの注目すべき例外を除いて、主に個人の心を研究し、時に数人の個人の間の小規模なやりとりを研究している。経済学者、政治学者、社会学者は、より大規模なプロセスを研究しているかもしれないが、相互主観性や情動のきわめて重要な役割を軽視することがあまりにも多い。しかしながら、これらのプロセスは同時に行われ、また相互依存的に行われていることが分かっている。したがって、私たちにとっては、内なる自己と外なる自己の相互作用と相互反映に注目することが有益であろう。

実際、この相互作用は、学術的な研究だけでなく文学作品にも頻繁に登場するほど重要なものである。その有名な例が、ジェーン・オースティンの作品である。小説の中でオースティンは、政治経済が登場人物の主観性（知覚、認識、情動）をどのように形成しているかを熟練の筆で探究している。それだけでなく、彼女は政治経済の変化（産業革命の結果、土地を所有するジェントリ階級が権力を失ったこと）によって主観性に変化がもたらされたことも記録に留めている。しかしながら、彼女はそれと同時に生物学の役割も認識している。人間の感情や感覚は、政治経済の影響だけで変わるものではなく、長い進化の歴史がある。その結果、そうした政治的な変化にもかかわらず、友情、愛情、誠実さ、率直さ、信頼など、ある種の基本的な側面は不変なのである。オースティンの作品は、政治経済の変化によって引き起こされる主観性の変化と、もっとゆっくりとした生物学的変化の結果としての主観性の不変性との、二つの力の間の絶え間ない交渉として読むことができる。実際、オースティンの時代と現代の政治経済はかなり異なっているにもかかわらず、私たちが今日でも彼女の作品の登場人物に共感して親しみを感じる理由の一つは、後者の不変性の意識があるからなのである。

誰が主体と見なされるのか？

ここで、主観性、情動、および感情について、最後となるが重要なことを述べておく。人類の知の歴史の流れの中で、誰が人と「見なされる」のかという意識は時代とともに変化し、より拡大してきたし、人間の性質に関する理論も、それに応じて変化してきた。近年、アリストテレスの徳の倫理学（virtue ethics）に対する関心が人類学を含むいくつかの分野で復活しており、苦悩に焦点を当てた議論や倫理の人類学に対抗して、徳の倫理学が「善の人類学（anthropology of the good）」の議論に取り入れられている。私は、これを好ましい傾向の発展と見ているが、本書が意味づけの他の文化的伝統を包摂することと「良い人生」の概念化によってこうした業績を補足できることを示したいと望んでいる。結局のところ忘れてはならないのは、アリストテレスにとって徳の倫理は万人に適用されるものではなく、ある特定のタイプの人間――あるポリス（都市国家）の市民、通常は男性――のために作られた規範や基準であり、実際には別のポリスの市民にさえ適用されなかったということである。[30] 古今の哲学や理論は、特定のタイプの人間を絶えず優先していた。それは、男性、成人、理性と言語を駆使して意思決定する人、知的にも身体にも障害のない人、周縁化された人ではなく中心に立つ人（特権階級、文明人、クィアでない人、奴隷にされていない人など）である。[31] はっきりさせておくべきことは、こういったタイプの人間は人類を代表していないということだ。むしろこのような理論、イメージは認識的な盲目の一種なのである。このイメージの一部として、認知と理性が中心的な役割を果たし、情動は脇に追いやられてきた――なぜならば、少なくとも部分的には、まさに情動がより普遍的であり、特権を持つ男性が、女性、子ども、奴隷にされた人々、他の周縁化された文化や社会の人々、精神的または認知的に障害を持つ人々、人間以外の動物などと共通して持っているものだからである。フェミニズム研究、障害者研究、サバルタン研究、批判的人種理論などの分野は、「人間」とは何かについて、この規範的でしばしば疑いもなく受け入れられた見解に対抗して、それが指し示す範囲を押し広げてきた。情動に焦点を当てることは、そのような努力をさらに推し進める方法を提供し、私たちの理論とエスノグラフィーに衝撃的な変化をもたらすはずである。生きていて感覚のある存在だということは、感じることができるということであり、それは私たちみんなが共通して持っているものである。洗練された方法で推論したり、ある種の人間の言葉を使ったりできるということではない。情動を研究することは、「理性」よりも根源的で包括的な人間の一面を研究することであり、それゆえ、より啓発的だと私は考えている。情動を研究することによって、この偏見に満ちたズレ（discrepancy）――私が「理性規範的（ratio-normative）」正統派と呼ぶもの――を検討し、それを掘り崩し、修正することができる。そのズレは、これまでの科学、理論、研究、ひいては人間および人間の性質に関する結論を不当に制限してきたのだ。

主観性にアプローチする方法としての共感と三角法（triangulation）

本書で扱う二つの主要なトピックである「孤独」のような主観的な状態や「自殺」のような行為を理解するためには、社会と主観性の間のダイナミクスが特に重要である。私たちは、日本で、そして現在世界中でも増えているが、孤独という病の蔓延を目の当たりにしている。また、自殺の蔓延も目の当たりにしているが、自殺は世界のほぼすべての先進国で死因の上位を占める。本書は、自殺のような行為は自殺する人の主観的な状態に寄り添うことでよりよく理解できるようになり、その理解は共感によって容易になると論じる。自殺は結果であり、症状でもあるので、原因を理解する必要がある。しかしながら、自殺を個人の精神疾患の一症状としてのみ捉える従来のアプローチとは異なり、自殺は少なくとも病んだ社会の一症状でもあることが次第に明らかになりつつある。本書では、社会のシステム全体のプロセスが、自分は無価値で、目を向けてもらえず、ほったらかしにされ、使い捨てにされていると人々に感じさせているという作業仮説を立て、各章で深く掘り下げている。このような主観的な状態が、自殺を実行可能な選択肢、あるいは必然的でさえある選択肢だと思わせるような心理状態を生み出す。私たちがこの問題に取り組もうとするなら、社会と主観性のダイナミクスを掘り下げなければならない。私たちを孤独な社会へと追いやり、人々を孤独に追いやり、死にまで追いやっている社会的、政治的、経済的現実の力を明らかにしなければならない。

一方には個人とその主観的な状態があり、他方には社会がある。本書が方法論として提案したいのは、高度な主観性の理解と批判的共感（critical empathy）をはっきりと用いる方法によって、周囲とのつながりを失った人々と孤独な社会という両者を一緒に、そして相互に関連させて考察すべきだというものである。私が使っている「批判的共感」という言葉は、主観的経験と社会、政治、経済構造との間の双方向の相互作用を認識しながら、共感の潜在的な利点とそれ固有の限界との両方を意識して共感を用いることを意味する。方法論としては、多様性への理解と研究者側の内省と認識の謙虚さを持ちつつ、関係当事者全員の間に共感がある可能性もあるし、それがない可能性もあることを考慮しながら、複数の話を互いに対話の形で配列し、そしてそこに研究者自身の視点を添えることになる。私は日本の孤独と自殺の研究に長年にわたって苦労しながら取り組み、複数の話と批判的な共感のバランスを取るために、今となっては比較的単純でストレートだと思われる方法論にたどり着いた。この方法は、一人称アプローチ、二人称アプローチ、三人称アプローチの三つの側面を含むので、三角法と呼んでいる。これらは、より「体験に近い（experience-near）」（一人称）アプローチ、より「体験に近いもの（experience-near）」ではない（三人称）アプローチ、あるいは主観的経験を対話的かつ弁証法的に扱う（二人称）アプローチのことを指す。

一人称とは、個人の主観的な話のことである。主観性を理解するためには、人の自分自身の言葉による話に注目しなければならないことは明らかである。一人称の話は「私」の話であり、人が自分自身の経験をどのように見て、それをどのように他の人に語るかについてのものである。一人称の話は、読者や聞き手の側に共感を求め、それに左右される。これは、三つのアプローチの中で最も「体験に近い」アプローチである。周囲とのつながりを失うことは、客観的な現実の一側面というだけのものではない。実際、より客観的に物事を見れば、現代社会、現代世界の人々は、人類史上かつてないほど周囲とつながり、相互に依存していると結論づけられるかもしれない。しかしながら、それは人々が周囲とのつながりをもっと感じているということにはならない。本書が示すように、主観的に見れば人々は周囲とのつながりを失いつつあるのだ。特に昔から集団主義や共同体意識が強いと認められている日本のような社会で、なぜそうなるのであろうか？

二人称アプローチとは、必ずしも孤独な人が語る話ではなく、その人の主観性と対話的に関わるような話のことである。ご存知のように、二人称は「あなた」であり、誰か他の人に語りかけている誰かを指す。作家や映画監督など、他者の主観的な経験に全力で取り組もうとするフィクションやノンフィクションの作品を、私はこのように分類する。この人たちは必ずしも自分の経験から語っているわけではないのだが、他者の一人称の経験に興味を持っているのだ。彼らは主観性に興味があり、孤独のような主観的な状態や、自殺を望む人の心境を掘り下げることを望んでいる。二人称の話が重要なのは、あたかも読者や視聴者がその中に参加するか直接観察するかのように状況や経験を掘り下げるよう彼らに促すものであるため、二人称の話は、弁証法的に、そして想像力を持ってこの主観性に関わるからである。これらの話を単なるファンタジーとして軽視するべきではない。とりわけそれらが批評している社会の中で広く反響があるときには、社会的なコメンタリー、社会批評としての役割を果たしているのだ。私が示しているように、日本における孤独と自殺についての多数の映画やテレビ番組、あるいは文章化された話は、こうした問題の解明にかなり役立つ可能性があり、学術的な研究や報告と並んで考察する価値がある。一人称の話と同様に、私が二人称の話と呼ぶものも、理解しやすく有用であるためには、共感が必要である。

三人称の話には、ニュース記事、統計、自殺や孤独に関する学術的研究の多くなどが含まれる。これらの話は、主観的な経験を重要視する度合いがずっと低く、「体験から離れたもの（experience-far）」となる。これらの話は、主観的な状態そのものよりも行動や主観的な状態が外に現れたものに注目する。これらの話は、共感を求める度合いが最も低い。場合によっては、後述するように共感の失敗を示すことがある。

社会と主観性の相互作用を考察するのであれば、これらの三つの話を全て学術研究に含めることが有益だと私は確信しているので、本書ではそのような試みを行っている。なぜならば、三つのタイプの話を全て含めることによってさまざまな視点が生まれ、それぞれの話の間や話のタイプ間の緊張関係を見ることができるからである。自殺や孤独に関する統計は重要な情報を提供してくれるが、そこから導かれる結論が一人称や二人称の話と一致しない場合は、それは誤りだと判断することになるかもしれない。一人称の話と結びつかない場合、予防の取り組みが成功しにくくなる可能性がある。しかしながら最も重要なのは、孤独や自殺が実は水面下にある問題の現れだと考えるならば、当事者の主観的な話に耳を傾け、それに関わることで、その問題の理解がはるかに進む可能性があるということだ。

共感の定義

主観性が一般的に個人の認知的、情動的な状態として理解されるならば、共感は他者のそのような状態を理解し、共鳴する能力として理解することができる。このため、共感は人類学者やその他の主観性の研究に興味を持つ人々にとって、当然興味を引くテーマとなっている。しかしながら、共感が特に興味深いのは、一つの世界を共有するに当たっての成功と失敗の両方を表している点である。共感がうまくいけば、人は互いに親近感を持つようになる。共感がうまくいかなければ、経験の特殊性や個別性、個人性が強調されることがある。

共感は、自己と他者との境界にある膜に存在する。したがって当然のことながら、共感は主観性のヤヌスの顔のような二面性を見事に反映している。ところが多くの研究は、どちらか一方だけを強調する傾向があり、共感がいかに首尾よく体験の共有をさせるかを示すか、あるいは体験の個別性、特有性を強調すると失敗しがちであることを示すかのどちらかになっている。しかしながら、共感にアプローチする最善の方法は、主観性がこのような二重の性質で構成されていることから共感を切り離すことはできないのであり、それが共感の成功と失敗の両方を説明できると認識することである。共感は、他者と共有することと他者から切り離されていることとの狭間にあり、孤独と密接に関係しているようにも思われる。実際、それが次の問いのきっかけになる。孤独は、共感を与えたり受けたりすることに対する障害にどの程度なりうるのだろうか？

もし共感が主観性の性質そのものの中心にあるとするならば、共感は長い進化の歴史を経てきたと考えられる。そしてそれは、ますます事実として認められつつある。神経科学者のジャン・ディセティは、共感についての社会神経科学に関する本の序章で、「ヒトとその祖先種における共感能力の発達のしかたは、数百万年にわたる進化の歴史を経て、現在ようやく明らかになりつつある。時間を遡ってこれらの発達を直接観察することは不可能だが、こうした発達のエビデンスは、系統発生の領域全体で観察できる神経解剖学的な連続性と差異の中にある」と書いている。[32]

同書で心理学者のダニエル・バトソンは、共感に関する研究者の間で多数の定義が存在しているが、その多くが矛盾するものであると指摘している。彼は、次のように述べている。「共感という言葉がこれほど多くの異なる現象に適用されているのは、部分的には、研究者が二つのまったく異なる問いに対する答えを提供するために共感を使ってきた結果である。どうすれば他者の考えや気持ちを知ることができるのだろうか？ 人が他者の苦しみに敏感に反応し、気配りするようになるのはなぜだろうか？ 共感の研究者の中には、この二つの問いに対する答えが関連し合っている人もいる。しかしながら、多くの研究者は二つ目の問いに答えようと考えずに一つ目の問いに答えようとしたり、逆に一つ目の問いに答えようと考えずに二つ目の問いに答えようとしたりする」(33)。

バトソンは、時に「共感」と呼ばれる八つの異なる精神状態を挙げている。

1) 相手の思考や感情などの内的状態を知ること。
2) 観察した相手の姿勢をとったり、神経反応を合わせたりすること。
3) 相手の感じ方と同じように感じるようになること。
4) 相手の状況を直観的に自分自身の状況に置き換える、または自分自身を相手の状況に投影すること。
5) 相手がどのように考え、感じているかを想像すること。
6) 自分が相手の立場だったらどう感じるかを想像すること。
7) 相手の苦しみを目の当たりにして苦痛を感じること（共感的苦痛、個人的苦痛）。
8) 苦しんでいる相手を思いやる気持ちをもつこと（同情、思いやり、共感的配慮）。

この八つはそれぞれ異なるものだが、これらをより小さなグループに集約することが可能である。本書では、そのような集約方式を採用している。バトソン、心理学者のナンシー・アイゼンバーグ、霊長類学者のフラン・ド・ワールなどの研究におおむね従って、私は共感を情動的側面と認知的側面からなる多面的な構成概念として理解している。列挙した項目のうち、項目1、4、5、6を認知的共感と呼び、項目2と3を情動的共感と呼ぶ。その両方が存在する場合、私は完全な意味で共感という言葉を使う。項目7を共感的苦痛と呼び、項目8を思いやりと呼ぶ。これら二つの状態は共感に関連しているが、別のものである。

アイゼンバーグとリチャード・フェイヴスは、共感を「他者の感情状態や感情状況から発生し、他者の感情状態やその状況と合致し、自己と他者の間で少なくとも最小限度の差異化を伴う感情反応」と定義している。[34] この「合致（congruence）」が何を意味するかについては、研究者の間でも意見が分かれている。社会神経科学者のタニア・シンガーのように、共感の研究者の中には合致を脳の活性化のしかたが同形であることとして探究した人もいる。例えば、自分の配偶者が痛みを経験しているのを目のあたりにしたとき、その人自身の痛みの神経回路が活性化することで共感していることが示されるのである。[35] 一方、合致のためには共感している者が相手と同じ感情経験をしている必要はないと考える研究者もいる。例えば、誰かが恐怖や怒りなどの感情を抱いているのを見た場合に、その同じ感情（恐怖や怒り）を経験しなくても、共感することはできるということになる。

アイゼンバーグと彼女の説を支持する多くの研究者の関心は、共感（empathy）と共感がしばしば引き起こす二つの状態、すなわち同情（sympathy）（これは私を含む他の人々が「思いやり（compassion）」と呼ぶものと意味が重なる部分を持つ）と個人的苦痛（personal distress）とを区別することにあった。これらの重要な違いは、同情が「相手の気分を良くしたいという他者志向の欲求」であるのに対し、個人的苦痛は自己中心的なものだということだ。[36] 同情が利他的な行動につながるのに対し、個人的苦痛（共感的苦痛（empathic distress）とも呼ばれる）は、自己中心的なやり方での手助け、すなわち他者の苦しみを目のあたりにしたときに感じる自分の苦しみを和らげるためだけに手助けをすることにつながる。最近の思いやりに関する研究では、思いやりもまた多面的な構成概念として捉えられるようになってきている。クララ・ストラウスと同僚たちは、思いやりを五つの要素から構成されるものとしている。1)苦しみを認識すること。2)人間の経験における苦しみの普遍性を理解すること。3)苦しんでいる人に共感を覚え、その苦痛に共感すること（感情移入）。4)苦しんでいる人に反応して起こる不快な感情（例えば、苦痛、怒り、恐れ）に耐え、苦しんでいる人を快く受け容れ、受け入れ続けること。5)苦しみを和らげるための行動／行為への意欲。(37)

明敏な観察者なら気づくかもしれないが、これらの共感の定義のすべてが、相手に共感している人に焦点を当てており、相手が「共感者」をどう受け止め、どう反応するかには焦点を当てていない。ひょっとすると、これは多くの（もちろんすべてではないが）心理学や神経科学研究につきもののバイアスなのかもしれない。人類学によって、社会的相互作用と文化が議論の俎上に載せられたのである。心理人類学者のジェイソン・スループとダグラス・ホランが編集した『エトス』誌の特集号において、彼らは共感に関する興味深い人類学的研究をいくつか集めている。これらの研究は、共感が作用しうる、また失敗しうるさまざまな件を例証しており、共感を与える側だけでなく、共感を受けると想定された側、さらには共感のプロセスが作用する社会的、文化的コンテクストにも焦点を当てている。(38)特にキルマイヤーとホランの論文は、共感の難しさと、共感が失敗したり誤解されたりする多くの可能性に焦点を当てている。(39)奇妙なことに、ホランが指摘するように、受け手が共感してもらったと語るときでさえも、その経験のタイミングや性質は、共感する者が共感していると思ったときと一致しないことがある。(40)

私がこの研究で理論的にも方法論的にも思いやりではなく共感に焦点を当てている一つの理由は、共感の社会的経験においてこのような曖昧さがあるということにある。私が示しているように、共感の失敗は孤独の原因とダイナミズムを理解するにあたって直接的な影響を及ぼす。もう一つの理由は、思いやりとは他者の苦しみとそれを和らげることにはっきり限定して向けられるものだからである。一方、共感は思いやりを補完するものではあるが、他者の経験を理解し、共鳴することに重点を置いている。共感には苦しみの経験も含まれうるが、それより広いものになることもある。したがって、共感は人類学にとって学問や探究の行為として適切で実りのある領域だと私には思われるが、一方、思いやりは介入（interventions）のレベルで適していているかもしれない。理想的には、共感の誤用、悪用を避けるために、両者が手を取り合って協力することになるだろう。

本書では、複数の方法で共感が使用されている。第一に、一人称、二人称、三人称のアプローチという方法論の三角法は、共感なしには不可能であろう。第二に、私は共感と孤独には密接な関係があると論じている。第三に、社会における共感の欠如は孤独な社会の主要な特徴であり、共感は孤独や周囲とのつながりを失うことに対する社会的、文化的なレジリエンスの重要な側面であると論じる。

最後に、共感は学問研究そのものにとっても、私が主観性の人類学のために提案している方法論的アプローチにとっても非常に重要である。一人称の語りの提示は、学者と読者の双方の共感に左右される。私が言いたいのは、個人がどのように感じ、どのように世界を認識するかという話である。これを理解するためには、ある程度相手の立場に立って、相手の気持ちを感じ取る（feel into）ことが必要である。英語の“Feeling into”は、ドイツ語の“Einfühlung”の直訳であり、「共感（empathy）」という言葉の語源となったものである。

理想的には、方法論としての共感への学術的な関わりには、本章で示している定義の最も完全な意味での共感が伴う。それはすなわち、思いやりを支える認知的、情動的な側面であり、共感的苦痛によって道を外れることはないものだ。本書で私が「共感」という用語を使う際にはこの認知的、情動的の両面の側面を兼ねた「完全な」共感を意味する。この共感の認知的側面とは、相手の視点に立ち、その人がなぜそのように物事を見るのか、そしてなぜその人がそう感じているかもしれないのかを理解できるということである。共感の情動的側面とは、共に感じること（feeling with）、または感情が共鳴することである。つまり、相手の状況を考えるにあたって自分自身の感情を用いることで、自分が経験していることや相手が経験しているかもしれないことを理解できるようになるということだ。私たちは、感情レベルで心を通わせる。自分の情動を抜きにして相手の状況をただ冷静に、合理的に考えるのではない。共感的苦悩の回避とは、自分が理解しようとしていることを自分自身の感情で曇らせないようにすることである。このプロセスの主役は自分ではなく、理解しようとしている相手なのである。また、自分の感情を相手の代弁者であるかのように話したり、自分の経験が何らかの形で相手の経験を表すかのように装ったりすることもない。この共感的苦痛に屈しないという能力は、苦痛や苦しみ、疎外感を経験している人々や、深刻で慢性的な孤独のような主観性の苦悩を扱うときには特に重要である。共感は偏りがないことが重要であり、共感を扱う学者は、共感の限界と困難さを認識することが重要である。このことを忘れてしまうと、幻想に陥ってしまうだろう。人類学者のクリフォード・ギアツが、よく知られた共感の批判の中で、まさにこの状況について警告したのである。人類学者は、他者の経験を代わりに伝えたり、他者の経験について述べたりするための近道や特権的な手法として「並々ならぬ共感」を用いてはならないと、彼は強調した[41]。

　私が一人称の話、二人称の話と呼んでいるものの価値は、私たちが学問に携わる際にも学問的文献を読む際にも共感を使うことができるようにしてくれる点にある。これらは、ギアツが言うところの「経験に近いもの（experience-near）」である。これは、主観性の研究において不可欠な構成要素である。主観性の研究は、理性的な側面と情動的な側面の両方を研究することなので、共感はその両方に関わるはずである。これは、理性を抜きにしてただ感じるということではない。それとは程遠いものである。つまり、私たちの感情は間違いなく重要であり、特に他者の感情を研究するにあたっては、実際私たちの理解の助けになると私たちは認識しているということなのだ。共感を完全に放棄してしまえば、理解を可能にしたり理解に役に立ったりする感情や情動の基本的な役割を認識できなくなるだろうし、認知と情動の間の――相互依存とまでは言わなくても――密接な関連性に関するかなり多くの最近の研究を無視することになる。(42)

ネオリベラリズムと物質主義

本書の主張の一つは、孤独な社会への趨勢が物質主義に関係していること、特にウェルビーイングの外的、物質的条件が強調され過ぎている一方で、その社会的、情動的側面――主観性に最も密接に関係するもの――が軽んじられているというものである。このような偏ったアプローチは、行き過ぎれば人間を内在的な価値（これについては後に述べる）ではなく、生産性と消費によって価値が決まる生産者と消費者に切り詰めてしまうことになる。もし私たちが感覚も感情も精神生活も持たないロボットであれば、このようなアプローチは問題にはならないだろう。私たちは、生産性と経済発展を最大化したまったく物質的な方法で、社会、政治、経済、メディアをさらに構築することができるだろう。

しかしながら、私たちはロボットではない。私たちには、確かに精神生活がある。人間であるということは、行動し、理性を持つだけでなく、情動を持つということである。そのため、自分たちが重要であるかどうかが私たちにとって重要であり、自分たちが他の人々にとって重要かどうかが何より重要なのである。私たちの幸せや生きる意味の大部分は、このことに左右される。人間が大して重要でない社会では、私たちは交換可能な存在であり、感覚を持つ存在ではなく、モノであるかのように扱われる。そういう社会では、必要とされていない、周囲から隔絶されている、意味がない、寂しい、と人は感じがちになる。したがって私たちは、ウェルビーイングのための外的、物質的条件の重要性と、内的、主観的、相互主観的な情動状態――私たちがお互いに対して抱く感情も含む――の重要性とのバランスが取れた妥協点を見出す必要がある。

人類学では、このような物質主義と人間の道具化を推し進める原因の一つとして、ネオリベラリズムがよく批判されるようになってきた。この批判に賛同して言うべき事はたくさんあると思うが、二つの点に留意することが必要だと思う。まず、人間が人間性を失い、システムの歯車としてのみ扱われるという問題の解決には、外的要因と内的要因の両方に取り組む必要があることを認識しなければならない。ある社会の人々の相互主観的な情動と、その情動が社会の制度に現れ出ることとの間のダイナミクスについては既に説明した。本書で論じているように、市場の規制緩和と社会福祉撤廃の流れが、日本の政治、経済、社会制度に影響を与えており、その影響が日本社会の人々の主観性の中に読み取れると私が思っているのは確かである。システム・ダイナミクス理論を社会に適用する場合、システムが行動を形成するというのが一般的な原則である。つまり、もし人々が本当により孤独になり、さらに周囲とのつながりが失われつつあるのであれば、その原因のいくつかは社会にあると考えるべきである。そして、このようなダイナミクスからは、相互主観性と社会の構造との間に「フィードバック・ループ（閉じた回路）」さえ見えるかもしれない。

このフィードバック・ループ、言い換えれば「悪循環」の兆候は、日本社会全体にはっきりと現れているのは確かだと思われる。日本の一般向け書籍、雑誌、テレビ番組、そしてインターネット上では、日本が置かれている「不安定な（precarious）」状況について絶えず取沙汰されている。実際、日本を研究対象とする人類学者であるアン・アリソンの最近の著書『不安定な日本（*Precarious Japan*）』は、この状況について優れた調査と分析を行っている。[43]日本について発言する学者や評論家の多くは、自殺率だけでなく、人間関係や親密さの性質の変化、雇用や企業文化の意味と性質の変化、政府や大企業への信頼の低下、非常に低い出生率、日本の若者のリスクを取る意欲の低下、その他多くの要因を指摘している。しばらく前から、日本社会には危機的状況が醸成されていることが認識されていたのだ。

もちろん、フィードバック・ループは双方向に働く可能性がある。本書の最後の二つの章では、好循環とはどのようなものでありうるかを掘り下げる。これは、ある社会の人々が、人と人とのつながりや人として の生活の関係的で縮小できない意味、レジリエンス、そして思いやりに基づいた情動を抱き、そして社会の 外部構造が、このような主観性の態度、信念、感情を反映し、支援するような好循環である。社会の幸福と 繁栄についての研究分野は、科学や社会科学の分野では比較的新しいものであるが、さらに研究を進めるべ きであることを示す実証的な裏づけが増えつつある。例えば、『世界幸福度調査』は、一五〇カ国以上の データを収集し、社会の幸福度や主観的ウェルビーイングの原因や状況を調査する国連主導の取り組みであ る。さらに、日本が抱える諸問題の根底にあるものは、時にその現れ方が国によって異なっているように思 われるかもしれないが、物質主義や行き過ぎたネオリベラリズムの問題だという点に限れば、今日の世界の 多くの国に共通のものである。

第二の留意点は、ネオリベラリズムという用語そのものに関係している。ネオリベラリズムとは、市場の 完全な規制緩和、自由放任の経済哲学、人間を含むあらゆるものの商品化を意味するようになったが、これ は経済哲学的アプローチとしてこの言葉を一般に広めたと認められているシカゴ大学の経済学者ミルトン・ フリードマンの当初の意図とは全く異なるものである。フリードマンにとって、新自由主義は、実際には、 抑制のない自由放任の個人主義と集団主義の中間に位置するものであった。フリードマンは、有名なエッセ イ「新自由主義とその展望」の中で、個人主義と集団主義の両方の誤りを指摘している。[44] フリードマンは、 国家は秩序を維持し、契約を規制する以外の役割を持たないという完全自由放任の個人主義について「それ は、私人が合意したり連帯したりすることによって権力を奪い、他の個人の自由を事実上制限できるという 危険を過小評価していた。また、価格システムには果たすことができないいくつかの機能があること、そし てそういう機能が何らかの形で提供されない限り、価格システムが見事にそれに適したタスクをうまく遂行 できないことを見抜けなかった」と記している。[45]

政府が必要であり、市場原理に任せることができない機能の一つは、「深刻な苦悩と苦痛を和らげる」ことであった。これに関して、フリードマンはこう書いている。「最終的に、政府は苦悩と苦痛を和らげる役割を持つことになるだろう。私たちの人道的な感情は、「人生という宝くじにハズレを引いた」人たちに対して、何らかの手当てをすることを求めている。世の中は非常に複雑で相互に絡み合うようになり、私たちは非常に敏感になったので、この役割を完全に民間の慈善事業や地域の責任に委ねることはできないのだ[46]」。したがって、彼の主張によれば「新しい信条は、両方の誤りを避けなければならない。国家の権力が個人のこまごました活動に干渉しないように厳しく制限することを重視しなければならない。その一方で、国家が果たすべき重要な積極的役割があることをはっきりと認識しなければならない[47]」。

その当時、フリードマンは経済政策や統治政策における集団主義の支配をより懸念しており、それゆえリベラリズムを志向する運動の必要性を強調していた。しかしながら、フリードマンにとってのネオリベラリズムは、まさに両極端の否定であり、社会の中で疎外された人々を助けるにあたっては政府が果たすべき必要不可欠な役割があるということによって重要な意味で制限を加えられていたのである。しかしながら最近では、この用語は市場の規制緩和、自由放任主義、個人主義、すべての社会福祉活動から政府を排除することだけを意味するようになった。これは、まさにフリードマンが避けようとした両極端の一つであるように思われる。

政治経済と主観性

ネオリベラリズム、および政治経済と主観性の関係をめぐる問題には、日本に関して言えば特別な性質がある。それは、日本の資本主義は米国や西欧の資本主義と比べて重要な相違があるからである。日本の資本主義は、個人ではなく集団を主体とする競争（外国企業や外国との競争）を重視したため、集団資本主義（collective capitalism）または企業資本主義（corporate capitalism）と呼ばれてきた。そのため日本では、戦後の早い時期に創業した企業の多くは国家と密接なつながりを持っていたし、現在でも米国のような国では非常に問題視されるであろう国家との密接なつながりを保っている企業が多く存在する。このような企業は、主に男性である社員にとって企業が「家族」の代替物となり、忠誠心を育む場となるように具体的な方針を持って創業された。すなわち、大学最終学年での採用、終身雇用、社員を長時間拘束して夜遅くまで残業させたり会社が主催する社交行事に参加させたりすること、さらに、社員を解雇したりパートや派遣社員に切り替えたりすることを困難にするような方針を定めていた。一九四六年、日本の政治学者である丸山真男は、日本の政治経済とそれが社会に与える影響について非常に影響力の大きな分析を発表した。丸山は「超国家主義の論理と心理」において、戦後の日本国家は、リベラリズムの独特の翻案、つまり忠誠心、序列、ナショナリズムといった伝統的な価値観を保ったリベラリズムのうえに成り立っており、そのために日本はファシズムへの指向を完全に脱却することができなかったと示唆し、物議を醸した。[48]丸山の思想は、日本の近代化に関する後続の研究者たちに影響を与え、日本社会の多くの側面がナショナリズム的な政治経済や集団資本主義の発展の産物だと見なしうるようになった。夫の長時間にわたる不在にもかかわらず家事を切り盛りでき、家計を預かる家政専門家という日本の主婦の役割さえも、夫の生産性を支え、ひいては大企業や国家そのものの生産性を支える女性の役割を確立しようとした結果であると理解されてきた。丸山に続いて、リトゥ・ヴィジなどの日本研究者たちは、日本が欧米の資本主義・民主主義国家がたどったのと同様のリベラリズムを経験したことがあるかどうかを論じてきた。経験したことがないのであれば、終身雇用制などのこれまで日本経済を長期にわたって安定的に支えてきた構造を弱めて不況から脱却させようとするネオリベラリズム的な経済改革は、失敗となりかねない。それはまさに、このような改革が、政治経済の外形は日本人の相互主観性が相互依存的に現れたものであるという事実を考慮していないからである。つまり、ネオリベラリズム的な構造改革は、主観的・情動的なレベルでは日本人の心と共鳴しないのかもしれないのだ。このことについて、ヴィジは「社会生活全体の特徴としての「リベラルな契機」がない場合には……文化的にコード化された日本の政治経済制度の規制を撤廃する努力は自滅的であることが判明するかもしれない。それは政治経済の危機というだけではなく、主観性の危機を示している」と述べている。[49] 政治経済が「主観性の外部構造」であるとするヴィジの視点は、本書の視点と非常によく一致している。[50] ヴィジにとって「ネオリベラリズムへの転換」の成功の度合いは経済指標によって測られるものではなく、むしろ「その「ネオリベラリズム的な」可能性の構成条件を次には提供するであろう主観性の再形成に成功するかどうか」によって測られるのである。[51] ヴィジの著書は、このような主観性の危機の兆候が存在するのかという問いで締めくくられている。政治経済の専門家であるヴィジ自身は、その問いに直接答えるようなエスノグラフィーによる調査は行っていないが、半年から何年も自宅や自室から出ようとしない日本人の「引きこもり」現象には確かに言及している。本書で提示されている研究は、ヴィジをはじめ、この疑問を抱いた研究者たちへの回答として読むことができる。本書の研究は、ヴィジの直観が正しかったことを示すだろうと思う。つまり、日本の若者、特に孤独を経験し表現する人、そして、人生の意味を探し求める人、または人生の意味のなさを表現する人、自殺を考えたり試みたりする人の主観性をエスノグラフィー的に見ると、主観性の危機の明らかな兆候が見られ、それは日本が近年経験している政治的、経済的、社会的変容と関連しているように思われるのである。これは同じような性質を持つ他の著書、特にアリソンによる『不安定な日本』と一致するもので、この著書は日本社会全体の危機と不安定さのこの主観的な経験を説得力のある形で詳述している。[52] アリソンの著書が本書よりも日本社会の全体像を提示しているのに対し、本書は、特に主観性というレンズを通して孤独と自殺に焦点を当てている。

第二章　一人で死ぬのは寂しすぎる――インターネット集団自殺

最も恐ろしい貧しさは、孤独で愛されていないという気持ちである。

――マザー・テレサ

ご迷惑をおかけして申し訳ありません

ミナ：今日、死ぬことにしました。ご迷惑をおかけして申し訳ありません。
ナトウ・ダン：まあ、本気じゃないと思うから止めはしないけど。死にたいなら、人に迷惑をかけずに静かに死んでくれ。電車の前に飛び出すなんてもってのほかだ。凍死や一酸化炭素で死んだ遺体は、きれいなままなんだそうだ。まあ、死んでから後悔しても遅いと言うしかないけどね。おやすみ。それで、私のリアクションにはご満足かな？
その様子だと、あの世でも追い詰められそうだね。
ミナ：ミズホさん、もう死んじゃったんですか？　一緒に死にませんか？　私は、死んだらあの世でも自殺しようと思っています。必ず誰にも迷惑をかけないようにします。私は小学生の時に家出しました。私のことを憶えている人は誰もいないと思います。森に隠れて毒を飲んで、あらかじめ掘っておいた穴に落ちて死のうと思います。

カンタロウ：待てよ、ミナ。死ぬな！

ミカ：私、本当に自殺したいんです。みんなにいじめられるから、学校にも行きたくない。だから、本当に自殺したい。ああ、死にたい。ああ〜！　死にたい!!!

ルル：今、誰もいなくなったみたいです……ミカさん、はじめまして。ミカさんもいじめられてるんですか？

ミカ：富士山の樹海に行きませんか？　もうすぐ行こうとしていたんです。はじめまして。私はミカです。友だちになりましょうね。

ルル：私もいじめられているんです。何度も自殺未遂をして、首を縊ったこともあります。最近、手首を切りました……。でも、死ねないんです。

ミカ：いつがいいですか？

ルル：私としては、冬休みがいいです。森は寒いだろうし。うろうろしてたら、飢えや寒さで死んじゃうかも……。それとも首を吊りましょうか？

ミカ：ルルさん、ありがとう！　いつにしましょうか？　私はいつでも空いてますよ！　家に電話ください。(xxx) xxx xxxx. 他の人、迷惑電話をかけないでね！　ルルさん、電話していいのはあなただけです。それでよろしいですか？

ミカ：ああ……死。

ルル：了解です。今夜電話します。もうすぐ授業が終わるので、もう行かなくちゃ。いつになったらまたこのサイトに戻れるんだろう……。

マーシー［サイト管理者］：どうしてもあなたたちの自殺を防ぎたいというわけではないのですが、このような不快なコメントを本気で投稿することの責任をお二人に理解していただきたいです。ミカさんは、電話番号を載せて自殺仲間を募りました。一般的に言って、このような行為は、中途半端に自殺願望がありながら自分一人では死ぬ勇気がない人に仲間意識を持たせ、死ぬ勇気を与えがちです。このような心理状態は、人間の「群集心理」から生まれます。自殺願望のある人は友だちがほとんどいないことが多いので、このようなテクニックにひっかかりやすいのです。そういう人は、「相互信頼関係」にたやすく「依存」してしまうようになるんです。ルルさん、電話する前に冷静になってみてください。ミカさん、自分ひとりでは自殺しないかもしれない人を自殺に引きずり込むことになるかもしれないことに気づいてください。とにかく、この二人はすでに連絡先を書き留めているようですので、このメッセージのやりとりの削除の要請はしないことにします……。まあ、ご自分の人生ですから、それに終止符を打ちたいなら選択はお任せしますが、自殺仲間を求めるのはご勘弁願います[1]！

この対話は二〇〇三年に行われたもので、インターネットの自殺サイト（この場合はチャットサイト）の記録から連絡先だけを削除したものである。関係者の中に自殺を遂げた者がいたかどうかは不明である。現在では、個人の連絡先を含む投稿はサイト管理者やモデレーターによって即座に削除されるだろう。このサイトは二〇一八年に閉鎖されたが、他にも多くの自殺サイトが今でも存在している。

これらの投稿メッセージの書きぶりは、自殺サイトに投稿された数多くのコメントの実例となるものである。しかしながら、なぜ人は見知らぬ人と一緒に死にたいと思うのだろうか。この問いをきっかけに、私は若者たちがどのような精神的苦痛や実存的苦悩を抱えているのかを明らかにするための調査を始めた。

一九九八年――転機

一九九八年は、自殺に関して日本の転機となった年である。それ以前、つまり自殺率が急増する以前の日本では、自殺は精神衛生や公衆衛生の問題としてではなく、個人の選択と責任の問題として捉えられており、日本は自殺に寛容な文化を持っていることで知られていた(2)。日本の政府や地方自治体は、自殺防止に配慮していなかった。日本は「自殺大国」だという評判があったが、これは全体の自殺率よりも、切腹（一般には「腹切り」のほうが知られている）、（カップルまたは一家の）心中、第二次世界大戦中の「神風」特攻隊といった高度に儀式化された自殺の悪名高さのせいである(3)。

一九九八年の自殺の急増以前の一〇〇年間に、自殺率の急増の波がすでに三回あった。明治政府が自殺のデータを収集し始めたのは一八九九年ごろである(4)。それ以前の時代についての信頼できるデータはない(5)。三つの波のうち最初のものは一九一三年から一九二一年にかけて、二番目の波は一九五〇年代後半に、三番目の波は一九八〇年代半ばに起こっており、一九九八年は四番目の最も新しい波の始まりであった(6)。

一九一二年、日露戦争の英雄であった乃木希典大将が、明治天皇の葬儀の直後に夫人と心中した。その後自殺が増加した時期があったが、学者たちはこれを「近代化と欧米の個人主義がもたらした慢性的に社会を疲弊させる現象が起こっているサイン」と呼んだ(7)。日本史家のフランチェスカ・ディ・マルコによれば、この時代の多くの人は、自殺は近代化や欧米化に対する抗議であり、欧米の考え方と日本の伝統的な家族観との衝突の結果であると見ていた(8)。やがて一九三七年に中国との戦争が始まり、自殺率は減少した。この状態は、一九四五年の第二次世界大戦の終結まで続いた(9)。

一九五〇年代後半の第二の自殺のピークは、第二次世界大戦後の社会、経済、イデオロギーの変化による日本社会の緊張状態を反映していたと考えられる。このような変化には、一九四七年に新しい民法の下で伝統的な「イエ」制度が崩壊し、国教であった日本の宗教である神道の役割が変化したことも含まれる。[10]この時期は、若年層、高齢者層ともに自殺率が高かったことが注目に値する。二〇代の自殺率が世界で最も高い国の一つだったことから、日本には「若者の自殺天国」「若者の自殺大国」というレッテルが貼られた。[11]一九五八年の日本の自殺率は、一〇万人あたり二五・七人（男性三〇・七人、女性二〇・八人）であった。ディ・マルコは、「アメリカによる占領が終わるやいなや、日本人は自分たちの社会が機能不全に陥っていたことをますます確信するようになった。そして、自発的な死は日本人のより深い社会的不適応の反映かもしれないという意識の高まりが見られた」と指摘している。[12]また、ディ・マルコは、社会学者の見田宗介による戦後の自殺についての理解として、「都市化と機械文明に直面した疎外感と無目的感の結果としての日本人の同時的不適応」を引用している。[13]一九五八年をピークに自殺率は特に若い日本人の間で減少に転じ、一九八六年まで減少は続いた。[14]

この三〇年近く続いた自殺率の低下期は、一九八六年に終わりを迎えた。この年は自殺者が急増し、二万五五二三人と第二次世界大戦後最も多い数字となった。この急増は特に若者の間で顕著であり、三〇％も増加した。[15]二回の有名な群発自殺の最初は、一九八六年一月に中学生の男子がいじめを苦に自殺したのを皮切りに起こり、次に同年四月の一八歳の人気女性歌手、岡田有希子の自殺の後にも起こった。[16]この二つの事件は、ともにマスコミで大きく報道され、それぞれが自殺の連鎖を引き起こした。[17]この一九八六年の自殺の急増の後、一九九八年まで自殺率は再び低下していった。

興味深いことに、このような自殺率の波の高まりのたびに群発自殺が繰り返されてきたという特徴がある。一九〇三年、エリート校である旧制一高の一八歳の高校生だった藤村操は、日光の華厳滝のうえから飛び降りた。その後この場所では、一九〇三年から一九〇七年にかけて四〇人の自殺者と一四〇人の自殺未遂者が出た。[18] また、一九三三年に二一歳の女子大生、松本貴代子が同級生の富田昌子とともに三原山という火山に登り、富田が見守る中火口へ飛び降りた後にも、再び同様の群発自殺が起こっている。[19] 彼女の自殺をきっかけに、一九三三年から一九三六年にかけて一〇〇〇人以上が三原山の火口に飛び降り自殺を遂げた。[20] 藤村の自殺も松本の自殺も、覚悟の自殺のように見えた。松本は、伝統的な結婚制度に反対し、結婚において女性に定められた役割を拒絶する遺書を残している。藤村は『ハムレット』やローマの詩人ホラティウスの引用を木に刻んだという事実からも、その自殺は体制順応主義的な国における自由意志の哲学的表現として広く受けとめられた。[21]

したがって、一番最近の一九九八年に自殺の急増が始まったとき、日本がこのような状況に直面したのは初めてではなかった。しかしながら、この時の反応は異なるものだった。一九九七年までの約一〇年間は、自殺率は横ばいであった。一〇万人あたり一八〜一九人である。一九九七年に記録された自殺者は、二万二四一〇人だった。それが一九九八年には三万二八六三人と、一年で四七％も増えている。これは一時的な急増ではなく、例外的な増加でもなかった。一九九九年の自殺者数は、三万三〇四八人であった。[22] その後一〇年間、自殺率は高止まりで推移した。二〇〇三年には、自殺者数は三万四四二七人に増加した。

日本では、交通事故による死者は毎年約一万人である。この自殺率だと、交通事故死の三倍以上の人が毎年自殺で命を落としていたことになる。[23] また、この数値は国際比較から見ても際立っている。二〇〇三年、日本の自殺率は一〇万人あたり二七人であったが、米国では一〇・八人であり、自殺は死因の第一一位でしかなかった。[24] 一九九八年に急増した後の一〇年間で、日本の自殺率はG８諸国の中でロシア（二〇〇四年一〇万人当たり自殺者三四・三人）に次いで高く、フランス（二〇〇二年一七・八人）、ドイツ（二〇〇四年一三・〇人）、カナダ（二〇〇二年一一・六人）、アメリカ（二〇〇二年一一・〇人）、イタリア（二〇〇二年七・一人）、イギリス（二〇〇二年六・九人）と比較してもかなり高くなっている。[25]

一九九八年以降、日本の歴史上初めて自殺が公衆衛生上の問題として認識され、徐々に自殺予防の公的な取り組みが始まった(26)。国立精神・神経医療研究センターは自殺予防ワーキンググループを設置し、二〇〇五年には厚生労働省が自殺率低下を目指して政府主導の取り組みを開始した(27)。このような対応の変化の理由としては、自殺率の数字そのものが非常に大きいこともあるが、後述するように世間の認識が変わり、これらの事例を覚悟や選択、あるいは反抗としての自殺と見るのではなく、むしろ自殺した人たちの主観的な状態がそれらとは異なっているように見えるようになったということも重要である。

理由を探る

一九九八年に日本で自殺が激増したのはなぜかという問いへの満足できる答えは、まだ出ていない。たった一年間でこれほど急激に増加したのは、何らかの社会的な重圧が臨界点に達していたことを示唆している。しかしながら、その重圧の正体は何だったのか、そしてその原因は何だったのだろうか?

一九九八年の自殺者急増は、それ以前の自殺の波と比較すると、戦争やその他の大きな歴史的説明事象がないため、経済状況のせいにするのが通常の反応であった。実際、この年まで日本経済はしばらくの間緊迫した状態にあり、社会への圧力が高まっていた。マスコミや著名な専門家たちは、自殺者の増加は、これまで失業率が極めて低かった社会における日本の中年男性の経済的、心理的不安の結果であるにちがいないと述べた。最も頻繁に語られた三段階の説明モデルは、(一)長期にわたる経済不況が(二)失業者や経済的安定を失う可能性に不安を抱く人々のうつ病を引き起こし、(三)自殺率の上昇をもたらしたというものだった。また一九九七年には、山一證券、三洋証券、北海道拓殖銀行など、日本の有名金融機関がいくつか破綻し、日本の経済停滞にさらなる打撃を与えていた。

日本の経済的苦境が自殺の急増の重要な要因であったと考えるのには、納得できる理由がある。しかしながら、経済の停滞がうつ病を引き起こし、最終的に自殺に至らしめるという説明モデルは、それだけでは単純すぎると考えるべき理由もある。一つには、年齢や性別にかかわらず自殺率が急上昇したことである。日本の中年男性は確かに自殺率が激増した年齢層の一つであったが、日本の若者も同じであった。さらに、日本の停滞に対処するために日本政府が行った政策そのものが意図しない結果を招き、さらなる不安と苦悩をもたらした可能性もある。

第二次世界大戦後、日本は着実に高度経済成長を遂げ、その結果米国に次ぐ世界第二位の経済大国になったが、二〇一〇年に中国にその座を奪われた。日本は、「終身雇用制」や「家族的企業システム（企業が従業員の家庭の役割を果たした）」など、文化的に独特なエートスや価値観に基づく「驚異的な経済発展国」と見なされていた。[28] いったん会社に就職すれば、会社が社員の面倒を一生見てくれたのだ。社会福祉や健康保険も充実しているし、給料も毎年少しずつ上がって行った。社会学者の中根千枝は、これを年功序列で昇進する「縦方向に構成された社会」すなわち「タテ社会」と呼んだ。[29]

しかしながら、一九九〇年代初頭以降、日本は長期的な経済停滞に見舞われた。その解決策を模索する中で、歴代の政権はネオリベラリズム的な経済政策の導入を試みるようになった。これには、かつて成功した疑似家族会社の終身雇用モデルを手直しして、企業が正社員を解雇して非正規労働者に置き換えやすいようにすることも含まれていた。一九九六年と一九九八年の派遣労働者法改正により、雇用できる非正規および派遣労働者の数が増えた。

サラリーマンと呼ばれる正社員が、初めて大量に解雇されていったのである。彼らのほとんどは、解雇される可能性など考えたこともなかっただろう。彼らは、正社員としての給与、雇用保障、福利厚生を欠いた非正規労働者に取って代わられたのである。その後、小泉純一郎政権（二〇〇一年～二〇〇六年）のもとで、よりネオリベラリズム的な政策が導入され、郵政民営化などが行われた。経験豊富な中高年社員は解雇される割合が高く、再び非正規労働者がさらに多く採用されたのだ。

その結果、企業の価値観や慣習が変化した。よくあることだが、経済的な難題が社会的、文化的な難題にもなった。多くの日本人男性にとって、失業は勤労所得を失うだけでなく、尊厳や自尊心をも失うに等しかった。国際的な賞賛を浴びている日本人作家である村上春樹は、平日の昼間に東京の街を歩いたり、さらには買い物に出かけたりすると、人々から見下すようにジロジロと見られたと述べている。村上春樹の場合は作家であり、会社勤めをしていないため、このようなことができる珍しい例だった。しかしながら日本では、真昼間にスーツも着ず、ネクタイもしないで街を歩いている男性は、今でもやはり好奇や軽蔑の眼差しを向けられてしまうことがある。

性別と年齢

二〇〇五年の自殺率は、女性の一二・九人と比較して男性は三六・一人であり、四〇歳から五四歳の中年男性の自殺者数は、同年齢層の女性の五倍であった。このような数字は、自殺と近年の経済不況や失業率の上昇との関連性を示す証拠として引用され、日本の中年男性に焦点を当てることを正当化するものであった。[30]しかしながら、ほとんどの年代（全てではない）で男性の方が女性よりも自殺率が高いにもかかわらず、日本の女性の自殺完遂者数に対する自殺未遂者数は、一貫して男性よりも多いのである。厚生労働省の報告書によると、自殺を完遂した人の男女比は通常二・五対一程度（二〇一七年は一〇万人あたり二四・五対一〇・四）だが、最終的に自殺した人の自殺未遂率は、女性が男性の二倍（二〇一七年は男性一五・三に対し女性二九・三）となっている。[31]これは、日本の男女の自殺未遂者数がほぼ同数であることを示唆している。自殺した若い女性を見ると、二〇代の四六・七%、三〇代の四五%が過去に自殺未遂を経験しており、これに対して過去に自殺未遂を経験した自殺完遂男性は、それぞれ一五・五%、一七・八%であった[32]。

突然の自殺の急増を伝えるメディアの報道は、若者のことも取り上げていなかった[33]。四〇代から六〇代の男性の自殺率は、一九九八年のたった一年間で三五%跳ね上がったが、一九歳以下では同じ年に五三%、同年齢層の女性のみでは七〇%跳ね上がっていたのだ[34]。

日本では、未成年者の自殺未遂者数と自殺完遂者数の比率は一〇〇から二〇〇対一であるのに対して、成人の自殺未遂者数と自殺完遂者数の比率は一〇対一とはるかに少ないと推計されている[35]。したがって、一九九八年の一九歳未満の自殺による死亡者数七二〇人は少ないように思われるが、これは約七万から一四万人の自殺未遂があったことを示している。自殺未遂は助けを求める叫びであり、精神的苦痛の表れであると一般的に理解されている。また、自殺未遂をした人は、将来的に自殺を完遂するリスクが高い[36]。したがって、根底にある問題――自殺の完遂はその一つの症状に過ぎない――を理解するつもりなら、自殺の完遂者の統計だけに頼ることはできないと認識することが重要である。このように考えると、一九九八年の自殺率の急増は、多発した自殺の数そのものの大きさよりも、日本社会が抱えるさらに大きな問題を示していることが分かる。何らかの理由で、日本には心の痛みの大きなうねりが押し寄せたのである。

一九九八年という極めて重要な年から約二〇年が経過した今、何が原因で自殺率が急激に上昇したのか、謎のままである。一六年後の二〇一四年に厚生労働省が認めたのは、自殺の急増は一九九〇年代初頭のバブル経済の崩壊が主なきっかけとなったに違いないが、なぜこの上昇が一〇年以上続いたのかを理解するには、経済的側面からの説明だけでは不十分であるということだった[37]。

二〇一〇年頃、自殺防止政策の積極的な実施によってか、全体の自殺率は再び緩やかな減少に転じた。日本政府はこれを歓迎したが、ひょっとするとそれは時期尚早であったかもしれない。厚生労働省の二〇一五年の自殺対策年報の報告によれば、全体の自殺率は減少したものの、二〇代、三〇代の日本人の自殺率は減少していない[38]。二〇一八年六月一九日の同省の後続報告の指摘によれば、一五歳から三九歳の年齢層の死因のトップは依然として自殺である。実際、日本はG７の中でこの年齢層の死因の第一位が自殺である唯一の国である[39]。二〇二〇年、日本では再び自殺率がわずかに上昇し、女性が再び首位を占めた。一九九八年に始まったこの最新の自殺の「波」はまだ終わっていないのかもしれず、これは以前の波よりもさらに御しにくく、長期にわたるものとなりつつあることを示している。

日本の一九九一年から二〇〇〇年までの一〇年間は、経済の停滞から「失われた一〇年」と呼ばれた。しかしながら、二〇〇一年から二〇一〇年までの一〇年間ではほとんど改善が見られなかったため、この言葉は「失われた二〇年」に改められた。日本の若者の自殺率の高さは、「失われた二〇年」の影響を受けていると指摘する学者もいる[40]。このような学者たちは、主として日本の不安定な将来に対する悲観が若者を自殺に追いやってきたと主張している[41]。

私は、日本の自殺の増加には経済的な要因があったということは否定できないと考えている。しかしながら、経済はそれと同じくらい強力だと分かっている社会や文化の力から切り離すことはできない。経済の停滞は、企業を規制する法律を変える政治的変化をもたらし、何百万人もの日本人の仕事の本質を変えてしまったのだ。解雇される、解雇を恐れる、中年になってから職探しをしなければならない、雇用の保証も地位も手当もない非正規労働者として働く、といった職場の変化は、人々のアイデンティティ意識、人間関係、家庭生活に影響を及ぼした。それは日本社会に深い影響を及ぼし、安心できる制度に頼る雰囲気から不安の多い新しい制度の下で生きる雰囲気に、国を大きく変えてしまったのである。しかしながら、経済的な要因だけでは日本の若者や女性の自殺率や自殺未遂率の高さを説明することはできそうにない。日本の若者の経験と、なぜ記録的な数の若者が自殺を望んだのかを調べなければ、依然として謎が解けることはない。

「完全自殺マニュアル」

一九九三年、日本で変わった本が出版されたが、ひょっとしたらもっと珍しいことに、それは全国的なベストセラーになった。その本とは、鶴見済の『完全自殺マニュアル』である。[42] その本は、首吊り、薬の過剰服用、溺死など一一種類の自殺方法を取り上げ、それぞれの方法の実行のしかた、感じる痛みのレベル、必要な準備のレベル、致死率のレベル、さらには死後の遺体の見た目がどうなるのかまでも解説している。書きぶりは淡々としている。この本は今でもシンボル的な存在で、自らの命を絶とうと思っている人たちの間では自殺方法のバイブルとされている。

当然のことながら、この本は厳しい批判にさらされた。政府による検閲や禁止こそなかったが、未成年者への販売を認めないという県もあった。また、「自殺の増加につながる」という批判も多かったが、少なくともすぐには自殺が増えることはなかった。一方、この本をもっとポジティブに評価している人たちもいた。

今振り返ってみると、鶴見はこのマニュアルでその後二五年にわたって非常に大きなテーマとなる「生きづらさ」を予見していたのである。今では、このテーマに関して夥しい数の書籍が出版されている。鶴見は、「がんばる」「ベストを尽くす」「生き延びるために精一杯努力する」という日本の伝統的な文化的価値観を支持するのではなく、生きていくのがあまりにも辛いと感じる人に一つの脱出方法を提示した。それがあることを知れば、人はそれほどプレッシャーを感じずにうまく生きていけるかもしれないと、鶴見は主張した。彼の考えは、この本を購入した人たちのレビューにも反映されているようだ。

日本のアマゾンのサイトでは、ある人がこの本を次のようにレビューしている。

この本と出会ったのは、もう一〇年近く前。その時、いじめとまではいかないが酷い嫌がらせを受けていた俺は、「自殺ってどうなんだろう?」って思い始めていた。その時周りの先生からは「自殺なんてするもんじゃない。これから明るい未来が待ってるから、頑張ろう!」と口を揃えて語ってくれたが、到底信じられるものではなかった。当時俺は人も寄り付かない図書室で昼休みや放課後を過ごすことが多かったので、司書の方に当時の状況や心の内を話した。多分他の先生たちと同じように自殺を踏みとどまる言葉をかけるのかと思っていたが。「本当は止めるべきなんだろうけど。君がそれでいいなら、良いんじゃないかな?君にとって良いものを渡すから、明日またここに来なさい。」そう言ってくれた。そう言って渡してくれたのがこの本だった。「この本が有れば、君の死にかたが選べる。今は迷うだろうけど、「これだ!」そう思える方法が有るなら実行しなさい。」そうとまで言ってくれた。その日以降は嫌なことが有ればこの本を読むようになった。でも「これだ!」と言う自殺方法が見つからない。しかし、この本が有るおかげで、「いつでも死ねるな」「よし、死んでやる」そうも思いながら生きているのもまた、事実なのである。司書の先生ありがとう。(43)

二〇一九年にこのレビューにアクセスしたところ、一一三人がこの本が役に立ったと回答していた。この自殺マニュアルが生きづらさを抱えた人たちの安全装置になっているという思いは、このレビュアーの言いたいことに通じるものがあるようだ。また、このレビューは、自殺サイトの訪問者が投稿した話ともよく似ている。さらに、ホラー映画より怖いと思った、読んでから自殺願望がまったくなくなったと書いているレビュアーもいる。(44)

また九七六人が役に立ったという別のレビューでは、長い間自殺願望があったという女性がこの本についての考察を語っている。自殺は家族を含め多くの人を悲しませるからやめなさい、がんばりなさいと言われるより、この本の方が心に響いたという。

中学生からずっと自殺を考えてきました。だけど、私の周りには自殺できるような場所がなくて、近くに森林もない・首を吊れる高さもない・橋もない・ビルもない・自宅で死んでもすぐ見つけられる…という感じで、なかなか死ねませんでした。一度ドアノブ自殺も図りましたが、ドアが体重に耐え切れず壊れる。結局オーバードーズや自殺未遂を繰り返すばかりでした。サイトで自殺方法を検索しても、なんだかどれも信用できないものばかりで…。でも、この本を読んで、「充分な高さがなくても首を吊れるんだ」とか「一〇階建てなら死ねるんだ」とか、詳しい事がいっぱい書かれていたので、とても参考になりました。そして著者の最後の言葉、読者に本当に伝えたい事。それは、「みんな自殺しろ！なんてつまらない事を言いたい訳じゃない。この閉塞した世の中を少しでも生きやすくする為に、死にたくなったら死ねばいいし、生きる奴は勝手に生きればいいという考えから、ちょっとは生きやすくしよう。ってのが本当の狙いだ」とありました。なんだか心が軽くなったような気がします。今まで、「死にたい」と言うと、他人に「簡単に命を粗末にするな」とか「強く生きろ」等と言われてきたので、それが凄く心に負担でした。でも、この本は違う。本当に死にたい人達の心の中を、うまく読み取って、「それでもいいじゃないか」って、思わせてくれる所がありがたいです。ちなみにこの本からして一番オススメな自殺方法はやっぱり首吊りです。私の兄も鬱で首吊り自殺しましたが、遺体は綺麗でした。私も実行するなら首吊りを選びます。しかし体質は個人差がありますので、この本に載ってる方法をやったからって必ずしも一〇〇%死ぬという保証はないです。「この本の通りに実行したのに死ねなくて後遺症が残った！どうしてくれるんだ！」というレビューをたまに見ますが、それは自己責任だと思います。これはあくまで「マニュアル」ですので。「この本は古いから使い物にならない」という意見もたまに見ますが、そもそも人が死ぬ方法に時代は関係ないと思います。自殺はいつ・どの時代でも起こってきた事ですから。昔と同じように死ねばいい訳です。そして最後に言いたい事…

「自殺なんてするな。あなたが自殺する事で周りの人間がどれだけ傷つくか。どれだけ不幸になるか。考えてみなさい。あなたは両親を泣かせたいのですか？」等という意見もたまに見られます。だけど、本当に自殺する人の半数は、そんな「自分を心配してくれる人」なんていないのです。いたなら、それはまだマシな方です。私自身も、家族に見捨てられ、友達もいない、お金もない、仕事もない、親や兄弟には「さっさと死んでくれ。このクズ人間が」と言われ虐待され、そんな人間関係の中で、「私が死んで泣く人」なんていないのです。そこまで追い詰められて孤独の中を生きてる人達に、「親が悲しむわよ？」なんて言葉をかけられた時は、本当に「世の中色んな人がいるんだぞ　ナメんな…！」と思う訳です。自殺者の中に一番多いのは、「孤独」という現実なんです。(45)

川の字に横たわる死体

二〇〇三年二月一一日、ある一〇代の少女がアパートの空室のドアを開けた。中に入ると、二六歳の男性と二四歳の二人の女性の合計三人が並んで横たわっていて、一見眠っているようだった。彼らは、後に彼女が「川」の字に似ていると表現した形で彼女の目の前に横たわっていた。彼らの横には七輪の練炭（日本の伝統的なコンロ）がいくつか置いてあった。(46)窓はすべてセロハンテープできっちりと目張りされていた。彼らは、一酸化炭素中毒で死亡していたのだ。

そこで何をしているのかと問われた少女は、実は自殺の計画を知っていたことを警察に告白した。ネットで知り合った仲間たちと集団自殺に参加することに最初は同意していたが、おじけづいて約束の時間には行かないことにした。その後どうなったのか気になった彼女がアパートを訪ねると、先ほどまでチャットをしていた人たちの遺体があったというわけである[47]。

この事件は、際立って忘れがたい内容だったので日本中の注目を集め、大きく報道された。しかしながら、インターネットで集まっての集団自殺は、この事件が初めてではなかった。それ以前にも、三〇歳の男性と三二歳の女性がアパートの一室で一酸化炭素中毒によって死んでいるのが発見されたことがある。「川の字」の集団自殺事件以降、マスコミはインターネット上で集まった集団自殺をお決まりのように報道するようになり、死者の詳細な描写とともに、個々の人が集まって自殺について議論し、集団自殺を計画することさえできる夥しい数の自殺サイトの存在についても伝えた[48]。

翌二〇〇四年一〇月、埼玉県のある山中の駐車場で、ミニバンの中に若い男女七人の遺体が発見された。車内には四つの七輪があり、窓はすべてセロハンテープで目張りされていた。その数年後まで、これはインターネット上で約束して行われた最大の集団自殺事件であった。そして二〇〇六年には、ネットで知り合った九人が集団自殺した[49]。

二〇〇三年二月一一日から二〇〇四年一二月三一日までの二年間に、日本の主要五紙にインターネット集団自殺に関する記事が五九九件掲載され、一五六のテレビ番組がこの現象を取り上げた[50]。自殺研究者たちは、メディアが広く取り上げることによって、さらなるインターネット自殺の連鎖反応が起こる可能性があると警告した[51]。

ドクター・キリコの診察室

インターネット自殺の研究を始めたとき、私は日本で初めてインターネットが自殺を幇助し、実現する手段として使われたのはいつなのかを突き止めようとした。インターネット集団自殺という新しいカテゴリーが確立される以前、その初期の事例が普通の心中（より詳細に後述する集団自殺）として扱われたため、最初のインターネット集団自殺（自殺サイトを通じて出会い、一酸化炭素中毒で一緒に死亡したと定義されたもの）がどのようなものであったのかについてコンセンサスは得られていない。上野加代子によれば、日本の大手新聞である朝日新聞でインターネット集団自殺について初めて言及されたのは二〇〇〇年一〇月で、その当時自殺に関する日本のウェブサイトは四万件あり、そのうち一五〇件は「自殺の方法」専門のものだった[52]。

しかしながら、それ以前にもインターネットを利用して自殺を図った有名な事件がいくつかあり、その中でも最も悪名高い事件の一つは――ひょっとすると驚くべきことではないかもしれないが――転換点の年である一九九八年に起きている。とある二七歳の男性が「ドクター・キリコの診察室」というホームページを作った。彼は、この医師と見紛う名前を使って被害者になりそうな人を惹きつけ、彼らの自殺を幇助するために青酸カリを送った。六人が青酸カリを受け取り、そのうち一人がそれを飲んで死亡した[53]。

インターネット集団自殺の形態

最初のインターネット集団自殺のマスコミ報道はセンセーショナルで、集団自殺に使われた車の映像、練炭の写真、ネットでつながって自殺する方法の詳細な説明などが掲載された。その結果、精神科医や自殺予防の専門家から「このような報道は、事件を模倣した行動を引き起こす恐れがある」と厳しい批判を受けることになった。インターネット集団自殺のデータが集まり始めてから二年以内に、その件数は三倍（二〇〇三年から二〇〇五年）に増え、二〇〇五年には九一人（三四件）が死亡している。やがて、連日の報道は一段落した。警察庁も模倣した自殺を減らすため、二〇〇六年以降インターネット集団自殺の年間件数まった。

を公表しなくなった。そのせいで、件数が増加しているのか減少しているのか明確な把握は難しくなってしまった。

しかしながら、新たな集団自殺の形態は生まれ続けており、この現象が治まってはいないことを示している。私がインターネット集団自殺の研究を始めてから数年後の二〇〇八年初め、新しい方法として硫化水素による服毒自殺が流行した。この毒物を作る技術がインターネット上で流布されたのだ。この年だけで一〇五六人がこの方法を使って自殺した。自殺者の平均年齢は三一歳で、インターネット自殺は主に若者を惹きつけていたことが分かる。

一酸化炭素中毒、硫化水素中毒に続いて、二〇一〇年代にはソーシャルメディアやツイッターなどのソーシャルネットワークサービス（ＳＮＳ）を利用した新たなトレンドが生まれた。「#自殺募集‼」「#死にたい」といったハッシュタグが登場したのだ。そして、自殺志願者を恐ろしいやり方で食い物にする悪辣な輩も出現し始めた。

座間九人殺害事件

座間九人殺害事件とは、二〇一七年八月二二日から一〇月三〇日にかけて神奈川県座間市で発生した、白石隆浩という二七歳の男性が自宅の賃貸アパートで複数の男女を殺害した事件である。

白石が逮捕されたきっかけは、被害者のうちの一人の兄が、最近行方不明になった妹を心配して、彼女のツイッターアカウントにアクセスし始めたことだった。その兄は彼女のアカウント開設を手伝っていたため、パスワードを知っていたのだ。彼女が携帯メールの返信をしなくなったので兄がツイッターのアカウントを確認したところ、彼女が失踪する数週間前に「#自殺募集」というハッシュタグを使い、「死にたいけど一人では怖い」というメッセージをツイートしていたことが分かった。兄は、妹が特に怪しいある男と接触していたのを見た。そして、この男について何か知っている人がいないか、彼女のアカウントから投稿を始めたのである。すると、ある女性から「心当たりがある」という返事が返ってきた。その女性は警察と連携して白石に連絡を取り、警察が張り込んでいる場所に迎えに来てほしいと頼んだ。それから警察は白石を待ち合わせ場所からアパートまで尾行した。アパートには、九つの切断された頭部と二四〇の身体部位と骨が入っているクーラーボックスと収納箱があった。[54] 白石は、二〇歳の男性一人と、一五歳、一七歳（二人）、一九歳、二一歳、二三歳、二五歳、二六歳の女性八人（うち三人は高校生）を誘い出し、捕まるまでに合計九人を殺害していたのだ。

白石は、ツイッターで自殺願望のある人を探していたことを自白している。彼が使っていたアカウントのうちの一つは「首吊り士」だった。このアカウントには、「首吊りは痛くない」、「本気で困っている人は相談してください」といったメッセージが投稿されていた。よくありがちな練炭を使った自殺について「練炭自殺は実際かなり苦しい」と投稿し、それより首を吊ることを勧めた。自分は首を吊りたい人を手助けするためにいると書き込んだのである。[55] また、彼はネット検索で自殺願望を示す投稿やハッシュタグを見つけ、そのような人にメッセージを送ったと認めている。彼はそういう人たちに、社会は苦しみに満ちているが自分は苦しむ人を手助けするためにいるのだと言っていたのである。[56]

彼はまた、「死にたい」というアカウントも持っていた。このアカウントでは、「#自殺募集」というハッシュタグを使い、自殺願望があるかのように装って被害者を集めていた。彼の逮捕後、ツイッターで連絡を取っていた何人かが名乗りを上げ、その手口をさらに暴いた。ある女性によれば、彼女はハッシュタグ「#自殺募集」をつけて「一緒に死ねる仲間を募集しています」とツイートした。すると白石が返信し、やりとりが始まった。白石は精神的に苦しんでいる人を見るのが辛くて、その苦しみを和らげたいと強く願っているから彼女を殺したいと言い続けていたと、彼女は回想している。[57]

座間殺害事件以降、ツイッターが絡んだ類似の事件がいくつか起きている。二〇一八年七月、あるアパートで五人の死体が発見された。一人はこのアパートの住人で三七歳の男性だった。他は二〇代の女性二人と四〇代の女性一人、そしてもう一人、いまだに身元不明の男性一人である。このアパートの住人は、一緒に死ぬ仲間を募集するツイートを何度かしていたのだ。[58]ソーシャルメディアの利用により、被害者や自殺の仲間の募集を阻止することが難しくなってしまった。従来のウェブサイトでは、管理者がそのような投稿を見つけて削除することができるが、ソーシャルメディア・プラットフォームでは、そのような規制は通常行われない。

自殺に対する伝統的な考え方

伝統的に、日本では自殺は個人の自由意志の表現と考えられてきた。[59]「覚悟の自殺」というレトリックは、今でも非常によく使われる考えである。それが示唆しているのは、自殺は自由に選択できる個人の合理的な決断であり、それゆえやむをえない場合は尊重されるべき選択肢だということだ。[60]日本を対象とする人類学者の北中淳子は、日本では一九世紀末に精神医学が確立されたにもかかわらず、精神科医は日本人の自殺という概念の捉え方にほとんど影響を与えてこなかったと主張する。これは日本人が長い間自殺を異常なものとはせず、個人の自由な行為として美化したり尊んでさえきたからではないかと彼女は示唆する。[61]

研究していくうちに、特に日本人の方と話したりインタビューしたりしたときに、私はこのような考えには良い面もあることに気づいた。そのような考え方は、自殺者の遺族に「自殺は道徳的に間違っている」という倫理的判断を押しつけることがない。また、自殺を裁いたり非難したりしないことで、自殺してしまった人や残された人の心の痛みへの配慮を忘れないことになる。

その一方で、こうした考え方に大きく欠けているのが、自殺予防の推進である。自殺の動機は必ずしも真剣に考え抜いた末の合理的な意思決定ではないことを認識しなければならない。むしろ、自殺の瞬間でさえ人は死ぬことに対して相反する感情に揺れ動きがちである。[62] 日本では指折りの自殺予防の中心人物であり、自殺予防ホットライン「いのちの電話」の創設者である齋藤友紀雄は、私との対話の中で、日本政府が数十年にわたって自殺予防に関心がなかったことを嘆いていた。[63]

自殺を異文化間で理解しようとする試みは、どんなものであれ複雑な作業である。突き詰めれば、それは自殺を「意図的な自傷行為」に等しいとする欧米の標準的な自殺の定義に疑問を投げかけることになる。[64] 欧米では社会文化的な観点から自殺を理解しようとする試みがなされてきたとは言え、たいていは自殺が個人の病理であるという見方を通して理解されてきた。多くの統計が示すところでは、自殺を企てる人の九〇％以上がうつ病や精神障害などの精神疾患を患っている。しかしながら日本では、自殺のレトリックにおいて際立った特徴の一つは文化的美化であり、それによってある種の自殺にポジティブな文化的価値が付与されるということである。[65] 三島由紀夫や江藤淳という自ら命を絶った二人の有名作家の場合、大衆の反応やマスコミの報道には彼らのヒロイズムに対する賞賛が含まれていた。全体として、日本人の自殺に対する文化的認識は米国よりも寛容であり、自殺が成熟と責任の表れとして道徳的に正しいと見なされるケースも非常に多い。

モーリス・パンゲは、著書『自死の日本史』の中で、「きわめて重要なことだが、日本では自由な選択としての死に対して原則的には異論が全くなかった――この問題について、欧米のイデオロギーは意見をはっきり述べることが常に困難であった」と断言している。[66] さらにパンゲは、「もし日本文化が本当にわれわれにとって注目し続けるのに値する独創性を持っているとすれば、それは結局、形而上学や観念論が存在しないことの中に求められるものであるに違いない」とつけ加えている。[67] 彼は、こうしたものの不在は、仏教、特に諸行無常を強調する曹洞宗の影響によるものだと突きとめている。この不在は欠如ではない。その内部で、パンゲにとっての自殺は「激烈な過剰……厳粛な必然性」となり、彼は「……それは日本が道義上決して放棄しないと決めたものであり、あたかも日本は、人々が自死する自由を手放すと一つの文明から壮麗さと静謐さの本質がどれほど失われるかを理解しているかのようだ」と述べた。[68] パンゲの言葉の選び方にはかすかにオリエンタリズムが感じられるが、日本には伝統的に日本人思想家たちが広めた「日本人論」があり、パンゲは「自殺大国」という言葉は一九五〇年代に日本人自身によって最初に作られたものだと指摘している。[69]

日本では、自殺が美化されず病理として捉えられる場合、一般的には「社会的病理」と見なされる。このような社会的病理やうつ病、自殺の一因として景気の悪化が頻繁に指摘されてきた。日本の思想は、社会を非難し、個々の人を超えたところに原因を求める傾向が強かった。[70] しかしながら、個人的なものを完全に排除することで問題のある結果を招くこともある。人類学者のマーガレット・ロックは、「引きこもり」を医療の対象とすることを批判的に検討する中で、日本における社会志向の強い医学的言説に警鐘を鳴らしている。彼女の主張によれば、それは必ずしも解放をもたらすものではなく、道徳化、医療の優位化をもたらす可能性がある。つまり、社会志向の強い医学的言説には、人々の苦痛の意味を決めつけ過ぎてしまう危険性があるのだ。[71] したがって、決定論的な構造的要因だけに目を向けると、個人の主観性の妥当性や具体性が損なわれ、主体性が消されてしまう可能性がある。人類学者のスーザン・ロングは、日本における終末期問題についての研究の中で、「選択」は「自主性」と同じものではないと主張している。なぜなら、（死に方を決めるなどの）選択肢は、所与の状況や環境の内部で限られているからである。[72] 個人の選択は社会的制約と切り離せないので、何をもって「個人的なもの」とするのか「社会的なもの」とするのかが問われることになる。

日本における自殺の二つの特徴的な要素――文化的美学の側面と社会的病理に起因するとみなされているという事実――は、日本の自殺予防へのアプローチを複雑にしている二つの要因でもあると私は考えている。一方で自殺を所与の状況下での責任ある行為だと見なしたがる傾向が強く、その一方で自殺の要因を個人ではなく社会に求める傾向が強い。この両者によって、日本の自殺予防に関する明確な政策立案が阻害されている。前者の考え方は、極端に同調圧力の強い社会の中で、自殺予防は個人が取りうる数少ない自由で重要な行動を無慈悲に奪ってしまうという主張につながっている。後者の考え方は、日本社会全体が再構築されない限り自殺率の高止まりは避けられないとするもので、社会に全責任を負わせるものである。つまりこれらは、個人的要因と社会的要因の相互依存を十分に認識していないことから生じる二つの極論である。

心中――一緒に死ぬこと

前述したように、インターネットによる集団自殺の最初期の事例のいくつかは「心中」と呼ばれた。「心中」とは、大ざっぱに英語に訳せば「集団自殺（group suicide）」、または「自殺契約（suicide pact）」なのだが、本章で示すように、この訳語には誤解を招くニュアンスがある。日本の自殺に関する用語は、日本における自殺の捉え方の変遷を示すものなので、探求すべき価値がある。すなわち、自殺は個人が選択した行為であり、個人の責任を取る行為であるという寛容な見かたから、精神衛生や公衆衛生の問題なので予防すべきものであるという欧米的な見かたに変化していったのである。

自殺の研究において、二人以上の個人が一緒に、あるいは同時に死ぬという取り決めを指してという言葉が使われる。宗教的、思想的、軍事的な理由で大人数が一緒に死を選ぶこともある集団自殺とは異なり、自殺契約は親しい友人や恋人など個人的な関係が深い個人間で結ばれることが一般的で、その理由はさまざまであり、通常はきわめて個人的な性質のものである。

日本では、複数で行う自殺を指す用語が複数存在する。「情死」とは、恋人同士が現世では二人の関係を受け入れてもらえないので、あの世での再会を願って一緒に死ぬことを選ぶという伝統的な考えを表す言葉である。「心中」という言葉は、少人数で一緒に死ぬことを表している。しかし、この言葉には正確な英語の訳語がない。また、歴史的、文化的に特殊な意味合いがあり、私たちがまず初めに考えるかもしれない「自殺契約」とは異なっている。

一つには、関係者全員の同意があることが心中の結果としての死の前提条件とはされていないことである。例えば、一家心中、家族心中、親子心中などは、家族が一緒に死ぬことを意味するが、通常は一緒に自殺することを決意することはない。むしろ、片方の親か両親が、家族全員が死ななければならないと決心することが一般的である。配偶者や子供など自分以外の家族を殺して、それから自分も自殺するのである。

日本以外の国、例えば欧米では、これらは集団自殺とはまったく見なされず、むしろ殺人後の自殺事件と見なされるだろう。日本では、親が自分の死後に家族がこの世で生きていけなくなることを心配する場合に、こういう事件がよく起こってきた。ヨーゼフとマグダ・ゲッベルス夫妻の事例が悪名高い。彼らは、第三帝国の終焉が明らかになったとき、一緒に自殺する前に眠っている子供たちを毒殺したのだ。日本では、「心中」を悲劇的な自殺ととらえる傾向が強い。しかしながら、欧米では家族本人の同意なしに家族を殺すことは殺人と見なされるため、一般的にそうは思われていない。このことから、「心中」という言葉は「自殺契約（suicide pact）」と安易に訳せるものではなく、むしろ「一緒に死ぬ」という意味に近いことが分かるはずである。

分かりきったことだが、自殺は厄介な現象である。さらに、これらのインターネット集団自殺にはいくつかの独特で厄介な側面がある。それはネット上で出会い、自殺計画を他人とオープンに話し合っていたという事実、見知らぬ人と約束して会って一緒に自殺したいと思ったという事実、そしてその方法が人気を高めていることなどである。自殺は、通常個人が一人でするものと考えられている。もしある人が自殺するつもりだと誰かに話したら、それを聞いた人はその人の自殺を思いとどまらせるであろうと私たちは予想する。あるいは、少なくともそうであってほしいと願うものだ。話を聞いた人たちがその人の自殺願望を固めさせ、一緒に自殺するための方法を説明するだろうとは予想もしない。インターネット集団自殺が示したことは、自殺が一人でなく複数の仲間とするものでありうること、さらに、知らない人とでも一緒に自殺できること、そしてそれは少なくとも一部の人々にとっては一人で自殺するよりもマシなのかもしれないということだった。「心中」をはじめ一緒に死ぬことを表すさまざまな言葉が存在することは、日本では古くから自殺が社会的性質を持っていたことを示唆している。「一緒に死ぬ」という文化の歴史が長いのである。

無責任な自殺

一九九八年の自殺者の急増とインターネットによる集団自殺の増加を受けて、日本社会の自殺に対する姿勢は容認から懸念の増大へと変化し始めた。新潟青陵大学の碓井真史教授（心理学）は、日本の自殺をテーマにした人気サイトを主催している。AP通信に掲載された記事に、彼の次のような言葉が引用されている。「鬱病の若者とインターネット、これは非常に危険な組み合わせだ……日本が貧しかったころは、お風呂や食事など、必要に迫られて家族が一緒に行動することが多かったし、特に農村部ではコミュニティが今よりずっと重要だった。しかし、今はますます個人を優先するようになっている。その結果、人々はより孤立し、自殺を考える可能性が高くなる」(73)。

碓井のコメントは、資本主義後期の日本における家族の崩壊について広く共有された理解——大家族が少なくなり、一人っ子が増え、その子は共働きかひとり親の家に一人で放置される——を反映している。しかし、重要なことは碓井のコメントが自殺と社会的孤立を結びつけてもいることである。自殺は困難な状況下で最良の選択肢だから行われた合理的な選択ではなく、孤独が産みだしたものなのである。

二〇〇四年一〇月に起きた日本の若者九人のインターネット集団自殺の後にも、同じようなコメントに出くわした。当時、ある日本人がBBCニュースのサイトに次のように書き込んだ。「七〇年代、私たちは豊かではなかったけれど夢はありました。一生懸命勉強して一生懸命働けば、テレビや車なども買えました。私たちは、不景気で会社が倒産したり、自分が解雇されたりすることなど想像したこともありませんでした。今の私たちは、悲観的で傷つきやすいです。いったん人生のモデルを失ってしまうと、新しいモデルを見つけるのが難しいのです。今、日本の大人たちは、新しい夢や生きる目的を見つけようと悪戦苦闘しています。私たちは変わらなければなりません。そうしなければ、若い人たちが生きたいと思うような明るい未来を見せることはできないでしょう[74]」。

他には、より批判的な意見もあった。インターネットでの集団自殺は、「軽薄な」とか「不真面目な」自殺と見なされた。集団自殺した人たちは死ぬ理由を十分に考え抜いていなかったと言われた。『AERA』誌は、二〇〇三年に「死に至る理由（わけ）」という自殺についての特集号を出した。この特集号には、一五歳から一九歳の日本のティーンエイジャー一〇〇人へのインタビューに基づくデータが掲載されている[75]。アンケートの「あなたが死を考える理由やきっかけは何ですか?」という質問に対して、「なんとなく退屈だから」、「生きるのにうんざりした」、「自分が何者か分からなくなったとき」などの回答が多く見られた。このような回答は、自殺サイトを訪問する人の発言と酷似している。自殺サイトの研究に取り上げられた自殺未遂をしたことがある人は、「考えてみれば、特に死にたかったわけではない。ただ生きることを休みたかっただけ。死んでしまっても死ななくても、どちらでもよかった」と述べている。[76]

このような発言に対して、心理学者で人気社会評論家の香山リカは、こう述べている。「死ぬか死なないかは一種のくじ引きだという感じがある。渡る（死ぬ）覚悟の自殺も見当たらないし、理由として示せるものもまったく見当たらない。気分とタイミングの問題だと感じざるをえない。どうしても死にたいという切迫感さえもない[77]」。

また、このような人々は生命やその深さ、重さを理解することができず、命を軽くてバーチャルなものとして見ており、死も同じようにバーチャルなものとして見ているという主張もされてきた。[78] コンピューターゲーム、テレビ番組、映画などが、こういう死生観の原因として挙げられ、非難されてきた。[79] 二〇〇三年、生物学者で社会評論家として知られる池田清彦は、「甘ったれんじゃない、と私は思う。さしたる能力もない人間が、あと40年も平凡に生きられたとして、それ以上どんな人生を望むというのかね」と発言した。[80] このようなコメントが示唆しているのは、死期が近づいた高齢者が自殺するのは理解できるかもしれないが、若い人の自殺は理解できないということだ。

インターネット集団自殺について、社会評論家や心理学者によるさまざまなコメントを読むと、これらの自殺の根本的な原因には、それらしいものもなく、また明白なものもなく、その結果ほとんど共感を得てはいないように思われた。それどころか、こうした自殺は無責任で軽率な行為と見なされ、それで亡くなった人々には、意志が弱すぎて一人では死ねない模倣屋だというレッテルが貼られたのだ。

インターネットの危険性と青少年のインターネット集団自殺

複数の学者や社会評論家が、日本の若者の自殺の増加とインターネットから受ける悪影響との間に関連があると指摘している。[81] インターネット集団自殺に否定的な態度をとる理由の一つに、それが伝播することへの恐怖があるようだ。江戸時代には、近松門左衛門の有名な歌舞伎公演をきっかけに恋人同士の心中事件が増加した。その後江戸幕府は、増加する「模倣」自殺を抑制するため、心中による死亡者の葬儀を禁止した。[82] 江戸時代の場合も現代のインターネット集団自殺の場合も、自殺の「形式」が伝染病のように広がっていくからそれを封じ込めなければならないという意識がある。

インターネットの出現と自殺の増加の正確な関係は不明であるが、インターネットへのアクセスが「引きこもり」の増加の一因となったのは確かなようだ。引きこもりとは、六ヵ月以上（多くの場合数年間、一〇年以上の場合さえある）学校や職場に行かないで家から出ず、時には自分の部屋からも出ないでいる日本人を指し、その数は一〇〇万人を超えている。[83] 一九八〇年代には、これらの人々の多くは統合失調症やうつ病と診断されていた。日本人の精神科医、町沢静夫によれば、今日ではこれらの人々の多くにはどちらの臨床的な症状もないが、それでも他人との交流が非常に困難であるため自宅に引きこもることを選択するのだという。[84] 町沢は、インターネットの利便性のおかげで彼らは自己充足しているように見えると指摘する。社会的スキルがないにもかかわらず、彼らはオンラインの手段を通じて他者と親しい気持ちを育むことができるのだ。[85]「引きこもり」とインターネット集団自殺には、明らかな類似性がある。両者とも主なコミュニケーション・ツールはインターネットであり、こうした人々は社会的な交流や社会的支援が少なくなってしまっている。しかしながら、インターネット集団自殺も引きこもりも、不況を主な原因とすることで容易に説明できるわけではない。

最後に、青年期の自殺についてはマスコミも研究者も「いじめ」と「受験地獄」の二つを主な原因とする傾向がある。マスコミや研究者は、思春期の自殺の遺書には「〇〇大学に入れなかった自分はダメな人間だ」「受験に失敗するのが怖くて生きる希望を失った」、「〇〇という人にいじめられてきた。こんなこともあんなこともされたから死ぬ」というようなことが書かれていることが多いと指摘している。このような遺書には、自分の自殺行為がいじめっ子への復讐であることを示すようなものがあり、いじめた生徒の名前が書かれていることもある。しかしながら、興味深いことに、復讐としての自殺という側面は、インターネット上の自殺契約にはほとんど見られないようである。したがって、「受験地獄」や「仲間によるいじめ」といった要因が多くの自殺事例で重要だとは言うものの、すべての自殺事例の理由を一つや二つの理由に単純化できないことは明らかである。

インターネット自殺に対する自殺予防の取り組みの出現

インターネットによる集団自殺は新しい自殺の形態として捉えられ、日本社会の中でさまざまな反響を呼んできた。警察がインターネット集団自殺を彼らの記録の中で新しいカテゴリーとして設定すると、政府は直ちに対策を講じた。厚生労働省はインターネット関連の自殺防止に関する研究を要請し、資金援助を行った。二〇〇六年には、国立精神・神経医療研究センター（ＮＣＮＰ）内に自殺防止センターが設立された。[86] ＮＣＮＰでは、内部九名、外部一〇名の研究者が、インターネット自殺とその予防策に関する研究を行ってきた。ＮＣＮＰの報告書の一つには、インターネット関連の自殺を防止することの難しさと、そのような形態の自殺が増加する可能性についての懸念が記されている。[87] 報告書のまとめでは、インターネット自殺の犠牲者は、主にインターネットを頻繁に利用する日本の若者で、見知らぬ人同士の集団自殺に参加していると結論づけている。[88]

共感と主観性

私が見るところでは、日本の自殺に関する当初の説明づけには自殺する個々の人への共感が明らかに欠如している。それは自殺という現象自体への理解の欠如から来るもので、それがまた自殺という現象自体への理解の欠如につながっている。自殺者が新たに急増したことで、当初は戸惑いの声や、時には無遠慮な嘲笑や嫌悪の声も上がった。日本政府やメディアが自殺を深刻な問題として捉え始めている一方で、自殺を考え、試み、完遂する人々の主観性が理解されていないことがそうした努力の妨げになっていることを知って私が感じたのは、この共感のギャップを埋めようとする形でそうした人々の主観性を研究することが重要になるだろうということだった。

これらの人々は、どのように自分の状況を評価して、自殺が目の前にある最善あるいは唯一の道であるかのように見えるに至ったのだろうか。そしてさらに突っ込んで言えば、どのような主観性の構造やプロセスによって、個人が置かれた状況の評価が正しいとかそれしかないという評価に見えるようになるのだろうか。この問いを投げかけることで、方法論としてもテーマとしても、自己と他者、人間関係、生きる意味や価値についての理解を深めるためのまったく新しい道が拓かれたと感じた。

このような方向に舵を切った具体的な結果の一つは、体験に近い一人称・二人称の話にはるかに多くの注意を払い、これらの物語に自らを語るスペースを、そして聞き手や読み手が耳を傾けるスペース（日本語の「間」）を与えることであった。共感の欠如によくありがちな原因は、耳を傾ける時間を取らず、他者の経験は自分の経験とはまったく異なるかもしれないが自分の経験と同じくらいに真っ当なものであることを認めず、自分自身の先入観や意見に基づいて判断、分析、行動を急いでしまうことなのだ。次章では、自殺サイトをたびたび訪れた人たちの一人称の話に焦点を絞る。それ以降の章では、孤独や自殺を社会批判的な観点からテーマとして探究した映画やテレビ番組における二人称の話に焦点を絞る。

第三章　社会とつながっていない人々をつなぐ——自殺サイト

彼は彼女の愛情に疑いを抱いた。いやまったく、愛情への疑い以上の孤独があるだろうか？

——ジョージ・エリオット『ミドルマーチ』

自殺サイト

私は、自殺サイトがネット上に出現し始めた二〇〇三年からその研究を始めた。研究を通して、私はこれらのサイトが進化していくのを目の当たりにしてきた。二〇〇三年当時、これらのサイトには「何でもあり」の精神があった。サイトの規制が甘く、個人の連絡先や自殺の方法の詳細を書き込む人が多かった。時おり自殺の後押しをして欲しいと頼む人がいて、時おりそれに応じる人がいた。少数ではあるが、積極的に自殺を勧めるサイトもあった。自殺願望にどう対処するか、どう助けを求めるかについての情報を提供するサイトは、当初はほとんどなかった。

二〇〇六年までには、ほとんどの自殺サイトは電話番号や住所などの個人情報、自殺を準備する時間や場所を含むメッセージはすべて管理人によって直ちに削除されることを明記した。さらに、自殺の計画を示唆する書き込みがあった場合には通報するように、サイト運営者は強く促された。そして、自殺サイトは自助グループ的な性格を持つサイトへと変化し始めたのだ。

自殺に関するエスノグラフィー研究を行うことは、現実的かつ倫理的な理由から困難である。なぜならば、自殺願望のある人々を特定し、インタビューすることは容易ではないからだ。そこで私は、自殺サイトをつぶさに観察し、そこに人々が自分自身について書き込んでいる内容に注目し、彼らがなぜそのようなサイトにアクセスするのかを理解しようとした。経済不況や失業の影響を直接受けていない若者までも自殺のリスクが高くなっている理由を知りたかったのである。

私の最初の関心は、自殺サイトの常連である若者の心の痛みと自殺願望を理解することだった。ある自殺サイトで読んだ「やはり一人で死ぬのは寂しい。」という書き込みや、見知らぬ人とインターネット集団自殺をした女性が残した「一緒に死んでくれる人であれば誰でもよかった」といったような言葉が印象に残っている。私はこれらに大きな衝撃を受けた。自殺願望と強い孤独、そして誰かとつながりたいという願望との間に関連性が見えてきたのである。しかしながら、私の主眼はインターネット上のスレッドに投稿された話を収集し、常連の自殺サイト訪問者がどのような社会的苦悩、実存的苦悩、精神的苦痛を経験しているかを解き明かすことで日本の若者の自殺の根本原因を理解することにあった。

二〇〇六年末、グーグルの日本語サイトに「自殺」と入力すると、三二四万件のサイトがヒットし、「自殺の方法」というフレーズで検索すると、二万二六〇〇件の検索結果が得られた。自殺関連サイト「ゲットー」は、二〇〇三年一〇月の開設から三年間で一〇〇万件弱のアクセスがあったと報告している。(1) また、別の「自殺サイト——自殺志願者の憩いの場」は、開設から二〇〇六年末までの間に三〇〇万件以上のアクセスがあったと報告している。[2] 両サイトとも、一日あたり一〇〇〇件以上のアクセスがあるという。

二〇一八年に「自殺の方法」というフレーズで検索すると、六七〇〇万件の検索結果が得られたが、二〇〇〇年代前半から半ばに比べると、自殺防止に関連する結果のほうがずっと多くなっていた。「自殺サイト」で検索しても、自殺について議論するネット上のサイトと同数の検索結果が得られるわけではない。「ゲットー」のような最も長く存続しているサイトでさえ、もはや検索結果の最上位には表示されなくなり、最上位に表示されるのは自殺予防サイトになっていた。しかし、前章で述べたように、この活動の一部はソーシャルメディアのプラットフォームに移行している。

二〇〇三年九月以来、私はこのような日本の自殺サイトを定期的に四〇以上見てきた。エスノグラフィーでは参与観察が標準的なモデルであるが、四〇を超えるインターネットの自殺サイトで夥しい数の自殺志願者の発言を追うことで、彼らの苦しみや他人とのコミュニケーションを求める動機について理解を深められることが分かった。四万を超える自殺サイトのリストの中から、「自殺サイト」、「集団自殺」、「自殺クラブ」などのキーワードでインターネット検索し、掲示板（ＢＢＳ）――今では「ディスカッション・フォーラム」と呼ぶ方が普通であるが――やチャットルームなどの機能を持ち、正規の管理人によって組織的に運営されている自殺サイトを絞り込んでいった。[3] また、自殺サイトの人気ランキングを示したサイトも参考にした。[4]

自殺サイトを構成するもの

私がアクセスした自殺関連サイトの大半は、以下のような構成が標準的であった。（一）サイト案内、（二）掲示板、（三）チャットエリア、（四）他サイトへのリンク、（五）サイト運営者／管理人に関するページ、である。

そのようなサイトの多くは、自殺予防、つまり自殺志願者が悩みや苦しみをオープンに語り合う場として機能しているという触れ込みである。(5) しかしながら、このようなサイトは子供たちに悪影響を及ぼしていると非難されてきた。例えば、一般的な自殺サイトと反対の立場にあるサイトとして、「集団自殺に誘われる――自殺サイトの危険性！」というものがある。このサイトは、以下のように警告している。「自殺サイトは自殺に関する意見交換の場として機能している。多くの自殺サイトは自殺方法を紹介し、人々は自殺サイトを通じて自殺のパートナーを見つけることができる。このようなサイトには、時に生々しく心を引きつける言葉が掲載されており、また説得力のある勧誘者が自殺に誘うこともある。最初は他人の自殺を防ごうとした人が、結局はその相手に説得されて自殺未遂に巻き込まれる事例もあるようだ(6)」。

管理人が全く見当たらない場合もあるが、管理人がはっきりとした役割を持ち、カウンセラーのように定期的に訪問者のコメントに返信する場合もある。あるサイトに関しては、管理人が励ましてくれる、自分を理解してくれると感じてそのサイトにアクセスしている人がいるということが、コメントから明らかになった。

自殺を考えている人がどのようにネット上で自分の考えを表現しているかを知るにあたって掲示板が最も有用であると判断したため、私は掲示板に焦点を絞ることにした。私は、これらのサイトの訪問者に影響を与えたくなかったので、チャットルームにアクセスするよりもこの方法を選んだ。チャットルームとは異なり、掲示板では自分のコメントが当分の間公開され、誰でも読むことができることを承知で個人がコメントをサイトに投稿することができる。掲示板のフォーラムは、詩のコレクションから、「死後の世界」といったテーマやトピックについて長期間続く議論、コメントがほとんど付かない一人語りの無作為な組み合わせまで、さまざまであった。(7)

自殺サイトの訪問者の属性について、少し述べておくべきだろう。自殺サイトにアクセスする人が誰なのか正確に把握することは難しいが、その書き込みから判断すると、多くは学生かニート（定職に就かず、学生でもない若者）だと推測できる。多くは、二〇代、あるいは中高生（一四〜一八歳であろう）だと自称している。二〇〇四年、自殺サイトが流行し始めたのと同じころ、日本社会はニートの増加を懸念するようになった。欧米のミレニアル世代と同様に、こうした若者たちには独特の特徴づけがされた。彼らは、怠け者で自己中心的、高収入の仕事を探すことに興味がなく、親のすねをかじっていると見なされたのである。

ある自殺サイトの分析

一般的には、サイト運営者は自殺サイトを立ち上げ、維持管理し、投稿を削除するかどうかを決定し、自殺願望の強い人がいた場合に介入する管理人の役割を果たす人である。サイト訪問者が、絶望しているとか「消えてなくなりたい」とか、死にたいと投稿すると、サイト運営者がその人にもっと詳しい話を求めることがある。また、「話を聞いてあげるよ」と投稿したり、「そんな気持ちも、二、三日がまんすれば治まるよ」とアドバイスしたりすることもあるようだ。別の例では、特に訪問者が一緒に死ぬ相手を求めている場合は、サイト運営者が厳しい態度で戒めることもある。

このようなサイトの運営者は、過去に自殺未遂をしたり、深刻な自殺念慮に悩まされたりしたことがある人たちが多い。彼らは、サイトの運営者経歴の欄でこのことによく触れている。その結果、なかにはカウンセラー的な役割を果たすことになる人もいる。たいていのプロのカウンセラーとは違い、サイト運営者は自らを「彼らのなかのひとり」としてサイト訪問者と同一視している。

「ゆでたまご」と名乗るサイト運営者は、二〇〇三年から人気の自殺サイト「ゲットー」を運営している。「ゲットー」は、現在では標準的となっているディスカッション・フォーラムや掲示板、ライブチャットルームを備えた最初の自殺サイトの一つであった。このサイトは、「自殺志願者の草原」などいくつかの掲示板、「自殺ステーション」というリンク集、そして二つのチャットルーム――誰でも利用できるものと会員専用のもの――で構成されている。ゆでたまご氏はサイトの説明で次のように述べている。「このサイトの主な目的は、自殺と精神疾患について議論することです。自殺のようなデリケートな問題だけを議論したいわけではなくても、同じような悩みを持つ人たちとつながりたいという方も歓迎します。深刻な事態に直面していて、それでも生きていたいという方は、全国共通ホットライン（いのちの電話）に電話することをお勧めします」(8)。

さらにゆでたまご氏は、サイト上では「住所や電話番号などの個人情報の掲載」、「自殺などの違法行為を誘発すること」、「場所や時間などの正確な情報を記載した自殺予告」などの行為が禁止されていると説明している(9)。また、自殺の方法を詳細に説明する投稿、ストーカー行為、他の投稿者を誹謗中傷する行為も禁止されている。

ゆでたまご氏の「サイトガイド」には、こう書かれている。

Hey You!
Ghetto へようこそ。管理人（webmaster）のゆでたまご（たまごん）です。
このサイトは、自殺に関する情報を含み、自殺のサイトや自殺系サイトなどとも呼ばれています。自殺願望や心の病を抱えている人の互助交流や生と死について語り合うことを主目的としていますが、独り言もＯＫです。
こちらでは、自殺願望がある人・精神疾患のある人・ひきこもり・アーティスト・ギーク・スーツ・

文学青年・崩壊家庭出身者・外国人・平和主義者・ハラスメントやストーカー被害者といった極端でも心のやさしい人は歓迎しています。

現実の僕は、日本海側の地方都市に在住している三〇代です。といっても自宅にいるオフのときは、身の周りのことがさほどできないありふれた凡人です。そのわりに出先にいるときは、身なりを整えているのでけっこうきちんとしていますけどね。

さて、もう一つ言いたいことがあります。これはとくに三〇代半ばまでの若年層の方に伝えたいことですが、可能であれば三〇代半ばまで生きてみてください。人生がつまらなかったり、ショボく感じられたりしていても、三〇代半ばまで生きてみてください。というのも、そのくらいの年齢になれば、精神的にも成熟してきて年々安定してくる傾向があり、だいぶ人生が気楽になってくるからです。

『本当かな?』と思った方は、試しに三〇代半ばまで生きてみれば後で意味が分かるかと思います。もし、僕の言っていることがあなたの心の片隅に残り、後になってその通りだと感じたら、今度はあなたが他の若年層の方にそのことを話してみてください。

もし、感情論に陥って視野が狭くなりそうになったら、その対象から距離を置いてみたり、深呼吸をしたりして客観的になるべきです。つい、キレそうになったときは、冷静に事情を俯瞰して大らかな態度を心掛けてください。それでもうっかりキレそうになったときは、穏やかな水辺の風景でもイメージして心を落ち着かせてください。

また、頻繁にキレそうになってしまう場合は、他人から押しつけられたり、刷り込まれたりしたわけではないシンプルな生き甲斐や自己実現を探してみるのも良いでしょう。ちなみに生き甲斐や自己実現は、食材と同様に、シンプルで自然なほうが往々にして副作用がないので無難です。

一方的に他人の個人としての尊い権利を容赦なく奪う人は、容赦なく奪われて力を失うことになります。それから、日本のように典型的な高信頼社会の場合、ハンディがあったりすこし変わっていたりしても、知恵や経験に投資する習慣があり、理性的で腰が低く、他人の個人としての尊い権利を尊重できる人が長期的には一番得をすることになるということです。こうしたことには、時代や社会情勢も多少関係していますが、コミュニティや共同体の場合も同様です。理性の恵みが、このサイトを気に入ってくれたあなたにもありますように。(10)

また、ゆでたまご氏はブログ『精神的遊牧民』も書いており、読んだ本の紹介、最近のニュースや社会問題についてのコメント、そして時折は自身の活動や過去についての情報などを積極的に発信している。

ちなみに、Ghetto は一度リニューアルしていて、旧サイト名は『自殺サークル（Suicide Circle）』でした。ちなみに、二〇代のときの僕は自殺のサイトを利用したり、作成したりすることに夢中になっていた時間が長かったですね。そういえば、Ghetto を作ったときは、僕の住んでいる地方では冬の気配を感じたり、降雪をイメージしたりする時季でもあったので、春が待ち遠しいと思っていましたね。ちなみに、その頃は大学を休学しながらさまざまな仕事を梯子していて、とくに資格は持っていなかったのですが、エンジニアやプログラマーの真似事やサーバーの管理をやることもありました。こうした経験やサブカルチャーに関心があったことは、サイトを作成する際に役立ちました。

ところで、僕は過去に自殺未遂をした経験があります。とはいえ、こうしたことは致死性の高い方法ではなく、一時的で軽度の自傷行為に近いものでした。したがって、僕の自殺願望は重度というほどではなく、最近は緩やかになっている気がします。ちなみに、自殺願望についてはしばらく誰とも話す機会はなかったのですが、以前は勢いでつい極端なことを口走ったこともありました（笑）。しかし、昔のことをこうして文章にしてみるというのは、客観的に過去の自分を見つめることができるという意味で良いことだと思います。だから、自殺のサイトを利用し、掲示板やチャットで自分の抱えている問題を発露していたことにも意味があったのだと思います。[11]

テーマ

調査を進めると、自殺サイトの掲示板に、繰り返し登場する目立ったトピックを見かけるようになった。以下のサブ項目では、自殺サイトの代表的な投稿がテーマ別に分類されている。自殺サイトからの引用や会話は、自殺サイトの訪問者の表現を直接感じられるように解説は最小限にとどめ、投稿をより深く理解するために必要と思われる場合のみ、文脈を含めて紹介することにした。

孤独

学校に行ったって死んだような存在になる

まるで影だ…
いっつも一人 影のように生きて
影のように死ぬの?
誰か、私を愛して…
寂しいよ…
――影[12]

　チャットルームに参加するようになると、依存症が悪化した。一人でいると不安になる。一瞬たりともパソコンから離れられない。自分は誰からも必要とされていないのではと不安になる。「必要だ」と言われるだけで充分心が落ち着くのだろうけど。嫌われないように、頼まれたことは何でもやるだろう。……私は孤独だ。一人では生きていけない。強くなりたい……。


正直、何のために生きているのか分からなくなってきました……本当の愛が信じられないから、言葉だけを求めてしまう……愛されたい、必要とされたい。

――さや[13]

孤独に耐えられない!　でも、誰も信用できない。自分とペット以外は信用できないんです。

――キキ[14]

一人でいるといつも寂しくなるんです……死にたいという気になるのですが、それでも怖くて自殺ができません。
――でんでん(15)

中学時代からぼっちで、どうしようもなく孤独。
大学でももちろんぼっちで一人飯。
友達がいないから体育とか課外活動とか苦痛すぎる。
大学でもこんな目に合うとは思わなかった。
全部リタイアしたい。
――メランコリー(16)

孤独です！学校でも死にたくなるくらい孤独です。
――シュシュ(17)

友だち、友だち、友だち、友だち
友だちってなんだよ どうしてなの?周りにいる奴はみんな幸せものばっか、私には友だちだと思ってた人はみんな消えてしまうんだ。親友だと思ってた子には、彼氏が出来て、連絡してもそっけない返事しか返ってこないし、また遊びたいね、って言っても、それにはあやふやな返事をするだけ。どうしたの？私が変わった?変わったのはあなたじゃないの？いいね。幸せそうで、いいね、私以外にもたくさん友だちいたんだろうね。いいね、羨ましいよ、妬ましい、この世の全てが妬ましい、私ができなかったこと、私が願ってもだめだったこと、あなたたちはそのままそっくり形にしちゃうんだろうね。

努力とかではもらえないものなのにね。どうして？どうして？私のなにがいけなかったの？もういいよ、もういい、みんな知らない、友だち、だったヤツはみんな知らない 消えろ 私に、感情なんていらない もう全てが嫌だ 嫌だいやだいやだいやだいやだ全てがいやだ

——フレンズ[18]

一人になりたいけど、誰かがそばにいてくれたらと思う。

——ボア[19]

一人ではいたくない。ダメな私でも、誰かに愛されたい。

——くろすけ[20]

最近、自分がなぜ生きているのか分からなくなってきました。学校に行って、バイトをして、特に何もない日常です。でも、人を信じられないからか、友だちができない。いつも自分を抑えて、偽りの自分を見せています……生と死のことしか考えていない。私はなんで生きているんだろう？

——ジンギ[21]

普通になりたい。私は普通のふりをしている。もし、私が普通でないと知ったら、みんなは私のもとを去っていくでしょう。そうしたら、私は一人ぼっちになってしまう。

——トトロ[22]

生きる意味がない

なぜ私は生まれたのだろう？　そもそも私は何者なのか？私はどこに行くのだろう？それすらも分からないのだから、生きる意味などないと思う。

——あや(23)

死にたいっていうか生きていたくない
楽しいこともあるけどそれ以上に辛い
いじめられているとかそんなんじゃないけど
もうひたすらに生きるのが面倒くさい
将来的に生きがい見つけて社会に出て行くような明るい展望も全く持てないし
学校で将来の夢とか目標を持てって言われるのもきつい
だってその夢が叶えられるような才能や能力はないし
そもそもそこまでの熱意や興味を持てるものもない

——ポイズン(24)

死にたい 死にたい 生きていく意味なんて無い
私が死んだらみんなは楽に楽しくなるんだ
僕は邪魔な者なんだ

——ラブハート(25)

生きてる意味が分からない
誰かに依存したい…
死ぬ勇気も無い
どこかに消えたい
学校も何のために行くのか分からない
――ココア(26)

私も自分はいなくなればいいのに！この世から消えればいいのに！とよく思います。でも死んだところで親たちは、相当悲しむことは分かっているし、それってかなり親不孝な行為だと思う。だから死ねないというか……でも自分はこの世に生きていることが意味があるのだろうか？といつも疑問に感じながら生きています。自分が生きていることが、人から感謝されたり喜ばれたりすることに繋がることが実感できていれば、きっと自分が生きていることが意味があると思えるのでしょうが……残念ながら今まで私は生きてきてそういった実感はあまりなかったです。何か自分の人生はある意味終わってしまったような気がします。自分の良いところを認めてあげたいと思うけれど、自分の中で自分は果たして正常な人間かどうか疑問に感じるところがあるので、なかなか自分を認めるのは難しい気がします。だから私はいつまでたっても生きていくことに自信が持てないし誇りも持てないのです。きっと私はこれからもそういう状態で生きていくんだろうなー。

――パフィ(27)

別に嫌なことがあったわけじゃない

贅沢な悩み今日一日を生きれることに感謝しろって説教されても何も感じない
好きなこともない悩みもないのに全てにおいてやる気ないのもうどうすればいい？
働く気ないし誰かと会う気もない　食べる寝るを繰り返すだけ
どうしたらやる気って出んの？どうすれば楽しいって思えんの？もう限界だよ　なんで生まれてきてし
まったんだろう
生きててよかったって思いたかったし思えるような人に会いたかった
ママとパパにありがとうって言いたかった
私だって愛されたかった甘やかして欲しかった
この世にいることここにいること自体がめんどくさい　いなくてもよかったよね　実際私がいたからっ
てなんかいいことあった？ママだって私いなかったらパパと離れなかったかもよ
しぬこともできないただのゴミ
――名無し(28)

誰もかまってくれない

生まれてきたばかりの私の両手は
一体　何を握り締めていたのだろう
何をしても　どこにいても
許される事が無いのは何故？
何も悪いことをした覚えが無い
赤子の頃から　何かに追われる様に

誰か　私を見て　認めてよ
私が　ここに　居る事を　認めてよ
一生懸命に叫んだけれど
誰の耳にも届かなかった

沢山の事を望んだ訳じゃない
「狭くてもいいから自分の居場所を」
何をしても笑われるだけで
何をされても文句も言えない
大切なものを失くしても　慰めてもらえずに
何事も無かったかのように　冷たく世界が回っていく

どこに行けば安らぐの？
誰と居れば安らぐの？
幼い頃から抱いてた　一人ぼっちの寂しい気持ちは
何をしても埋まらなくて
にぎやかな行列を
いつもただ眺めるだけ

誰か　私を見て　認めてよ
私が　此処に居ることを　認めてよ
一生懸命叫んだけれど
誰の耳にも届かなかった
――ノーネーム(29)

いくら相手を大事にしてても
結局だれも私を本気で思ってくれない
数少ない友だちも信用できない
残すは歳老いた母だけ
仕事も見つからない
いつも孤独
もし唯一の母がいなくなったら…
先が怖くて仕方ない
いっそ消えたい
私がこの世にいる理由があるんですか?
――チュン・チュン(30)

何も無いけど
今まで周りが頑張って生きてる中、自分は何も積み重ねずただボーっと生きてきた。

自分には何にも無いから相手にされる訳無いんだけど誰かに必要とされたい、誰かの特別な人になりたい。

褒められたい認めて欲しい求められたい。

――カエル[31]

誰からも必要とされてない人間なんか生きてる意味ないよね

自分のこってす。

――ゴミ[32]

居場所

私の居場所がどこにもない

――動物園[33]

今回取り上げた以外にも、「他人を信じることができない」、「見捨てられた、裏切られたという思い」、「自分がゴミのように感じられる」など、いくつかのテーマが投稿に繰り返し登場する。また、「自分の居場所」、「自分の存在や役割に落ち着ける場所」を求める気持ちも頻出するテーマである。日本語の「居場所」という用語は、大ざっぱに英語に訳すと「ニッチ（niche）」となる。この「居場所がない」「居場所を見つけたい」というのは、自殺サイトの訪問者が繰り返し口にする気持ちである。

自殺サイトには、一緒に死んでくれる仲間を探したり、死ぬために背中を押して欲しかったり、自殺の方法を打ち明けるために訪れる人もいるが、慰めや生きる勇気を求めて訪れる人もいる。インターネットは、さまざまな自殺の方法に関する情報を提供することで日本の若者に悪影響を及ぼしていると非難されるけれども、新しいコミュニケーション形態や、人々が少なくともわずかなコミュニティや一種の「居場所」を見つけることができる新しい空間を生み出してもいたのだ。

以下は、「居場所」について二人のサイト訪問者の長文のやり取りからの抜粋である。

大学落ちた
家に居場所がない
親の希望にも親の生徒さんの期待にも答えられない
どうすればいいのか分からない
もうやだ　死にたい
死にたい死にたい死にたい死にたい死にたい死にたい死にたい死にたい死にたい死にたい死にたい死に
たい死にたい死にたい死にたい死にたい死にたい死にたい
だれか
死にたい
死にたい死にたい
消えてしまいたい
私はバレエに選ばれなかったんだ
死にたい死にたい
死にたい　ああああああああああああああああああああああ
——バレエ少女(34)

バレエ少女へ
バレエの推薦入学の大学入試で不合格になったのでしょうか？タイミングから察するに、そういう状況なのだろうと思います。あなたのような境遇の人に他の選択肢はないかと、いろいろ検索してみました。バレエを志す人は、東京に行って大学に通いながら有名なバレエスタジオに通うという方法をとることが多いようです。首都圏の教育大学に入って、バレエ教師を目指すというのも一つの方法だと思います。また、海外へ出て、英語を勉強しながら評価の高いバレエスタジオに通う人もいます。もちろん、専門家に相談するのが一番ですが、ご両親がバレエの先生ということで、それはなかなか難しいかもしれませんね。あなたの状況をバレエの専門家に相談する方法はないでしょうか？

ご両親やその生徒さんたちの期待には、本当に応える必要はありません。あなたの未来ですから。ご両親や他人の期待に応えて生計を立てられるでしょうか？そうやってお金を稼ぐことはできますか？ご両親の意向を知っている人は誰ですか？ご両親は、「うちの娘は競争率が高くて生き残るのが難しいバレエよりも、医学部に行くか公務員になることを選ぶといいな」と思っているかもしれませんよ。ご両親やその生徒さんの期待など、一切無視すればいいのです。ご両親はあなたにとって結局は別人だから、あなたの将来とは何の関係もない。ご両親の生徒さんたちとの関係は、あなたが実家を出た時点で終わります。

悲しみが収まったら、ご両親や生徒さんたちの期待を気にせず、自分にとってバレエとは何かを考えてみてはいかがでしょうか。そうすれば、ご自分の将来について何か見えてくるかもしれません。

――カナタ(35)

じぶんにとってのばれえなんてないんです
ばれえをやればいえにいばしょがあるからやってた
じこあんじみたいなのといっしょでばれえにじょうねつがあるとおもいこませてたんだとおもいます
いまばれえにたいしてやるきがないのがいちばんのしょうこ
れっすんをやすむというたびにくうきがおもくなる
でもれっすんやるきがおきないひとにあいたくない
もうどういきたらいいのか分かんない
――バレエ少女(36)

バレエはやりたくなければやらなくていいと思います。居場所はいつでも見つけられます。現実に、学校での居場所を自分で作ったのではないですか？　あなたの友だちは親が用意してくれた人ではないというのは本当なんでしょう？　ということは、そろそろ親から自立して自分の居場所を作る時期なんです。だから人は働き始めるんです。

学校に早く行ってみたり、学校帰りにカフェに寄ってみたり、週末に一人で出かけてマクドナルドやミスタードーナツでコーヒーを飲みながら人間観察をしてみてはいかがでしょうか？　店内の人々を観察するだけでもいい。サラリーマン、ＯＬ、主婦、大学生、店員、駅員、運転手など、バレエとは全然関係ないところに居場所がある人たちがいるんです。

ウィンドウショッピングや動物園に行くような感じで、自分の居場所に合いそうなものを観察してみてください。もし、趣味としてでもバレエを続けたいと思ったら、バレエ教室に通えるような仕事を探しましょう。就職や進学が決まったら、居場所が見つかるでしょう。

誰とも会いたくない時に、誰もあなたのことを知らない都会の真ん中で、一人でコーヒーを飲むのはとてもおすすめです。一人で落ち込んでひきこもりにならずに済みます。

——カナタ（37）

以下も居場所に関するやりとりである。

高校生ですがクラスでの孤独感、疎外感がひどく学校にいると死にたくなります。
一日休んで学校行くとなんで来たの？みたいな目で見られることも辛い
学校では名前を呼ばれません
無視もされます。
二年生の時と三年になったばかりの時は
自分で言うのも変だけどクラスでも人気者の方でした。
ある日、同じ五人グループから外され、
今日までの一ヶ月完全にいない存在として扱われてきました

もう本当に死にたい。

首吊りがいいでしょうか。
一度してみたところ、息があまりにも苦しく
最後まで達成することが出来ませんでした。
飛び降りようと高いところに行ってみたところ
最後の勇気が出ずオロオロしていると、一般の人に通報され警察がきて保護されました。

死んだら親が悲しむ。死ぬなんてバカじゃないの。
きっとよくなる。学校が全てじゃないよ。
学校なんてやめればいい。

今までたくさんの人にそう励まされてきました。

しかし辛いのです。
本当に辛いのです。
死にたい気持ちはなかなか消えるものではないのです
自殺未遂の経験がある人に聞きたいです。
どうやったら本気で死ぬことができますか

最後の死ぬ勇気を下さい
――自殺志願生徒(38)

私も同じです。高校に入学してまだ半年も経たないのにね。
一体自分の居場所ってどこだろうと考えちゃうよね。

誰も、私がいなくなっても悲しまないよね?
なんなら、もう、いなくなっちゃって、いいよね?
本当に、いなく、な、、るからね、、?

もう、いいよね。
――アレックス(39)

このようなやりとりを読んで、自分の状況をドラマチックに表現しているだけで実際には自殺の危険などない青少年を思い浮かべることもできる。そういうケースもあるかもしれないし、一九九〇年代後半から二〇〇〇年代前半の日本では、そういう反応が普通だった。当時、そのような人たちは深刻な問題を抱えてはいるようには見られなかったため、ほとんど共感を得ることがなかったのだ。とは言え、この時期に日本の一〇代や二〇代の若者の自殺率が急上昇したことを忘れてはならない。傍から見て彼らの問題が深刻であるかどうかは別として、彼らはこのような困難のせいで、自殺願望を投稿するために――普通の掲示板ではなく――自殺サイトを捜し出すようになった。こうした行動が、実際の自殺未遂や自殺完遂につながったのである。第二章では、ネット上での議論やつながりがきっかけで実際に自殺が発生した事例を紹介した。場合によっては、次のようなやりとりのように自殺サイト自体にその記録が残っていることさえある。

何もないこの人生。
生きてる意味がない。
早く死ぬためにはどうすればいいのか。
つくづくこの世が嫌になった。
死にたい、今すぐ死にたい。
——あーあ(40)

とりあえずエンディングノート書いてみた。
とりあえず精神病院へ行ってみた。
かなり重症な鬱病だと言われた。
とりあえず薬の治療開始だ。
——あーあ(41)

そうだよ。
本当に苦しいんだよ。
同じ思いをした人には分かるはず。
もう現実が苦しくて、どこにも安心できる場所がない。

どこか、自分の居場所を見つけられればいいのにね。

あーあさんは、何かお仕事で、辛いことがあったんですか？

生きてたら、返事ください。

――ウイング(42)

皆様、あーあと名乗っていた者の家族です。

色々とご迷惑をおかけしたみたいで、大変申し訳ございませんでした。

昨日亡くなり、見つけたノートにこちらのことが記されておりましたので、記す次第です。

いろいろと皆様励ましてくださいましたのに、このような結果となってしまいまして、本当に言葉が見つからないほどです。皆様、あーあのために、色々とありがとうございました。

そしてお騒がせ致しましたことを心よりお詫び申し上げます。

どうもありがとうございました。

一時的な居場所としての自殺サイト

日本の研究者の中には、インターネットを自殺予防のための重要なツールだと考えるようになった人々がいる。日本の主要な自殺防止ホットライン「いのちの電話」では、自殺願望を持つ若者の中には電話よりネット上での対話を好む人がいることを踏まえ、二〇〇六年から電話相談に加えてインターネット相談を導入した。「いのちの電話」の創設者によると、オンラインカウンセリングを選択する人の七〇％以上は三〇歳未満だという。「ネット世代」の若者にとって、インターネットへの依存は日常生活の一部となっており、自殺や社会的関係におけるネットの役割は多面的かつ複雑である。

自殺サイトの運営者や管理人が投稿されたコメントに返信して投稿者を励ましたり、連絡をとってその人の心の痛みを詳しく聞いたりして慰めようとすることはよくある。以下の抜粋にあるように、サイト運営者の鬼神氏は、訪問者の投稿に自殺願望が見えると特に注意深く見ている。鬼神氏の人気サイトは、ゆでたまご氏のサイトと同様に二〇〇三年頃に運営が開始されている。

数年ぶりにサイトにアクセスする人もいる。彼らは、辛い時や強い自殺願望に見舞われている時にこういうサイトにアクセスし、気分が良くなるとアクセスを止めてしまうようだ。「欠陥」というハンドルネームの大学生が、一五、六歳のころから五年間、「自殺志願者のためのコミュニケーションサイト」にアクセスしてきたと書いている。欠陥氏は、自殺願望があってもこのサイトがあるから生きていられると言う。特に寝る直前にサイトを読むのが好きである。

久しぶりに書き込み。
高一のころ、死にたくてここの掲示板に書き込んでいて、
何とか生きて、今大学二年生です。
学校が嫌いだったのに、色々あって教育学部になってしまいました。
最近は、来年の実習までに自殺できたらなと夜になると考えます。
だけれど、ここの書き込みを時々見ては、頑張ろうと思って眠りにつきます。
ここに来ている方々が、少しでも生きやすくなればと思います。
――欠陥(43)

以下の書き込みは、鬼神氏が管理し、フォーラムに積極的に書き込みもする自殺サイト「鬼神の掲示板」のものである。ヨシエという訪問者の書き込みがある。

もう何年も前にここを見つけて
死にきれずに何年も経って
久しぶりにブックマークを整理していたらまだこのサイトが生きてて
正直驚きました。
昔のメンタル系サイトはほぼ全滅してるので
残っててくれて嬉しいです。
死にたくても死にきれずにただ息をしてるだけの日々。
ホントに無価値で無意味でうんざりだけどあと一年ちょっと生きます。
一年ちょっと後に誰か一緒に…と書き込みしに来たいですが
そんなこと書いたら閉鎖されちゃうだろうな。
もう未遂は嫌だよ…。
――ヨシエ（44）

以下は、ある若い女性の投稿と、それに返信したサイト管理者の鬼神氏を含む数人の投稿である。

一年前、ここを見つけたときは、まさか自分が書き込むだなんて思いもしませんでした。反省はしても後悔はしないよう、努力して生きてきましたが、この一年間はすべて後悔でしかありませんでした。

すべて、です。たった一年が、わたしの人生を変えてしまいました。元の自分に戻りたくて外に出ようとしても、いつ遭遇してしまうか分からないという不安や怯えから、なかなか踏み出すことができません。たとえそれが死だとしても、すべてをリセットできたらどんなに楽だろう、と毎日思います。出口の見えない不安にいつまでも苛まれるくらいなら、ここで止めてしまった方が幸せです。逃げだと言われようが、それが私の選択なのです。強くなることは、とうてい無謀に思えます。

――レイコ(45)

レイコ様
こんばんわ。ここに来る方は誰一人強い人はいませんから、大丈夫です。
何かを一つ頑張ると、一つ後悔は付いてきます。
頑張る姿にも影はあるものです。
死で人生はリセットできません。そこに残るのは「無」だけです。
今は無理しないで、ジッとしておくと出口は時間が開けてくれます。
くれぐれも無理しないでください。
――鬼神(46)

レイコさん
死は非常口にはなってくれません。
たどり着くまでに新たな苦痛を得ることもあります。
完遂にしろ未遂にしろ、結果は同じだと思います。

頑張り続けなくてもいい。

踏み出せないなら動かなくてもいい。

今を大切にしてあげてください。

――ザザ(47)

これは別の訪問者からの投稿で、鬼神氏からの返信がある。


スレッドのタイトル通りですが、生きる意味ってなんでしょう？趣味もないですし、外出さえもできません。毎日、父が怖くてゲームもできません。ストレスの発散方法は、手首を切るとかモノに八つ当たりすることだけです。こういうこともしてはいけないと言われた私は、死ぬべきでしょうか？

――少女A(48)

人生に意味を求めようとしても無駄です。死んでしまえば、そんなことを考えることすらできなくなるのですから。

――鬼神(49)

自殺サイトの訪問者が入れかわり立ちかわりすることがあるということは、孤独という感情が変化していくものであり、永続的ではないことを物語っているが、それはゆでたまご氏が「三〇代半ばまで生きてみよう」とサイトの訪問者に呼びかけたときに示唆したことでもある。また、サイトの訪問者の中には、状況の変化によって社会に受け入れられるようになり、自殺願望がなくなったことを明確に伝えている人もいる。

ところで、環境が変わって自分を受け入れてくれる人たちに囲まれるようになったので、死についてはまったく考えなくなりました。一時は本当に死にたいと思ったこともありましたが。

——クル(50)

「なんとなく」死にたい

なぜか、寂しい……ひとりぼっち。……生まれてこなければよかった……人生は長い……私は自分の人生を終わらせます!私の命が欲しい人がいたら取りに来てください。

——アリス(51)

なんとなく、私は生きている。なんとなく、死にたい……でも、痛みが怖いし、地獄で閻魔大王に会うのも怖いけど、生きることはあまり重要じゃないんです。自分が何をしたいのか分からない。……ただ、死にたいんです。なぜだろう。

——なんとなく(52)

どうっていうこともない人生です。経済的に苦しいとかいうわけでもないのですが、生き続ける理由がないんです。(53)

死にたいわけじゃないけど、生きていたくもない。(54)

もう疲れた。これ以上生きて何になるのでしょうか。でも、苦しんで死にたくない。一瞬で消えてしまいたい。
――バム(55)

自殺願望と生きる意味のなさとをはっきりと結びつけていない書き込みも多い。しかしながら、人生で何をしたらいいのか分からないという書き込みは多く、生きる意味のなさにぼんやりと気づいているように思われる。このような人たちは、死ぬときの苦痛は味わいたくないが、生きていても死んでもあまり変わらないという気持ちを表現していて、境界線上にいるようである。自殺というと行動や意思を伴うものだと思われることが多いが、この人たちは非常に受け身な態度である。こういう人たちは苦痛のない死を求めており、他人と一緒に死ぬことは死の苦痛をいくらか取り除く一つの方法だと思われる。

日本語で「なんとなく」という言葉は、「なぜか分からないけれど」「特に理由はないけれど」という意味である。「なんとなく今すぐハンバーガーが食べたい」、「なぜか分からないけど、なんとなくあの人が嫌い」など、適切な理由が思い浮かばない、または理由を特定できない場合に使われる。日本の自殺者は、「覚悟の自殺」という概念とは逆に、死にたいと思いながらその理由がはっきりしない人が多い。これが最近の日本の自殺の特徴であり、そういう事例が一部の社会評論家から共感を得られなかった理由のひとつでもある。

誰かと一緒に死にたい

死にたくても死ねない
死にたくても怖くて死ねない。誰かと一緒だと死ねる気がする。

消えたい同士。待つ

――ちび[56]

こんばんは、同じように空に飛びたい人いますか？
二人での自殺なら怖くはない、てことで！
お仲間募集します、誰かいませんか？

――ケン[57]

ずっと死にたくて、自殺の方法を考えています。
どうか一緒に死なせてください。

――一緒[58]

もしよろしければ、私と一緒に死にませんか？

――クッキー[59]

もう苦しみたくはない。でも、一人で死ぬのは怖くてできません。どなたか一緒に死にたい方はいらっしゃいませんか？

――エリー[60]

自殺願望があるなら、一緒に死にませんか？一人で死ぬ度胸はありません。一緒に死んでくれる人を募集しています。

――一緒[61]

死にたいけど、一人では死ねないという人はいませんか？お願いします、一緒に死にましょう。

――まる[62]

睡眠薬では死ねません。……他の方法で死にたい人はいますか？

――悪夢[63]

一緒に死んでくれませんか？　ちなみに、私は群馬県に住んでいます。

――群馬[64]

ずっと死にたくて、自殺の方法を考えています。どうか一緒に死なせてください。

――ミザリー[65]

もしよろしければ、私と一緒に死にませんか？

――ランラン[66]

引用として選んだこれらのものは、先のインターネット集団自殺の議論を想起させる。そしてそれは、私が発見したもう一つの繰り返し現れるテーマである「死にたい、でも一人でじゃなく」である。一緒に自殺しようという提案の口調は驚くほどカジュアルで、時には懇願するようなものさえある。こういう関係の真の性質を定義することは困難である。一方では、それぞれの個人は見知らぬ者同士であり、お互いにほとんど何の関係もないだろう。その一方で、一緒に何かをしようと思っているという事実――たとえそれが自殺であっても――が絆を生み出し、信頼関係を必要とするのだ。それは、「友だちになってくれますか？僕と一緒に死んでくれる？」といったコメントにも表れている。これは、不思議だが一種の友情なのだ。死後の生命の存続を信じる多くの日本人にとって、一人では足を踏み出す勇気が出ないかもしれない現世から来世への旅路の不思議な道連れなのである。先ほど引用したように、インターネットで知り合ったばかりの男性と一緒に亡くなったある女性は、遺書の中でこう言っている。「やはり一人で死ぬのは寂しい。相手は誰でもよかった」[67]。

孤立感、孤独感、疎外感といった強い感情そのものは、自殺を考える上でそれほど際立ったものでも独特なものでもないかもしれないが、他人、特に見知らぬ人と一緒に死ぬという選択は、あまり普通ではない。日本社会では、一人で死ぬのは恥ずかしいこととされている。人が死ぬときには家族が立ち会うことが義務づけられている文化なのだ。ロングは、こう述べている。「死にゆく者が孤独を感じるかもしれないということが特に心配されているらしいのは、言葉（例えば「孤独な死」）で表現されているだけでなく、「死に目にあう」ことが非常に重要視されていることにも表れている」[68]。個人の自殺の場合、一緒に死んでくれる人を積極的には求めないことがほとんどである。しかし集団自殺の場合は、「孤独死」を避けたいという願望が残っているようである。七輪を選ぶこと自体にも意味がある。七輪は、バーベキュー・パーティーに集まるような心地よさや一体感、共同体験のノスタルジックな象徴だからである。

死後の生

美輪明宏さんが言った。「自殺をして死んで生まれ変わっても、それは逃げているのと同じだ。自分の問題を克服していないのだから、来世でも同じことを何度も繰り返すだけだ。だから、自殺しても意味がない」(69)。

――ミミ

人生は一度きりという考え方が主流ですが、人生は何度も繰り返されると私は考えています。そうだったら、人は楽に生きられるし、他人に優しくなれるし、自暴自棄にもならないし、わがままでなくなると思う。災害時に略奪が起こるのは、人生は一度きりだと思われているからだと思う。自殺については、今世の命を終わらせるのは解決策とは思えないので、しないつもりです。来世でもまた同じことを繰り返さなければならなくなるだけだと思うので。

――ナイト(70)

日本の自殺サイトのチャットルームや掲示板では、死後の世界についての議論は珍しくはない。しかし、日本には死後の世界について広く認められた見解は存在しない。キリスト教徒は日本の人口の一%にも満たないので、永遠の天国や地獄という概念にはあまりなじみがない。日本は仏教の影響をより強く受けており、仏教では人は数え切れないほど生まれ変わるという輪廻転生説をとっている。

日本の家庭の大多数は仏教の伝統と何らかのつながりがあるが、そのつながりは因習に従ったものであることが多く、家族の誰かが亡くなって葬儀を手配する必要がある場合にその役割を果たすのみである。そのため、仏教の教えを実践している信徒が何人いるかという統計数値はなかなか見つけられない。神道を信仰していると自認する人はさらに少ないが、元旦など特定の祝日に神社に参拝する人は多い。

これらの伝統的な宗教概念は日本の社会や文化に浸透しており、多くの人が一年のうち特定の日に儀式に参加する結果になっているが、毎週末に教会、モスク、シナゴーグに通うなど組織的な宗教に常に参加することは、日本では比較的まれである。さらに、大規模な一神教のみに所属、参加するのとは異なり、日本では仏教にも神道にも矛盾なく所属、参加するのが一般的である。

定期的に礼拝に参加する日本人は、たいてい「新宗教」や「新新宗教」に属している。これらは仏教、キリスト教、その他の伝統の要素を組み合わせた宗派で、特定のカリスマ的な宗教指導者を中心に組織されていることが多い。しかしながら、特に一九九五年に起きたオウム真理教という「新宗教セクト」による東京地下鉄サリン事件以降、多くの日本人がこれらの運動組織を怪しいと考えるようになった。

このように、日本の宗教の性質は、個人が死後の世界をどのように思い描くかについて非常にオープンかつ多様であることがうかがえる。一九九八年の是枝裕和監督の映画『ワンダフルライフ』には、そのような想像が展開されている。この映画は、何百人もの「実在する」日本人の語りに影響を受け、部分的にはその語りに基づいている。(71) この映画では、死後の世界は天国でも地獄でもなく、自分が終えたばかりの人生から忘れないようにする思い出を一つだけ選ぶことができる移行の場所として描かれているのである。このように、死はある状態から別の状態への移行であり、次の状態は至福や苦痛といった永遠に不変の状態ではないという考え方は、日本における自殺観を理解するうえで重要であるため、後の章で日本の大学生の自殺と死に対する見方を考察する際に、この考え方に立ち返る。

自殺サイトに残された個人のコメントでは、孤独と生きる意味のなさが密接に関係しており、また自殺の理由として強調されているようである。内面的な葛藤があることが多い。一人でいると強い孤独を味わう一方で他人に対して不信感を抱き、社交的な場を好まない。このような思いが重なって、「他人と一緒に死にたい」と思う場合があるようだ。つまり、一人で死ぬのは辛すぎるから、他の人とつながりながら孤独やこの世の意味のなさという苦しみから逃れたいのである。

前述したように、自殺サイトの訪問者の多くは、自分の居場所がないと口にする。これは、人生の意味や目的（生きがい）の欠如と、そのような意味や目的を持ちたいという願望が併存していることの表れであるように思われる。また、誰も自分のことを気にかけてくれない、誰も自分を受け入れてくれない、誰も友だちがいない、と感じている人も多いようである。これらの投稿をまとめてみると、居場所、生きがい、受け入れられること、他人から大切にされること、が全体として足りていないようである。それと同時に、他人から受け入れられたい、大切にされたいという強い欲求があるので、その結果として居場所や意味を探すことになるのだろう。

このことから、サイト訪問者の孤独感の中核にあるものは、他人から大事にされているという実感がないこと、また自分が他人にとって意味がないと感じていることなのがうかがえる。自分が他人にとって意味がないと感じることは、自分の居場所がない、自分の人生に意味がないと感じることにつながる。社会的なつながり（絆）が重要であり、他人が共感（empathy）や思いやり（compassion）を持っていると感じることも重要であるようだ。

このことは、「誰かと一緒に死にたい」という強い願望の説明にもつながるかもしれない。自殺サイトの訪問者が訴える苦痛の原因の一つは孤独や社会的なつながりの欠如なので、現世の苦痛から逃れるだけでなく、孤独や孤立無援という苦痛から逃れたいという願望もある。他人と一緒に死ぬことは、両方の目的を達成することができる――少なくとも両方の目的を達成することができるように見受けられるのだ。

苦痛からの逃避としての自殺

先に述べたとおり、自殺サイトの訪問者の多く（おそらく大多数）は一〇代から二〇代の若者であり、その多くがニートのカテゴリーに属している。米国の社会とは違って、日本の社会は青年期と思春期とは心身ともに大変動の時期というつながりがあることを強調することはない。[72] むしろ、この時期は、競争の激しい受験勉強（中学、高校、大学のため）に取り組みながら責任ある大人になるための訓練を受ける時期だと考えられている。[73] しかしながら、心理学者のキャサリン・パイクや人類学者のエイミー・ボロヴォイが指摘するように、日本では青年期は「自主性や独立心が出てくる時期」という面が強調されるのではなく、「過渡期であり、また社会秩序に反抗する激動の時期と言うより、むしろ社会に溶け込む時期であり、エネルギッシュで潜在力が大きい時期」という面が強調されている。[74] 人類学者のメリー・ホワイトも、日本における青年期は成人期の社会的関係のための準備期間であり、訓練期間であると述べている。[75]

もちろん、青年期は文化によってさまざまな意義を持ち、多様な文化的論理に従ってその期間も異なる。日本では、高校や大学卒業後も実家に住み、親のすねをかじる生活を続ける若者が多いため、青年期は非常に長く、一五歳から二四歳（例として厚生労働省の定義による）まで続くこともある。高校生や大学生（一五歳～二二歳）を青年期と考えるのが一般的だが、三四歳という遅い年齢まで青年期と考えられる場合もある。[76]

この青春期という時期は、大人になる前の期間である。日本では、大人には社会人としての責任を果たすことが強く求められている。日本では「社会人」という言葉を「労働者」と同じ意味で使っているが、文字通りには「社会の一員」という意味であり、帰属意識だけでなく社会的責任や社会的役割も強調されている。女性にとって成熟した大人であることは母性と密接に関係しており、パイクとボロヴォイは「母になることは成熟への唯一の道」とする考え方が一般的であるとさえ述べている(77)。高等教育、特に二年制の短期大学は、女性が良き妻、良き母になるための訓練期間と見なされている(78)。男性の場合、成熟した大人とは、会社に勤めていること、扶養している家族に対して経済的な責任を負っていることと強く結びついている。

　青年期の自殺は、「自分が今死んだら、あのいじめっ子たちみんなが自己嫌悪に陥る」など、他人を罰する意図があることが多いのが特徴的であった。しかしながら、最近の集団自殺には他人を懲らしめようと願っている兆候は見られないし、一酸化中毒という方法も、ドラマチックな訴えにならないように思える。むしろ、この方法は最も苦痛がなく楽だと認識されているため、人気があるようだ。また日本では、自殺は「責任を取る」ための一つの方法であることが多かったという特徴がある。個人がそれより大きな存在――国家、会社、名誉規範――と強く結びつき、所属しているので、人は組織の贖罪のために自殺するのである。しかしながら、最近の青年期の自殺やインターネット心中などの集団自殺は、これとはまったく逆のようだ。それは、つながりや自己犠牲の意識から生じるのではなく、社会学者エミール・デュルケームが論じたように根本的な孤立無援状態、すなわちアノミーを示しているように思われる。

　しかしながら、こうした自殺にも苦痛が伴うし、その苦痛に耐えられないという気持ちが明らかに込められている。情緒性が強く、痛みや苦しみを嫌う傾向が強く、それと同時に、無常観――現在の苦痛や孤立感も含めてすべてのものは過ぎ去る、永遠には続かないという認識――が欠如していることも、青年期や若年成人期の特徴だと思われる。これは、サイト運営者で管理人でもあるゆでたまご氏が、自殺サイトの訪問者に「三〇代まで生きる努力をしなさい。そうすれば苦痛への耐性が徐々に強くなるから」と勧めていることにも表れているように思われる。

『自殺サークル』と『妄想代理人』――インターネット集団自殺の大衆文化的表象

もし自殺が他人を罰するとかドラマチックな申し立てをするための手段ではなく、また犠牲や組織の贖罪の形でもないのであれば、これらの自殺はより良いものを求める試みであり、孤独や別離の苦痛からの解放であると考えることは可能だろうか。自殺サイトの訪問者の投稿に表現されている考えや気持ちは、日本社会や若者をどの程度広く反映しているのだろうか。

このような疑問に答えるためには、日本の大衆文化やメディアに目を向けるとよい。そうすると、日本の自殺サイトの訪問者の個々の語りから明らかになる主観性の危機は、多数の映画、テレビ番組、雑誌、書籍の中心的なトピックとして登場するほど広まっていることが分かる。テレビ番組や特集映画、書籍、オンライン出版物など数多くの社会批評が現代日本の状況を吟味し、その健全性について絶望的な見解を示してきた。日本における自殺の増加の原因について、日本経済の停滞や病気やうつ病の個人症例を中心とする「表向き」の説明とは対照的に、これらが示唆しているのは、自殺サイトを訪れる日本人は特殊な症例ではなく、むしろ日本社会を苦しめている深い不安と倦怠感の犠牲者であり、そういう気持ちを指し示す存在だということだ。そのような犠牲者の個人的な心理は、変化と癒しを必要とする社会的心理と切り離せないように見える。

先に述べたように、これらの情報源は「二人称」の視点を提供し、三人称の分析と一人称の報告の間に立つ相互主観性の研究を補完することができる。後述する是枝監督のように作品制作にあたって膨大な取材や調査を行う映画制作者には、特にそれが当てはまる。二一世紀に制作された数多くの日本映画は、自殺、失業、家庭崩壊、孤立など、この国を苦しめている社会の病についてじっくりと深く考えた社会批評を提供してきた。[79] 近年、『自殺サークル』、『生きない』、『自殺マニュアル』、『トウキョウソナタ』など、自殺の問題を具体的に取り上げた映画が数多く制作されてきた。それらの作品は、政府やマスコミの説明の多くには欠けている共感と洞察力を見せていることが多い。[80] 映画『自殺サークル』やテレビアニメ『妄想代理人』は、インターネット集団自殺に関わっているかもしれない文化的・社会心理的プロセスに関する日本人の認識に注目しているので、特に興味深い。[81] この二つを取り上げたのは、若者の自殺を直接的に扱っているからというだけではなく、日本のインターネット集団自殺の増加について、また、孤独、他者とのつながり、死後の世界という相互に関連するテーマについて説得力のある社会批評を提供しているからである。[82]

日本学研究者のサンドラ・バックリーは、『日本現代文化百科事典』の序文のかなりの部分を割いて、最近の日本映画に見られる孤独、孤立、不安定さの描写の考察をしている。彼女が指摘するように、「映画であれ、夜のニュース番組であれ、マンガ、携帯メール、新しいテレビドラマやリアリティー番組であれ、現代の文化的作品のプラットフォームと情報経済の流通は現実に影響を与え、現実を形成し続けながら現実との関わりを媒介している」。[83] そういうわけで、これら二つの大衆文化作品は、実際にはかなり脚色されていてインターネット集団自殺そのものの事実を描いたものとして受け取るべきではないが、それでも日本の社会評論家の関心をとらえてきたインターネット集団自殺の際立った特徴のよい例となっている。これらの特徴は日本のインターネット集団自殺を理解するうえで極めて重要であるにもかかわらず、マスコミや政府のアプローチではほとんど無視されてきた。

二〇〇二年、脚本家兼映画監督の園子温が、映画『自殺サークル』を公開した。この映画は、一〇代の若者たちが山手線のホームから飛び降りた集団自殺事件と、そしておそらくはオウム真理教のサリン事件から着想を得たものであり、バブル崩壊後の日本における集団自殺問題と社会の病についての痛烈かつ心をかき乱すような社会批評的作品である。

映画は、新宿駅のホームで手をつないだ五四人の女子高校生のシーンから始まる。電車が近づくと、彼女たちは「いっせーの、いっせーの、いっせーのせっ！」と言ってホームから線路に飛び込み、自殺する。同じ日に全国で不可解な自殺が起きているというニュースが入り、この事件の捜査のために刑事チームが編成された。その二日後、校舎の屋上で昼食をとりながら、最近の「一〇代の集団自殺」について話し合っている高校生たちがいた。ふざけて屋上の端に立ち、駅で自殺した女子高校生のまねをするが、手をつないで「いっせーの、いっせーの、いっせーのせっ！」と言った後、数人が実際に飛び降りて死んでしまう。屋上の端に立つ残された女子生徒たちは、ショックを受けて下を見る。そして彼女たちも飛び降り自殺をし、近くで見ていた他の生徒たちを恐怖に陥れる。

自殺者が増える中で、それを捜査する刑事たちは次第に自分たち自身の生活の空虚さを露呈してゆく。敏腕刑事の一人が母子心中で妻子を亡くしたときに、ある少年から「(自分自身と) つながっていますか？」という謎の電話がかかってくる。それを聞くやいなや、刑事は自分の頭を銃で撃ってしまう。

同じように集団自殺を扱ったテレビ番組に、今敏が制作したアニメ作品シリーズ『妄想代理人』がある。このシリーズは、二〇〇四年二月から五月まで放送されたものである。長編アニメーション映画『パーフェクトブルー』、『千年女優』、『東京ゴッドファーザーズ』で知られる今監督は、この作品で現代の日本社会の病が反映された問題を抱えているキャラクターたちを考察している。

このアニメ・シリーズは、日本社会が自らの悲惨な状況に気づいていないことを示唆しているようだ。各話のオープニング場面では、日本社会に生きる『妄想代理人』の主要キャラクターたち——日本社会を代表するサンプル——が、さまざまな非常に不穏な状況の中で微笑んだり笑ったりする様子が描かれている。高層ビルの屋上で靴を両手に持つ女性（日本では飛び降り自殺寸前の象徴）、洪水に襲われながら瓦礫の中に立つ二人の少年、水中で直立し、魚の群れがおどけたように泳いでいるそばで溺死しかけていると思われるのに微笑んでいる少女、空から真っ逆さまに落下しながら笑う男性、災害か爆撃で破壊されたビルの残骸のど真ん中で携帯電話でぺちゃくちゃ話す男、ゴミ捨て場の真ん中に立つ二人の女性、大きなキノコ雲を背景に発電機の上に立つ男性、地球のあちこちで大規模な爆発が続く中、月面に立つ老人などが登場する。一方、オープニング・ソングの歌詞も、「空に見事なキノコの雲／小道で餌をはむ小鳥の午後は／木漏れ日の芝に手を触れて／キミと語ろう／ほらランチのベンチの上で夢は花咲く／波の音をその胸に／憂鬱は沈めて／橋を明日に延ばし／津波など案ずることなく」と、ブラックコメディの皮肉な雰囲気を共有している。(84) 社会は自然災害や人災を心配するなと言っているが、その一方で私たちは死にかけているのだ、というメッセージのように思われる。

このシリーズの第八話は、インターネット心中事件を取りあげている。インターネットのチャットサイトで知り合った三人が、一緒に自殺するつもりで公共の場に集まる。しかしながら、ゼブラ（若いゲイ男性）と冬蜂（投薬治療を受けている高齢男性）の二人は、三人目のメンバーであるかもめが大人ではなく、小学生の少女であることを知ってショックを受ける。彼女は二人を見てワクワクし、はしゃいだ様子で声をかけるが、彼らは逃げてしまう。彼女は抗議したものの、彼らは子供と一緒に自殺するという考えに震え上がり、なんとか彼女をうまくかわす。男たちは廃屋を見つけ、そこで一酸化炭素中毒で死ぬつもりで七輪の炭を燃やす。また、彼らは睡眠薬を大量に飲んで、床に横たわる。ところが、かもめの登場と建物の取り壊しによって、彼らは起こされる。

自殺に失敗したことに憤慨した三人は、走ってくる電車に飛び込もうと地下鉄の駅に向かう。ところが、彼らが飛び込む前に別の青年が線路に飛び込み、死んでしまう。さらに三人は自殺を試みるが失敗し、死ねない自分たちを嘆き始める。最後に冬蜂が薬を飲もうとしたとき、薬が一つしか残っていないことに気づく。これは、彼（と視聴者に）とっておかしなことである。というのも、この話の序盤で彼が最後の薬を飲むところをすでに見せられているからだ。その時、三人のそばを黒いカラスが飛び交う大きな音が聞こえ、老人は突然衝撃的なことに気づく。このとき冬蜂と同時に視聴者も気づくかもしれないが、実はこの三人はすでに死んでいて、霊魂か幽霊としてさまよい続けていたのだ。廃屋倒壊後の光景をよく見ると、彼らの身体が地面に影を落とさなくなっていることが分かる。おそらく、廃屋の中で全員が一酸化炭素中毒で死んだのだろう。そして、この三人が楽しげに一緒に歩き回り、写真を撮っている観光客を怖がらせるところでこの話は終わる。観光客は写真を撮っている間は彼らに気づかないが、デジタルカメラの画像を見て驚愕する。これも、主要キャラクターの三人が幽霊になっていることを視聴者に伝える手がかりとなっている。

自殺を試み続ける死者のグループが死ねないことに苛立ちを覚え、自分たちが実は死んでいることに気づいてやっと幸せになるという何重にも皮肉が効いた話である。キャラクターの誰一人として重度のうつ病や精神障害を患っているようには描かれておらず、むしろ普通の人が普通でない行動をしているように描かれている。集団自殺の試みさえも、まるでピクニックに行くだけであるかのように描かれ、少女は置いていかれることを嫌がっている。死にたい理由をはっきりと語るキャラクターはいないが、いくつかのヒントから、彼らは全員深刻な孤独に悩まされていることが分かる。かもめは、他の二人に置いていかれるのではないかと常に怯えており、どこへ行くにも二人について行くと言い張るが、それは明らかに彼らと一緒にいることで大きな安らぎを得ているからなのだ。ゼブラは、おそらく元恋人と思われる他の男性と彼の写真が入ったハート型のロケットを身に着けている。冬蜂は、病気を抱えた孤独な老人として描かれている。彼らの普通さの特徴は、生きがいがなく、それゆえに死を喜びに満ちた解放として捉えているようだということである——しかし、死は何への解放なのだろうか？　話の終盤で楽しげにはしゃぐところも、自分たちが死んでしまったことを自覚してようやく解放されたと感じているだけで状況は何も変わっていないのだから、きわめて皮肉な話である。目に見えない幽霊という姿が暗示しているのは、彼らにとっての解放とは、社会からの自由、社会的役割や期待、煩わしい他者の眼差しや批判からの自由なのだということかもしれない。

エピクロス的自殺

『妄想代理人』や『自殺サークル』で集団自殺をする人たちは、みな「普通の人」として描かれており、うつ病や強いストレス、苦悩を抱えた病的な人ではなく、常軌を逸した人でもなく、そうでなくても自殺に駆り立てられるような極端で異常な状況にある人でもない。この描写は、自殺サイトの訪問者や日本の大学生が本書で表現したものと一致する。自殺サイトの訪問者が重度の精神疾患を抱えているかどうかは判断しかねるが、次のような趣旨のコメントがよく見られる。「私の人生には何もおかしいところはないです。経済的に苦しいとか、そういう類のことではなく、生き続ける理由が分からないだけなんです[85]」。「死にたいわけじゃないけど、生きてもいたくない」というような気持ちは、彼らの置かれた状況が普通のものであることを示しているが、それはよくありがちな自殺志願者のイメージに反している。そういうイメージでは、自殺を最後の手段、あるいは助けを懇願するドラマチックな行為として描くことが多い。また、こうした若者たちの自殺は、「覚悟の自殺」でもないのが通常である。「覚悟の自殺」は道徳的な動機に基づく自殺で、喫緊の目に見えて差し迫った事情に起因するものである。とは言え、疑いようのないことは、彼らが実存的な苦しみを味わっていること、そして、この何もかもが不快だという気分は精神疾患やうつ病として片づけられるものではないかもしれず、多くの日本人の心の中では日本社会のあり方そのものと結びついているように思われるということだ。

これらの表現における主観性の第二の際立った特徴は、死ぬために他人の存在を必要とすることである。『妄想代理人』は、自殺願望のある三人がインターネット上で出会い、一緒にあちこちに行き、お互い一緒にいることに安らぎを得ている様子を描いている。二人の男たちに置き去りにされたとき、少女は明らかに動揺している。

当然ながら、これは三つ目の「楽に死にたい」という願望につながる。自殺の「普通さ」の延長線上に「できるだけ苦しまずに、楽に死にたい」という願望がある。一つの理想は、前述のように、ただ「消える」ことである。これは、自殺とは必死に「助けを求めている」のだという考え方――米国では普通のとらえ方である――ほど力が入ってないように思われる。それが示唆しているのは、この独特な自殺形態の根底には米国とは異なるメンタリティーがあるのかもしれないということだ。

デイヴィッド・サミュエルズは、『アトランティック』誌に寄稿したインターネットの集団自殺に関する記事で、この種の自殺と安眠を求めることの類似性について書いているが、このテーマは『妄想代理人』にも出てくるものである。「「彼らは、炭を使うという発想をどこから得たんですか?」と私は尋ねた。「インターネットで、練炭で死ぬのは寝ている間に死ぬってことだという噂があったんだ」と、思春期のニキビ跡を残したハンサムで誠実そうな顔の若い記者は説明した。「とても苦痛のない方法だったんだよ」(86)」。

最後のポイントは、個人が死を選択する、あるいは決断するという考え方そのものに関わる。これは非常に重要なことである。自殺は集団主義的な日本社会で個人が自主性を主張するための一つの手段であるという日本で一般的な言説とは対照的に、集団自殺は個人の自主性を放棄して集団の決定あるいは選択に身を委ねるものであるように思われるのだ。

ロングは、日本では「安らかな顔」での死が良いとされ、「孤独な死」が非常に心配されると指摘している(87)。私がここで取り上げたインターネット集団自殺の三つの側面である「普通さ」「他人と一緒に死にたい」

「楽に死にたい」という点は、日本の伝統的な考え方での「良い死」に合致する。医療人類学者アーサー・クラインマンは、次のように述べている。「自殺は医学的問題であるが、経済的、社会関係的、道徳的問題でもあり、九月一一日の自殺テロという世界規模の悲惨なスペクタクルが明らかにしたように政治的問題でもある。順序として次に、自殺予防は精神的、社会的、心理的、経済的、道徳的、政治的な意義を持つのである」(88)。クラインマンが強調する自殺の道徳的側面は、インターネット集団自殺の特徴と、日本における「良い死」を構成するものについてのロングの記述との一致に関わるものである。米国の自殺に対する一般的な認識とは対照的に、自殺掲示板には自殺を非難するような負の道徳的誘意性［訳注：引きつける力］はほとんど存在しない。そういうわけで、インターネット集団自殺についての道徳的判断は分断されている。マスコミや社会評論家の批判的な立場と、『自殺サークル』や『妄想代理人』など多くの大衆文化的社会批評の立場、つまり自殺の犠牲者である個人よりも社会そのものを道徳的に非難する立場に分かれているのである。この二つのうち、大衆文化的な社会的批評の表現は、インターネットの自殺掲示板に頻繁にアクセスする個々の人が伝える体験や感情により近いものである。主観性の研究において、このような二人称の話は貴重な情報源である。

このようなインターネット集団自殺の特徴を考えてみると、この現象が果たしてどれほど新しいものなのかと疑問に思えてくるかもしれない。集団自殺は、日本ではそれ自体目新しいものではない。インターネットを使って他人と連絡を取り、集団自殺を計画すること、七輪を使った一酸化炭素中毒を利用することは新しい現象だが。しかしながら、こうした側面とは別に、日本におけるネット集団自殺の特徴の多くは、デュルケームの「エゴイスティックな自殺（個人が社会に十分に溶け込めないことから生じる）」、具体的にはその下位カテゴリーである「エピクロス的自殺」という概念と強く共鳴するものである。

デュルケームの自殺に関する研究は、日本において大きな影響力を持っており、数多くの研究者が日本のインターネット集団自殺を論じる際にデュルケームの自殺の分類を参照している。[89]社会の変化と自殺率の相関についてのデュルケームの考察は、日本社会のある変化が自殺率上昇の原因であり、自殺問題を解決するにはどうしてもその変化のことを考えなければならないという日本国内の意識に強く訴えかけるものである。デュルケームの研究は、社会的視点から自殺にアプローチしたことに加え、個人は社会と切り離せないという考え方が日本人の発想に合致していることから、今もなお影響力を持ち続けている。[90]

デュルケームは、エゴイスティックな自殺の中には二つの亜種があると述べる。一つは、知識人のエゴイスティックな自殺である。デュルケームは「精神的孤立」に陥るラマルティーヌの『ラファエル』の主人公を例に挙げているが、内省を深めることによって人生は無意味であると結論づけ、存在の不条理をドラマチックかつしばしば暴力的に示しつつ人生を終わらせる実存主義者も同類に含めてよいだろう。[91]もう一つのエゴイスティックな自殺は、デュルケームがギリシャの哲学者にちなんでエピクロス的と呼ぶもので、「よりありふれた」[92]ものである。「そういう人は、自分の境遇を悲しげに振り返るのではなく、楽しげに自殺の決断をする」[93]。エピクロス的自殺は、「それ以後は無意味となる存在を終わらせる」ために準備されるものである。デュルケームによれば、死のまぎわに「悩み苦しむ人は、憎しみも怒りもなく自らに一撃を加えるのだが、知識人のように不健全な満足感に浸って自殺を楽しむわけでもない。その人は自殺する知識人よりもさらに冷静であり、自分がたどり着いた結末に驚いてはいない……ただ苦痛を最小限に抑えようとするだけだ」[94]。このような人物は、ドラマチックで暴力的で苦痛の激しい死を求めたり、苦悩に満ちた知的な思索にふけったりするのではなく、むしろ「皮肉なまでの平静さと当たり前という気分で自殺する」とデュルケームは述べている。[95]デュルケームのエピクロス的自殺のカテゴリーが興味深いのは、学校でのいじめや親への怒りなど、インターネット集団自殺の理由として提示された説明のいくつかが、死に際しての平静さ、受動性、怒りを感じていないように見えることを示す多くの事例に注意を向けていないからである。

キルマイヤーは、日本文化が悲しみや嘆きを無常や喪失を感じたときの適切な反応としてプラスに評価していると述べている。(96) また、「悲しみや抑うつは、この世のはかなさをより強く意識させるものとして社会的にプラスの意味を与えられることがある」とも述べている。(97) しかしながらその一方で、こうした集団自殺は通常の悲しみや喪失感を伴うものでありつつも道徳的人格や精神的認識が発達した模範例ではないし、日本社会でそのように考えられていないことも明らかである。それどころか、前述したように、インターネット集団自殺は世間やマスコミには理解しがたい、ショッキングな、嘆かわしいものとして受けとめられてきた。日本国内では、自殺予防の効果的な手段を策定する動きが活発化しているが、インターネット集団自殺はそのきっかけの一つとなっている。そういうわけで、キルマイヤーの所見は、日本がなぜ自殺やうつ病に対処する政策の策定がこれほど遅れていたのか、その背景を理解するのに役立つかもしれない。日本の文化は、知的エゴイズムによる自殺――自分の実存的な状態の探求――に結びつく精神状態に関して寛容であったかもしれないが、今では、インターネット集団自殺がエピクロス的自殺により近い、知的エゴイズムによる自殺とは非常に異なる精神状態を反映していることに気づき始めているのである。インターネット集団自殺の場合、キルマイヤーの所見は、自殺の理由が臨床的うつ病という個人の病理の問題ではなく、独特の精神状態、感情の状態、社会的状況の結果として起こりうることを理解するのに役立っている。

デュルケームの理論は参考にはなるものの、インターネット集団自殺の最も厄介な特徴である「他人と一緒に死にたいという願望」や居場所を求める強い願望についての疑問には十分に答えていない。さらに、日本の大衆文化に自殺や孤独というテーマが流行していることが示唆しているのは、自殺サイトに頻繁にアクセスするわけではない日本の若者の生活の中にさえ、このようなテーマが現れないとは限らないということだ。次の章では、自殺、孤独、人生の意味といったトピックについての日本の大学生へのインタビューを通して、これらの問題を掘り下げていく。

第四章　生きる意味——日本の若者の「必要とされたい」気持ちを探る

「あなたの住んでいるところの人々は、一つの庭で五千本のバラを育てている。……それなのに、彼らには探しているものが見つからないんだ。」と小さな王子は言いました。
「見つかりませんね」と私は答えました。
「それでも、彼らが探しているものは、たった一輪のバラや少しの水の中に見つかるかもしれない……」、「もちろんです」と私は答えました。

すると、小さな王子はこう付け加えました。「でも目には見えないんだ。心で探さなきゃ」。

——アントワーヌ・ド・サン＝テグジュペリ『星の王子さま』より

自殺サイト訪問者特有の心の痛みや実存的な悩みを知り、さらに疑問が沸いた。こうした若者たちは、どのような孤独や社会的孤立感に悩まされているのだろうか。彼らはどのような生きる意味を求め、あるいは、何が自分たちに欠けていると感じていたのだろうか。これらの質問の答えになるようなことは、彼らはほとんど語らなかった。生きる意味がないと感じていることと他人から必要とされていないと感じていることの間には、関係があるのだろうか。それともこの二つは別々の要因なのだろうか。

私は本書の冒頭で、政治経済を含む社会の構造とそこに住む人々の相互主観性の間に相互依存関係があることを述べた。一九九八年の自殺の急増とその後数年にわたる高い自殺率は、インターネットによる集団自殺などの新しい形態の出現とともに、すでに死を望んでいる人たちの自殺を容易にする新しい技術（インターネット）が利用可能になった結果というだけであったかもしれない。また、これまで述べてきたように、人類学や政治経済学を専門とする日本研究者が予期していたこのような構造の変化の結果であった可能性もある。もし後者が正しいのであれば、自殺サイトを訪問する若者だけでなく、より広く日本の若い世代の主観性に共鳴があることを確認できるだろう。もし、日本を対象とする研究者が幅広く分析しているようなかなり強い政治的、経済的、社会的緊張があることから予想されるように、そのような共鳴が広がっているのであれば、若い日本人を網羅的に研究しなくても、その影響を把握することができるだろう。

そこで私は、インターネット集団自殺の研究を契機に、ネット上で共有される精神的苦痛や実存的苦悩のタイプが自殺サイトの訪問者だけに特徴的なものなのか、それとも日本の若者にさらに広がって共有されているのかを明らかにするための研究を行うことにした。利用可能な報告されているデータによると、インターネット集団自殺で命を絶った人の多くは、二〇代（五二・六％）と三〇代前半（二二・一％）であった[1]。これは、私自身が行った自殺サイトに関するエスノグラフィー研究に一致している。そこで私は、自殺サイトの訪問者が提起したトピックに関連する日本の若者の主観性を探ろうとした。彼らは生きる意味をどのように考えていたのだろうか？　彼らもまた他人から必要とされることを重要視していたのだろうか？　彼らは誰かから必要とされていると感じていたのだろうか？　彼らは孤独を経験したのだろうか？　どの程度、どのような形で？

日本の大学生は、自殺サイトの訪問者やインターネット集団自殺の実行者と同じぐらいの年齢であるだけでなく、まだ定職についておらず、既婚者でもなかった。さらに、日本の「生きがい」について幅広く研究しているゴードン・マシューズの見解によれば、大学生の若者は、自分の家庭を持ち、定職について落ち着く前の段階におり、自分の将来の意味づけを模索、探求している過程にある。[2]そこで、自殺サイトの訪問者の投稿によく見られる「意味の探求」が、学生たちと共鳴するところがあるのではないかと感じたのである。

私は、首都圏の三つの大学でゲストスピーカーとして招待された際に学生を募集した。全部で三つの大学（国立大学一校、首都圏の私立大学二校）で、女性一九名、男性五名の合計二四名の大学生にインタビューを行った。学生たちの専攻は、社会学、人類学、心理学、宗教学、経済学など、さまざまである。私が訪問したどのクラスも女子学生の方が多く、結果的にインタビューを受けた人は女性が多くなった。これらの学生は全員東京という都市部で募集され、また私がインタビューの対象者とした学生は、当然ながら自分でインタビューを受けることを決めたので、日本の大学生を代表するサンプルとは見なされないはずである。

インタビューは、私がサバティカルの間に東京に滞在していた二〇〇九年から二〇一〇年にかけて行われた。ほとんどの学生は二〇歳から二四歳だが、二〇代後半から三〇代前半の学生もいた。人類学者のナンシー・ローゼンバーガーは、日本の独身女性のアイデンティティに関する研究の中で、この年代の日本の若者は「思春期直後のアイデンティティの探求、不安定さ、自己中心性、「中間にいる（in-betweenness）」という気持ちと可能性があるという気持ち」という特徴を持つことが多いと述べている。[3]私は、自殺についての見解、生きる意味、孤独、必要とされることの重要性、そして彼らにとっての良い死とは何かについて、あらかじめ用意した質問リストに基づいて、半構造化面接［訳註：半ば形式の決まったインタビュー］を行った。[4]その際、日本をフィールドとする人類学者、すなわちマシューズ、アリソン、ローゼンバーガーなどが実践してきた、主観的な経験や価値観、信条に関する身の上話を収集する自由面接法に従った。[5]インタビューは三つの大学の近くにあるカフェにおいて一対一で行われ、時間は四〇分から二時間程度だった。要した時間は、全体的に男子学生の方が女子学生よりも短かった。

私が行った半構造化面接は、一四の質問で構成されている（**インタビューの質問**参照）。質問の中には、「はい」、「いいえ」など、一言で答えられるものもあった。また、身の上話や人生のエピソードを語るなど、長めの回答ができるようにした質問もあった。また、「自分が必要とされていると感じたことはありますか？」などの質問は意図的にインタビューの後半で行い、インタビューを受ける人が自分の人生を振り返り、インタビューの流れに乗る時間が持てるようにした。また、この質問を生きがいについての質問の直前に配置した。この二つのテーマは、自殺サイトの訪問者の中で非常に重要なものとして浮かび上がってきたものである。

彼らの見解、経験、個性をできるだけ豊かに伝えるために、まず何人かの学生の発言を私の分析なしに直接の語り形式で紹介する。読みやすくするために、これらの語りには私の質問は含まれていないが、彼らがどの質問やトピックに答えているかはおおむね明らかである。

このインタビューには、より詳しく説明すべき重要な日本語の用語がいくつか含まれている。そこで、これらの重要な用語について、日本に関する研究においてどのように扱われてきたか、そして私がどのように解釈することにしたかを、語りの間にはさみ込んで分析することにした。これらの中で「生きがい」、「生きる意味」、「自分がない」、「居場所」、「生きづらさ」のそれぞれについて、順を追って説明する。

予想外であったが、学生の中には自殺を直接見聞きしたり体験した人が何名かいて、何度も自殺未遂をした人も一名いた。彼らは自分の身の上話を語るとき、生き生きとした表情になることが多かった。そして何名かは、自分にとって大事なことを話すことが役に立ったと話してくれた。また、「吐き出す」ことですっきりしたと言う人もいたし、「癒される」とさえ言う人も数人いた。

インタビューの質問

1)死を色で表現するとしたら、あなたはどの色を選びますか？

2)良い死、悪い死という言葉は、あなたにとってどのような意味を持ちますか？　具体的な例を挙げられますか？

3)死後の世界を色で表現するとしたら、何色を選びますか？

4)あなたに一番合う項目（複数でも良い）を以下から選んでください。

a．死後はすべてが消え、何も残らない。

b．人は天国か地獄に行く。

c．人はどこかに行く。

d．自然に還る（大地、土、宇宙と一体になる）。

e．人は生まれ変わる、または転生する。

5)自殺について、あなたの考えを教えてください。

6)自殺が良い死に方となる場合がありますか？　あるとすれば、それはどのような場合ですか？

7)インターネット集団自殺についてどう思いますか？

8)あなたは「自分がない、周りに合わせているだけだ」と感じたことがありますか？　もしあるなら、どのような場面でそう感じましたか？

9)自分が一番「自分らしい」と感じるのは、どんなとき、どんな状況ですか？

10)あなたは自分が必要とされていると感じたことがありますか？　その気持ちは、あなたの人生において重要ですか？

11）あなたにとって生きがいや生きる意味は大切ですか？　あなたには生きがいがありますか？　あなたのご両親の生きがいとは何だと思いますか？
12）あなたは「居場所がない」と感じたことがありますか？　あるとすれば、それはどのような状況ですか？
13）あなたの長所と短所は、公的には（仕事に関連して）、また個人的にはどのようなものですか？
14）自分が持っている自分自身のイメージと他人からの評価には関連があると思いますか？　あなたはどちらをより重視しますか？

カオリ

東京のカフェで会った二八歳の女子学生、カオリさん。「生きがいはありますか？」と聞くと、彼女はこう言った。

ないですね。ぶっちゃけていうと、あんまり生きてる事に希望を見てないほうなんで、どちらかというと、何もなければ、今でも死んでしまいたいって感じなんですけど、私は。終われるものなら終わりたいと思うので、私は。だから生きがいを持てるって、生きてる事が楽しいって事ですよね。うらやましいって思います。

私の長所は仁義。仁義だけは通すって思ってるかな。だから私が死なない理由っていうのも、私は毎日死にたいけど死なないのは両親が私に生きる事を前提にしてお金も時間も全部費やしてるわけですよ、苦労も。その費やしたって事は私が生きる事が前提だから、死んだらそれ、彼らの努力のすべてを否定する事になるから、もう引き返せないんですよ。もう散々使ってるから、人のもの……。だからその、それだけのために生きてるかもしれない。もう一人だったら、本当に勘弁して下さいって。

自分の居場所がないと感じることがあるかという質問には、彼女はこう答えている。

ないかもしれないですね。やっぱり家族という帰るところがあるので。どんなに憎んでも、どんなにけんかしても、帰る場所がないって事はなかったですね。そういう意味ではありがたかった。

次に、自殺についてどう思うかという質問をしたところ、彼女はこう答えた。

自殺は、やっぱレベルの差があるかなって。大義名分が通っていて、それが昔、許されていたっていうものと、今許される人がいるっていうのは別で、何かまだ万人が統治されてない時に、何らかの形で、それこそ釈迦的に、何かを救うとか、何かこの一歩を踏み出せば、平和みたいな事があるとすればかまわないけど、少なくとも今の世の中で、考えるんであれば、今はそういう賛美される自殺はほぼないと思います。……自殺には良くないイメージがあります。でも大変だから、生きるって事は。だから分からないでもない、死ぬ事に関しては。

カオリさんはとても明晰で論理的な思考をする人だった。彼女は、時間を惜しまず私の質問に思慮深く答え、決してせっかちになることはなかった。彼女は、自分の世界観や人生が自分にはどう見えるかを率直に語っているように見え、それを穏やかで淡々とした口調で語っていた。ただ、家族のことを話すときには感情豊かになり、うれしそうで、家族と一緒にいるといつも心が落ち着くし、家族と一緒にいるときの自分が好きだと語った。では、死ねるものなら死んでしまいたいとか、生きるのがつらいという思いはどこから来たのだろうか。

コウジ

カオリさんは、生きがいがないとか生きづらいと言いながら、自殺はしないと明言し、自殺の直接経験もない。しかしながら、私がインタビューした学生の中には、自殺を直接見聞きした人もいた。コウジは、大学院生で三〇歳の男性だった。以下は、私の質問に対する彼の回答の抜粋である。

学部では哲学を学び、こちらの大学院で心理学を学び始めました。ある教授に、「宗教の観点から心理学を学びたい」と言ったんです。すると、他の大学の心理学の著名な教授を訪ねるように言われ、その教授からイエズス会の神父でもある教授を訪ねるように薦められました。その神父さんは座禅会も開いていていて、お目にかかった時に「座禅を教えてください！」とお願いしたんです。もう八年間も座ってる。なんとも不思議な出会い。ご縁と言えばご縁。

僕はもう高校の頃から挫折してて、三兄弟なんですけど、兄と姉はすごく優秀だったんですけど、僕は高校受験の段階から、都内で下からもう何番目っていう所に行ってて。三人兄弟の一番下で、高校から下から何番目の高校にいっていて。両親が教育熱心で、どちらかというと父が。で、もう見放されて。それが僕にとっては、もうすごくいい経験でした。そこで入試に合格するまで三年間浪人して。挫折に関しては、何回か経験して。

今、心理学を学んでいるので、心理の勉強をしてると色んな人の声っていうのを聞く仕事だと思うので、そういったところで今までの自分の経験が生かされればって感じで。僕は今三〇歳で、一人暮らしをしています。

重い話になっても大丈夫ですか？　自分自身の問いとして、研究テーマの中心でもあるんですけど、何度か自殺未遂を目の当たりにしまして。僕は、とても自分と親しい人が目の前で、壮絶に、死に引っ張られそうになっているのを目撃しました。包丁を持ってて、血を流しながら……。

すみません。それは明け方でした。電灯の明かりのなかで、彼は死に引っ張られていて、僕が止めに行くんだけど何もできない。絶望感……ある意味で壮絶な光景でした。彼の上半身は裸で……。実を言うとですね、これはもうじゃあ、あえて、僕の兄の方なんですけど。兄で。

兄が、まぁ、ずっと鬱を抱えてまして。未遂は三回あったんですけど。私が説明しているのは一回目……違う、ごめんなさい。二回目の自殺未遂のときのことです。

明け方のことでした。明け方、丁度僕論文書いてて、で、実際に起きてて、ま、母親が、叫ぶように呼んで、二階に上がってみると、兄がもう睡眠薬飲んで、意識朦朧としてる中で、包丁持って、首をこう、何回も切りつけてる姿が。

正直なところ、その時感じたのは、「兄がそんなに死にたがっているなら、僕はなんで止めようとするんだろう？」ということでした。

兄は一〇年間ひどい苦しみを味わっていました。当時彼は二〇代後半でした。うつ病が続いていて、時にはまったくしゃべれなくなるほど重いものでした。

兄は、医学部に行きたかったのです。でも、大学入試の結果のせいで、結局は第一志望ではない大学に行ったのです。その大学では、兄は長続きしませんでした。それで兄は家に戻って、翌年の大学入試のためにまた勉強しようとしたのです。だから、私は兄がいかに惨めだったのかを目の当たりにしました。僕は哲学を勉強していて、瞑想などもいろいろやっていたけど、でもそんな事は何も役に立たなかった。兄が自殺未遂をした時、もうその衝撃の姿に何もできない自分。もうスタスタって自動操縦で動いているかのように体は反応するんですけど、心は「何で兄を止めなければならないのか？」と考えていました。

それがきっかけで結果的には心理学を学ぶことになりました。「なぜ人は生きるんだろう？」と考え続けていました。最初のころは、「なぜ兄の死ぬ事を止めちゃいけないんだろう？」と考えていました。でも、頭で考えているだけではダメだと思い、ホスピスでボランティアとして働き始めたんです。やっぱり死ってものは、自分じゃまだつかめないってのがあって、ホスピスで亡くなるお年寄りを目の当たりにすることで、ようやく死とは何かを体感することができました。

じゃあ自分ができている事は何かと自問して、自分は生きていると。で、生きてる事を研究して、自分は何で生きるのか、生きる事はどういう事かっていうのを考えて、そのところを、一番の大きなとりえにして、その臨床心理学っていうので、色んな事を説明できれば、研究できればってところを。だから、これが臨床心理学で研究しているメインテーマなんです。こういうことを説明できるようになりたい。こういう問題について研究したいと思っています。

大学入試の時期が来て、兄はパニックになりました。父自身は医者になることはできませんでした。それで、私は父から「医者になれ、そうでなければお前の人生には何の価値もない」と言われたんです。父にはそういう極端な育て方をされました。だから、私が落ちこぼれだと言ったのは、医者になるためのルートから外れてしまったという意味です。だから、先日心理学の授業で病院に行ったとき、白衣を着た自分を鏡で見て、びっくりして思ったんです。「あ、この白衣を着た人は僕なんだ！」

自殺未遂の直後、僕は兄にどんな気持ちだったのかを聞いたんですよ。兄は、「何かふすまを開けて、隣の世界にいく感じなんだ」って言っていました。「隣の世界」。兄が言うには、今の世界は本当に辛すぎるから、本当に少しは痛いんですけど、でもふすまを開けたその先には、すごく地獄かなんかがあるかもしれないけど、今よりもましな世界って思いたい、飛び込んでいきたい。

で、話を聞いてると、その中でもやっぱり生きてるんですよね。その死ぬっていうよりも、今のこの現状から、苦しいから別の世界で生きていきたい。それは本人にとって、決して自分の人生を終わらせるわけではなく、都合の良い死じゃなくて、違うところにいきたい。あの世っていうか、その次行く世界。死ぬわけではなくて、別の世界で生きていく所が素晴らしい所であってほしい。だから、兄の話を聞いていると、死のうとしているというよりは別の世界で生きている、生きようとしているんだと思いました。人生を終わらせることが重要なのではなく、どこか別のところに行くということが重要だったんです。死後の世界というより、この世の次に向かう世界です。そして、そこはすばらしい場所なんです。

でも、翌日に兄は「病院の治療はすごく痛いだろう」と言って連れて行かれるのを嫌がったというのですから、ほとんど笑っちゃいそうなことです。僕は、「死のうとしたばかりでしょ！」と思いました。でも、母が言うには、兄が自分の体を切りつけたとき、危ないところを慎重に避けていたようなんです。

最初の自殺未遂は、精神科の病院から処方された睡眠薬の過剰摂取によるものでした。幸いなことに、彼はアルコールと一緒に薬を飲んだので、胃が拒否反応を起こし、吐いてしまったそうです。もしポカリスエットとかと一緒に飲んでいたら、兄は死んでいたでしょう。

不思議なことに、兄が自殺未遂をするたびに、必ず母が気づいてくれました。いつもです。必ず明け方の何時かに。母は何かが起こったことを察知し、兄の部屋のドアを開けて確かめようとしたんです。母が目を覚まして見つけてくれなかったら兄が助からなかったはずのことが何度もあるんです。母は、いつ、どの時期が一番危険か分かっています。大学入試の直前の一二月と、大晦日です。

話聞いてると、兄は頭では死んじゃいけないって分かってるらしいんですよ。でも何が怖いって、何か分からないものに乗っ取られるのが怖いと。で、衝動に。気付いたらやっぱり血がでてて。それに支配されるのがもう怖い。やっぱりそのやってる時って本当にもう何かに憑りつかれたよう。そして兄が正気に戻ると、血まみれになっているんです。自殺しようとしている真っただ中の兄の姿は、僕から見ても何かに憑りつかれた人のように見えます。

それで、これらの経験から生きるとはどういうことなのかを考えるようになりました。それと、失敗したっていいと思うんです。

兄の自殺を止めたいという思いは、自己中心的な考えに過ぎなかったのではないかと思うこともあります。兄の死にたいという気持ち、別の世界に移りたいという気持ちを尊重すべきではないでしょうか？　自分の兄ですし、大好きだから死んでほしくはないけれど、そう思うのは僕のわがままなのかもしれません。僕としては、自殺予防は正しいと信じていますが、自殺を望む人の気持ちを尊重しなければならないとも思っていて、葛藤しています。ひょっとすると、自殺したい人がいたら、それを受け入れるべきかもしれません。もし兄が死んでしまっていたら僕の考えも違ったものになっていたかもしれませんが、兄は生きています。

生きがいを持つことは僕にとって大切なことかどうかですか？　僕は目標ってものが重石になるのかなって思って。例えば今の信念としては、与えられたもの。例えば今、先生とお逢いしていて、インタビューを受けている。そのことに関して精一杯お話をするっていうことが僕の今の生きがいって感じですね。こうなりたいってなっちゃうと、それを求めてしまう自分。なので、今は先生からインタビュー受けてるので、そこに一〇〇％出していきたいなって。で。例えば友だちに結婚式のビデオ作ってくれよとか言われて、本当に一〇〇％出しちゃう。それで体保たなくなっちゃうんですけど、そうすると、気づいたら、自分の望む位置にいるんだろうなっていうのは。もちろん学歴コンプレックスとかもあって、ここにいると思うんですけど、先程も言った父親との兼ね合いで病院にいるとか、後はあるとは思うんですけど、そういう自分がいたうえで、予測したうえで、答えて。例えば、今日の前に僕を必要としている人がいる。その人が必要としてくれるのであればその人と向き合っていきたいなと。

両親はというと、母の生きがいは兄です。それと父――父は歯科医で、教授になれなかったんです。准教授にしかなれなくて、それがトラウマになっているんです。

生きる意味と生きがい

南米を研究している人類学者の同僚に私の研究テーマを話したところ、日本人は生きる意味について考えることに関心があるのかと驚かれたことがある。「なんと！」と、彼は言った。「生きる意味や目的？　そんなこと誰が考えるんだ？　日本人は本当にそんなことをしょっちゅう話しているのか？」。彼は南米で日常的にこの話題が出るとは感じていなかったし、実際、私もイギリスやアメリカにいた時には、あまりその話を聞いたことがない。

この会話は、私にとって「目からウロコが落ちる」ちょっとしたきっかけとなった。部外者の目には、日本人は生きる目的と生きがいの問題に憑りつかれているように映るかもしれない。この話題は、マスコミ、一般誌やテレビでもしょっちゅう取り上げられている。日本の書店では、生きがい、生きる意味、そして生きづらさをタイトルに含む書籍がずらりと並んでいるのをよく目にする。このトピックへの日本での関心は非常に高く、最近では海外市場向けの英語の自己啓発書にも波及している。これらの書籍のタイトルには、日本語の生きがいという言葉がそのまま使われている。(6)

ここで紹介する日本人学生の話をよりよく理解するためには、これらの用語や概念が日本の文脈で帯びている意味に沿って、特に学術的な文献で広く研究されてきた通りに、それらをしばし掘り下げてみることが重要である。「生きる意味」は、「生きる」と「意味」という二つの言葉で構成されている。したがって、英語の逐語訳では"meaning in life"となる。それはよく知られており、よく使われている語句である。大まかに言えば、英語の"meaning in life"や"meaning of life"と同じように、「生きる意味」には、人生において何が最も重要であるかについて、やや抽象的なやり方で取り組んだ高邁な問題というニュアンスがある。それは哲学的、思想的、存在論的な問いを喚起するものである。自殺サイトの常連訪問者の大半はこの「生きる意味」という言葉を使い、自分にはまったく生きる意味がないと述べていた。

もうひとつ、よく使われる日本語の言葉に「生きがい」がある。私は「生きがい」を「目的（purpose）」あるいは「生きる目的（purpose in life）」と訳すのが好ましいと思うが、それはこれらの英語の語句が日本語の「生きがい」の意味に最も近いと思うからである――時には「生きる目標」と訳すことも必要ではあるが。「生き」は「人生」または「生活」、「がい」は「価値」を意味する。つまり、より直訳的な英語にすれば――学者の中にはこちらを好む人もいる――「生きる価値（the worth of living）」、「人生を価値あるものにするもの（what makes life worthwhile）」となる。

「生きがい」は、多くの学者に日本特有の用語と見なされており、この用語に正確に対応する英語の語句はない。(7)マシューズは、これを「自分の人生を最も生きる価値があると思えるものにするもの（that which most makes one's life seem worth living）」と英訳している。(8)彼は、「生きがい」は「家族や仕事や自分についての夢」として表現されることが最も多いと結論づける。また、「日本人の自己形成に当たっての重要な動機は、生きがいに見いだされるはずである」と主張し、日本人にとってこの概念がとりわけ重要性を持つことを強調している。[9] 人類学者のイザ・カヴェッジャは、大阪の高齢化したコミュニティにおける生きがいと意味づけに関する著書で、「生きがい」を「人生の目的（a purpose in life）」と訳している。[10] カヴェッジャは、和田について述べたときに、「生きがい」はかつて個人の人生の社会的な価値と密接に結びついていたが、一九世紀以降、その意味は個人の人生の幸福により近くなったと説明している。[11]

生きがいの研究者であるヤマモト＝ミタニ則子とマーガレット・ウォールハーゲンは、この言葉を「心理的なウェルビーイングのある状態を表現している」と主張している。[12] 彼女らは、生きがいについて次の三段階の順序で説明している。1)価値意識や幸福感を生み出す具体的な体験、2)その体験によって自分の人生が有意義であるとする認知評価の結果、3)その認知評価から得られる充足感や喜び。[13]

精神科医で、日本における生きがいについて大きな影響力を持つ思想家であった神谷美恵子や社会企業家の田口一成は、「生きがい」は英語の"meaning in life"（生きる意味）や"worth of living"（生きる価値）よりも広い含意を持つ日本固有の言葉だと述べている。[14] 神谷は、生きがいとは生きがいの源と生きがいを感じる気持ちそのものとの両方であると論じている。[15] 例えば、子供は母親の生きがいになるかもしれないが、生きる意味や目的を持った母親の精神状態も生きがいである。これは、ヤマモト＝ミタニとウォールハーゲンの分類に似ており、英語の語法も同様である。英語では、purpose in life「人生の目的（精神状態）」、もしくはone's purpose is one's children「目的とは自分の子供である（精神状態でないことは明らか）」と言うことができる。[16] また神谷は、生きがいはその性質上非常に個人的なものであり、個々の人に価値体系を提供するものであるとも論じている。[17] 田口も、この言葉の非常に主観的で個人的な側面を強調している。生きがいとは、ある人にとっては仕事であり、ある人にとっては家族、休暇に行くとき、特別な夕食のときかもしれない。田ロは、生きがいの特徴は、ある活動をしているときに自分の人生には生きる価値があると感じるという「感情志向」の強さだと言う。この生きがいという実体のある感覚は、英語の"meaning in life"――彼には、より抽象的で概念的だと思われる――よりも具体的で地に足のついたものである。[18] さらに、この「感じる」という要素が生きがいを幸福感に密接に結びつける。これが示していることは、生きがいとは自分の人生にとって何が重要かについての認知理解であるだけにとどまらず、主観性の感情状態だということである。したがって、私は「生きがい」を「人生の目的」と翻訳するのが好ましいと思って使っているが、それが知的な観念というだけではなく、幸福感と密接に結びついて感じられる目的意識であることを強調しておくのは重要である。

ヤマモト＝ミタニとウォールハーゲンは、高齢の義理の両親を介護する日本人女性を対象に調査を行い、「生きがい」についてさまざまな回答があることを明らかにした。それは、伝統的な社会的役割を受け入れ、そこに自分の生きがいを見出すというものから（「介護と生きがいは、結局のところ、私にとっては……不可分なのです」）、より相反的な感情を持つ中間的位置にあるもの（「義母の世話をすることが私の生きがいだと信じなければなりません。そう信じなければ、虚しい気持ちになります」）、そして、自分の社会的役割が自己の抑圧であり、自分の生きがいであるべきではないという気持ち（「介護が私の生きがいだとしたら、本当に悲しいことです」）といった回答である。[19] ヤマモト＝ミタニとウォールハーゲンは、「日本女性の生活を支える道徳規範は、かなり大きな変容を遂げつつある……また、より欧米化した制度の導入も、自己、家族、ウェルビーイングについてのより個人主義的な考え方を後押ししてきた」と述べている。[20]

ヤマモト＝ミタニとウォールハーゲンの研究が示しているのは、言葉や概念の意味は変動するものであり、文化的、歴史的な文脈を踏まえて理解しなければならないという事実である。伝統的に生きがいは、男性は仕事、女性は家族や義理の両親の介護など、ジェンダー化された社会的役割と密接に結びついていた。今や生きがいは、頼るべき伝統的な社会的役割がない中で自分の存在意義を見出すために悪戦苦闘しなければならない多くの日本人にとって、ますます正解のない問題になってしまった。

マシューズは、強い生きがいの感覚は、自分が誰にも気づかれずに交換できるような名もないただの機械の歯車ではなく、必要とされ、不可欠な存在であるという気持ちと結びついていると指摘する。ここでも、生きがいが情動の主観的状態であることが示されており、「家族という生きがいは、仕事という生きがいよりも相反する感情を生みにくい傾向があった」ことが彼のインタビューによって明らかになった理由が分かる。[21]自殺サイト上の自殺志願者のコメントが例となって示しているのは、必要とされていると感じていないこと、必要とされていると感じたいという渇望、そしてそれに伴って、生きる理由が見いだせないということである。自分が会社の存続に必要不可欠な存在ではないことを自覚しているサラリーマンであっても、仕事に生きがいを感じ、それによって生きる理由を持つためには、自分が必要不可欠な存在であると思い込む必要がある。[22]しかしながら、自殺サイト上の自殺志願者のコメントからは、自分が必要不可欠だと感じられるような枠組み——仕事でも家族でも——には組み込まれていないことがうかがえる。

若い人には会社の中で明確な役割や責任ある役職がなく、自分の家族の中でもケア提供者としての立場が明確になっていない。マシューズは、若い人にとって生きがいは、こうしたネットワークに自己が組み込まれているから生まれるのではなく、将来の自己や、おそらく将来の関係ネットワークを期待することから生まれると述べている。[23]つまり、社会に組み込まれ、相互義務を果たし、必要とされていると感じさせるネットワークがまだ構築されていないときには、「(将来の)生きがいに対する期待」がある種の生きがいとして機能すると思われる。したがって、自殺サイトの訪問者たちに欠けているのは、この期待感である。それはすなわち、未来には生きるに値するものがあると明確に思い描けるということなのだ。

生きがいとは、個人的で、現実的で、感情志向で、移り変わりやすいものであると同時に、ライフステージにも大きく関係しているものである。[24] 生きがいは生きる意味と同じように、若いうちは探し求めるものかもしれないが、仕事や家庭を持つ大人になると、社会的な役割と強く結びつく傾向がある。生きがいと大人あるいは社会人としての社会的役割が密接に関係していることは、日本を対象とする人類学者によって広く観察されてきた。マシューズは、一九八九年から一九九〇年にかけて、北日本で二一歳から七八歳までの五二人を対象に、生きがいに関する詳細な聞き取り調査を行った。[25] その結果、二〇代は自分の生きがいは旅行やグルメなど現在の楽しみを追求することと答えた少数の例外を除いては、自分たちがどうなるかといった将来の夢だと答える人が大半であることが分かった。それとは反対に、三〇代、四〇代、五〇代の人々の生きがいは、「会社や家庭という標準的な型にうまくはまること」だという傾向があった。[26]

日本における生きがいや生きる意味の文脈をこのように補足説明することは、私が収集した学生の話のさまざまな側面や、私のインタビューの質問やトピックの選択を説明する際に役立つであろう。例えば、生きがいが年齢や社会的役割にどのような影響を受けるかについてマシューズが発見したことが、生きがいがより伝統的な日本の大人の規範に順応する前の大学生にインタビューしようと私が決めた要因の一つとなった。自殺サイトの訪問者の大半がそうであるように、大学生もまだおおむね親に頼っていて、未婚で、定職にも就いていない。したがって、彼らにとっての生きがいは、仕事や家庭に関する決められた社会的役割というよりも生きる意味に近いと思われる。

ミエ

カオリは、自殺の直接的な体験はないものの生きることがつらく、自分の人生には目的がないと感じていた。コウジは、兄が何度も自殺未遂を起こしたことを直接見聞きしている。カオリやコウジとは対照的に、ミエは自分自身が何度も自殺未遂をしたことがあると話してくれた。以下は、二〇歳の学生、ミエへのインタビューを要約したものである。

えっと。海外住んでたんですけど、ハワイで、六歳から一二歳、六年間住んでいて、それ以外は全部日本ですね。海外に住んでいたといっても、小さいころの話なので微妙で、「帰国子女」というわけではないです。

私が赤ちゃんの時、母は仏教、あの宗教団体「創価学会」に入信しました。母は私を創価学会に連れて行きましたが、私は宗教も神様も何も信じてないですね。

私は両親と実家で同居していて、自宅から大学に通っています。一人暮らしをしてみたいですね――いい経験になると思います。

良い死、悪い死とは何か？　う〜ん、状況によりますね。死に方じゃなくて、周りに人がいるかどうか、一人じゃないかどうか。例えば病院で死んでも、一人で死んだらそれは嫌な死に方だし、でも周りに家族とか友だちがいながら死ねたらいいと思うし、それで自分の死ぬところを見せて、相手を悲しませるっていうのはどうかなって思う人もいると思うし、だから一人で死ぬのもどうかと思うし。難しい。後は望んだかどうかですね。自殺とかやっぱり、私は馬鹿とは思わないんですね。だから馬鹿っていうより、追い込まれたからそう思っちゃったのかなって。うん、だから、自殺して死んだ事はやっぱり、まぁ、本当に状況的に、その状況から脱出できないならしょうがないって私は思っちゃうし、でも、避けたいですね。誰も死にたいって思いながら生まれて来るわけじゃない。

「悪い死」については、悪いっていうより、ただ悲しい。うん。不幸な死は、誰かに殺されたとか、かな。殺された、まぁ、自分が頼んだんなら別かもしれないんですけど、強制的っていうか、強引に殺されたか、それか何か、思い残しながら死んじゃったとか、あと何だろう。事故かな。やっぱさっき言ったように、誰も死にたいって思いながら生まれて来るわけじゃなく、どっかで追いつめられて、だからそうやって自殺する事は馬鹿だっていうのじゃなく、何が追い込んでいったのかっていうのが大事だなって思うし、で、やっぱりよっぽどじゃないと死にたいって思わないし。じゃあその人が弱いって事になる。でも、じゃあ何がその人を弱くしたのかっていう感じで。

確かに残す人の事を考えるとあれですけど、もう正直その人も、その人の事を考えていても、やっぱり苦しいって思うし。

実際私は、まぁ、自殺しようとした経験があるんですね。いつだったかなぁ。高校生かな。中高、中三、高一あたりですね。一五歳、一六歳でしたね。それは何となく自覚してたし、アメリカでいうと、just another teenage suicide（「ああ、また一〇代の自殺か」）ってよく言うじゃないですか。そう。だからその、自分にあてはまるのは自己嫌悪感あったけど、自分はそういう経験があるから、批判するのは、すごい hypocrite（偽善）だと思うし、うん。何て言うんだろう。やっぱり追いつめられてる記憶が。私もやっぱ親だとか親友だとか考えたけど、でもやっぱり苦しいって感じで。

自殺した時はあの何だろう、行動はちょっと覚えてないんですけど、一番最近っていうか、最後にやった事は覚えていて、なぜ、その追いつめられた状況は押しつぶしましたね、頭から。あんまり思い出せないように。思い出したら、何て言うんだろう。頭から思い出さないように、追い出して、何日かこうずっといたら、あんまり思い出せないようになって。ちょっと覚えてないですね。時々ちょっとハッて思い出したりするけど、あんまり。でも今になっても大丈夫ですね。思い出しても。昔は思い出したらちょっと、変って言うか、落ちるって言うか。

ただ何て言うんだろう。何て言うんだろう。何ヶ月ってくらいだったのに一年とか二年っていう気分でしたね。何か、そんなすごい長かった気分なんだけど、思い出して考えると、でもちゃんと考えると数ヶ月だけだったんだなって。

自殺が良い死に方だという場合は確かにありうると思います。あのやっぱり、ま、その人を救えるんならいいけど、例えば救いようのない人が、じゃあ苦しいのを一生抱えるのかっていうと、じゃあ私はそっちの方が残酷だと思うし、あの何て言うんだろう。私の場合は、その苦しいからだったんですけど、良い死ではなかったですね。なぜかっていうのは、自殺したかったのがなぜかっていうと、あの、仕返しだったんですね。

親に対しての仕返し。友達に対してはすごく申し訳ないと思ったんですけど、親に対してはすごく仕返しでしたね。一生苦しんでもらえるってことで。

何て言うんだろう、その、やむをえず環境が変わっちゃって、私は何もしてない。すごいいい子だったのに、てかまぁ、I don't deserve this（「何でこんな目に遭うの！」）って思ってて。すごい思ったのは、やっぱり子供は大人にすごい振り回されるだけなんだなってすごい思い。で、親も本当は全然悪くなかったんだけど、でも誰かを責めたいっていうのがあって、一番近くにいたのが親で、でもそんな責める自分が嫌いで、だからすごい自分が大嫌いで、でも、何だろう。でも親には、親っていうか、お母さんにはすごい憎しみに近い感情がやっぱりあって、親とかはやっぱり自殺とかには大反対で、だから自殺しないことは分かってたから、だから私が死んでもう一生、今後一生苦しんでもらおうと思って自殺未遂やってましたね。

それでも、手首を切るような方法はあえて選びませんでした。なぜかというと、手首切るのは確かに効果あるかもしれないけど、万が一生き延びたら証拠が残っちゃうっていうのがあって、そういうのはなぜか計画的に考えちゃって。

だから、手首を切ることには踏み切れませんでした。すごい考えますよ。人に見られるみたいな。そうそう。だから手首は切らなかった。それで死ぬ覚悟もなくやるなら、意味はないし、親にまたうるさく言われるだけだしって思ったから、確実に死にたいって思いました。そういう意味で、良い死ではなかったですね。復讐っていう。

当時でさえ、親のせいではないことは分かってました。でもその頃の自分、親が悪くないって分かってたし、ちゃんと奥底では親が悪くないって分かってたんだけど、でも誰かを責めたいって感じ。何て言うんだろう。ぶつけるものがなかった。本当は感覚的には、部屋のものをめちゃくちゃにしたい、投げつけたかったけど、でもできない。だからやっぱり自分を押しつぶすって感じで、何で自分はこんな目に遭わなきゃいけないのって感じで、ちょっと爆発したのが自殺未遂って感じですね。

それでどうしたかというと、薬を飲んだんです。睡眠薬のようなものは持ってなかったので、とりあえず手当たり次第、家にある薬を集めてそれを飲み込んで。相当すごかったですね。で、三回やったんですけど、その度に錠剤の量を足しましたね。

薬のせいで味覚が本当におかしくなって、ひどく吐き気もしましたが、それでも飲み込みました。意地になって、「どうでもいいや」と思いながら、どんどん薬を飲んでいきました。でも結局は生き延びてしまって、舌に残ったたくさんの薬の味がしばらくかなりのトラウマで。それ以来、風邪をひいても、頭が痛くても、なかなか薬を飲みにくいんですね、その味がもうヤバくて、もう薬を飲むと味がして、ちょっと吐き気がしてきて、そういうのはありましたね。体にちょっと薬に拒否反応がありましたね。

インターネット集団自殺に関しては、まぁ、何て言うんだろう。私は見てて、別にsympathy（同情）はないです。知らない人だから。だから友達とかだったらまた別だけど、知らない人で、その人が苦しいならしょうがないかなって。でもやっぱりグループでやるのは心細くないから、しかも共感できる人が多いから、今後どうなっても、今は平気なんじゃないかな。こう死ぬ瞬間は自分は一人じゃないって。friends（友人）とかは別で、同類みたいな感じ。だからまぁ、死にたいならいいんじゃないみたいな。

ただ人に合わせる（「自分がない」）だけで、心が空虚に感じるっていう体験はよく分かります。何か私、日本の高校行き始めて、私、高校の思い出って結構薄いんですね。結構無意味な時期だったなって思いますよね。やっぱ集団って感じで、ちょっと変わってると結構外れちゃって、それがウザくてしょうがなくて、面倒臭かったですね。

えっと何だっけ。その、「自分がない」っていうのは。自分がないっていうか、高校の時一時期自分を捨てましたね。

その、きつかった時期が、中学の頃に、そのきつかった理由がアメリカの学校から日本の学校に行かなきゃいけなくなった時で、で、えっと、そのswitchしろっていうのが分かったのは中学くらいで、中二の後半かな。で、中三の終わりくらいに日本の学校に行ったんですけど、やっぱ色々あって、で、高校に入ってから、何だろう。ある日、急に思いついたのが、本当に急に思いついたのが、私こんなに苦しんでるのは、もう気にしてるからなんだって思って。全てに対して。もう全て無関心になって、もう楽しい事だけ関心を持って、絵を書くのが好きなんですよ、自分。だから絵を描いたりしましたけど、でも何か将来の事とか、もうどうでもよくなったり、今だけ楽しめばいいやって。だから大学の事も考えるべきだったんだけど、考えずどうでもよくなって、今の大学に入ったのもそういう流れだったんですね。多分入った方がいいんだろうなって。でも入れなくても、別にいいやって。で、そういう意味では自分を捨てて、自分を失くしましたね。で、今そのせいで、自分を取り戻したいって思ってますし、今は。ちょっともう二〇歳になって時間がないっていう気持ちもあって。何か何だろう。この大学にいて、何とかなるだろうっていうのもずっとあったんですけど、二〇歳になってそんな事も言ってられないなって思って、何かI gotta take my life back（「自分の人生取り戻さなくちゃ」）って思いましたね。

高校の時は、周りの人、つまらない奴ばっかだな、薄っぺらい奴ばっかだなって思って。私は自分を失くさないために無関心になりましたね。要は、そうやって何か自分が思ってない事をやりすぎて自分を失くさないように、あえて壁を作った。線を引いたりして。そうですね。Core（自分の芯）を守るというかそうですね、期待しないようにしましたね。親にも周りにも。で、ある意味自分にも。

そうですね。ただどっちかっていうと空しかった。ただすごいmaterialistic（物欲の塊）になって、はい。洋服大好き、買い物大好き、お金あるといいみたいな感じで。それでよかったんですよ、しばらくは。それで楽しかったし、よかったし。でもいつからだったかな。何か空しくなるんだなって気がついて。すっごい買ってました。で、未だに、その着てないのとかちょくちょくあるんですけど、一種のストレス解消法だったんです。高校時代はずっとそうやって過ごしてきました。三年間です。

そして、高校二年の初めに、「無関心でいるだけでいいんだ」と思ったんです。そして大学に入ったんですが、やっぱり他人には何も期待しませんでしたし、人とのつながりを作るのが怖かったです。それは、親友が引っ越してしまったからでもあります。人とのつながりを作るのが怖くて、避けてしまうんです。でも、その姿勢に問題があると思うようになって。

友人と一緒にいるときが一番自分らしく、居心地がいいんです。友だちですね。一番仲いい友だち、そのすごい、辛かった時期に支えてくれてる親友が二人いました。自殺しようとした時も、その子たちを考えた時にすごい苦しくなって、何か本当に本当にごめんって思ったけど、特にすごい、一人、すごい支えになってくれてた子がいて、本当にお姉ちゃんだったんですね。ま、私より年下なんですけど、お姉ちゃんなんですね。で、その子も私の気持ちを何となく、私をすごく理解していて、でも時期のせいで、本当に数ヶ月の間に二、三回しか逢えなくて、でもその時逢った時、その子の家に行った時に、本当にお世話になって、もう本当に、何だろう。みんなで外にいる時、すごいわいわいして馬鹿してたんですけど、でもその子の家に行くと、何か自分をさらけだして、大泣きして、本当に何かちょっと壊れてる感じで。その子は私の全部を受け入れてくれたから、私を何も否定せずに、批判せずに、本当に包んでくれたから。未だにそういう気持ちですし、もしその子に何かあったら、私は守るつもりあるし、何か I won't do it twice（「自殺なんてもう二度としない」）だし。

そうですね。必要とされてるのは大事かな。自分は一人でいいっていう人はそれが強いんじゃなくて、楽なんですよね。自分だけだから。だから私はお母さんに何言っても、逆にそれが、それが、何て言うんだろう。むきになったりするし。逆に私はお母さんにすごい必要とされてて、自分の価値を分かっていたからこそ、自殺しようと思ったから。でも一方で、友だちも私を必要としているのを分かっているから、（自殺は）すごいやりにくかったですし。どっちが重要なんでしょう？　友人たちも母も私を必要としていたのに。

でも、友人とただ一緒にいるときというより、とりわけ目の前で誰かが泣いているときが一番必要とされている気がします。その人が泣いて来たら。泣くのって人によって違うんですよ。平気で人前で泣く人もいるし、でも、私の友だちはそうじゃなくて、人前で泣くのはすごく嫌なほうだから、その人が逆に私の前で泣くと、すごい必要とされてるなっていうのは実感できるし、で、私も嫌だし、すごい泣く事自体嫌だから、すごい嫌悪感を抱いちゃうんだけど、その友達の前ではすごいさらけだす。ある意味、私はあなたを必要としているんだよっていうのを、ちゃんと分かって欲しいから。でもそれがプレッシャーになるのもちょっと嫌で、すごく怖い。重いと思われたくない。そうするとあっちは私を包まなきゃって思うし、私もあっちを包まなきゃって本当に心から思うから、だからそのころはすごいお世話になってて、逆に私は、その子のためにあんまできなかったなって。すごいいっぱいいっぱいだったから。だからもしどっかいつか逢えるんなら、近くに住めるんなら、私は恩返ししたいし。

前は、買い物とかが生きがいでしたね。買い物とかお金。で、今でも人生八割はお金だって思ってるし、でも今の生きがいは、自分の人生を取り戻す事かな。今は目標があるからいいけど、昔は自分を捨てたって思ってて、生きがい失くして、生きがいない方が楽だから。放浪してるみたいで、楽だけど、それで目標がない、生きがいがない、どうでもいい。お金だけでいい。楽な生き方をする。生きがい捨てても、お金があればおいしいものが食べれる。かわいい服が着れる。

でも今はちゃんと目標を持っていて、自分の人生を取り戻したいからそれが生きがいになってる。後はいつかその、引っ越した友だちとかを、特にお世話をしてくれた子に逢ってないから、もし逢えたらすごいしてあげたい。でもどっちかというと、それはside（二番目の目標）で、今は自分の人生を何とかしようっていう。

両親の生きがいについては、正直、うちのお父さんはどっちかっていうと、家族を養う事で、家族を守る養う。で、お母さんも多分そっちで、お母さんの親戚、おばあちゃん、お母さんの近くにいるから、ま、おばあちゃんのために色々する。やっぱりそこには私が大きく入ってるのは未だに分かってるし、それはちょっと悪い言い方をすると、ちょっと重い。何か、もう自分の、今はまぁ、大学行って（学費）払ってもらってるから仕方ないけど、もう自分らのために生きてほしいっていうのがあって、もう卒業したら二二歳にもなって親の世話になるの、若干気分が悪いですね。だから私は正直、自分、子供欲しくないんですよ。子供を自分の生きがいにしたくない。私は自分のために生きたいから、だから子供を自分の生きがいにするのは良い事ではあるけれども、私は賛成できない。ちなみに、私は一人っ子です。

私は本当に、時折、自分の居場所がないと感じた事、ありましたね。辛かった時期。居場所はどっちかっていうと、親友。そのお世話になった子。でもあんまり近くにいなかったし、でも家は私の居場所じゃないし、学校も違うし、どっちかっていうとアメリカのベース。その軍の基地がどっちかっていうと、居場所で、でもあんま行けないから、居場所がなくて、で、やっぱり一番何か、寝る時、ベッドで、寝てるふりとかしてれば、誰も邪魔してこないし、話しかけてこないから、でもそれでやっぱり泣いたりしてたのと、その頃は居場所がないって思いました。今も、居場所は居場所なんですけど、やっぱり家は居場所だと思ってないですね、あんまり。学校は……まあ、一緒にいる人によりますね。自分らしくしていられて弱音を吐ける親友と一緒なら、学校は自分の居場所だと思えるんです。だから家ではなくどちらかというと学校が居場所ですね。でもその、ずっと学校にいられるわけじゃないし、社会に出たら私、また（居場所を）失くした気分になるだろうし、また多分買い物に走っちゃうと思うと怖いですね。

私は、自分の自己イメージと他人からの評価との間にはdisconnect（ズレ）があると思いますね。日本では他の人と違う行動を取ると目立ちやすいということを知っているので、それを意識して適当に合わせてふるまってます。そうしないと、やっかいなことになるし。私は、最も親しい人にしか本当の自分をさらけ出してないし、でもある程度、そのある程度しかみんなに見せてない。自分のほんの一部を見せているだけなんです。

生きづらいと感じること

アリソンは『不安定な日本』という著作の中で、日本人が近年、自国を苦しめていると感じている社会的、経済的問題の数々の特徴を述べ、それらの問題が漠然とした「不安定さ」の感覚につながっていると述べている。[27] 彼女は、最近の日本の多くの若者が「生きづらさ」に悩んでいると指摘している。「生きづらさ」は彼女の英訳では、"the hardship of living"、"the difficulty of living" である。[28] 日本の不安定な経済状況のせいで、日本の若者は将来への希望も楽観も失ってしまったと、彼女は主張している。[29] 生きがいや生きる意味と同様に、生きづらさという言葉には「生活」または「生きること」を意味する「生き」が含まれている。「づら」は日本語の「辛い」("difficult" または "hard") に由来し、「さ」は名詞を作る接尾語である。したがって、「生きづらさ」を直訳すると "the hardship of living"、"the difficulty of living"、または "finding it hard to live" となる。私はこのうち、英語圏の大学生が使いそうなものに一番近い最後の表現を使っている。

ミエもカオリもともに「生きづらさ」という言葉を使って——注目すべきことは、この言葉は私がどの質問にも使わなかったものだということである——生きづらいと感じることについて語った。語源から明らかなはずであるが、「生きづらさ」は、生きる価値または目的である「生きがい」がないところに生じる闇だと考えられる。実際、私が出会った生きる意味の無さを嘆く自殺サイトの訪問者たちは、さまざまな形で「生きづらさ」をはっきりと表現したり、ほのめかしたりしていた。

最後に掘り下げて考える価値がある言葉は、私がインタビューの中で使い、ミエが詳しく話してくれた「自分がない」という言葉である。「自分」の最も一般的な訳語は「自己」なので、日本学の学者の多くは、「自分がない」を「自己がない」と訳している。しかし、"I have no self" いう表現は英語では非常にまれなので、このような文字通りの訳は誤解を招きかねない。これは、人が完全に支配されている、あるいは目に見えなくなっていると感じているという意味で、あまりにも大げさに聞こえるか、あるいは、仏教の教義である「無我」のように、形而上学的、哲学的な響きになるかのどちらかである。

それに対して、「自分がない」はごく普通の日本語のフレーズであり、哲学的な意味合いも大げさな意味合いもない。「生きがい」と同様、英語にはそれにぴったりと対応する表現がないが、これは全く異質な概念だからというわけではない。むしろ、それは日本人が欧米諸国の英語圏の人たちよりも考えることがらなのである。日本をフィールドとする人類学者であるタキエ・スギヤマ＝レブラは、この用法における「自分」とは、社会的圧力に抵抗する能力のことであると述べている。[30]したがって、この解釈では、「自分がない」は、同調圧力を恐れずに立ち向かえない、立ち向かわないという意味になる。

確かに、これはこの表現の意味の一部を巧みに捉えているが、「自分」を持つということは、他人の意見に左右されず、自分の考え方、意見、好み、望みを持つということでもある。このフレーズの使い方を文脈の中で見ていけば、「自分がない」とは、自分の意見や好みを主張せず、他人の言動にただ従う傾向があることを指す表現であることが分かる。したがって、この言葉は自己の完全な欠如を意味するのではなく、むしろ自分の思考、意見、意志の独立を主張しないという意味である。このように理解すれば、この言葉は日本語を母国語としない読者にとってそれほど異質なものではないはずだと思われる。[31]

さらに他の学生たち

紙幅の都合上、ここで学生たちの話をすべて提供することはできないので、この節と次の節で、私がインタビューした他の学生たちが語った説明に役立つ言葉を簡潔に紹介することにする。ユリは二三歳の女子学生である。インタビューに現れた彼女は、気さくで明るい性格の持ち主のようだった。自殺についてどう思うか、自殺は「良い死」になりうると思うかと問うと、彼女はこのように言った。

私にとって生きがいはとても大切なものです。だから、大義のために、あるいは生きがいのために死ぬというのは、良い死に方だと思います。

私はまだ生きがいについて質問してもいなければ、その言葉を口にしてもいなかったので、驚いた。後に私がその質問をすると、それまで快活だった彼女の態度が一変し、真剣になり、不安そうにさえなった。彼女はこう言った。

生きがいというのはとても大事、大事ですね。まだ見つかってないけれど、何かある気がしちゃうんです。見つかるかどうか分からないのだから、そんなことを考えないほうが健全なのかもしれませんけど。でも、生きる意味や生きがいは大切だと思います。何をしていても、「これじゃない」といつも思うんです。

例えば、私は昔バスケットボールをやっていたんですが、それを始めたころでさえも「違う、これじゃない」と感じていました。そしてしばらく続けていても、その気持ちは消えなかった。書道の勉強も同じです。同じように、「何か違う」と感じました。何をやっても、何を始めても、どんなに努力を続けても、「何か違う、何か違う」って感じで。

だから、いつになったら「これだ」と思えるのかな。一生見つからなかったらどうしようかと思いますが、今も自分の生きる意味、生きがいを模索中なんですよ。

ハジメは二二歳の男子学生で、自分の意見をためらわずに述べた。初めてインタビューしたとき、彼はインターネット集団自殺には大反対だと言った。一緒に死んでくれる人を探すなんて「むかつく」と思ったそうだ。それよりは、他人を巻き込まず、自分だけで死んだほうがマシだと思ったのだった。その三カ月後、二回目のインタビューで、彼は『自殺クラブ』という小説を読んだばかりだと言った。小説の登場人物の一人について読んだことで見方が変わり、インターネット集団自殺に惹きつけられた人たちを責めることはできないと思うようになったと言う。このように、ミエは自分の体験に基づいて自殺志願者の一部の事例に共感することができたが、ハジメは自殺志願者の主観性を掘り下げたフィクション作品を読むことで、より大きな共感に至ることができたのである。私がインタビューした学生たちすべての中で、ハジメは生きがいと必要とされることを最も明確に結びつけていた。

普段の生活で生きがいっていうのを意識しながら生きているわけじゃないですけど、やっぱり人の役に立ちたいという思いは強くあります。

やはり、人に必要とされることが生きがいであり、生きる意味じゃないですか。

カナエは二七歳の学生だった。自殺について意見を求めると、うつ病を患っていたと言う。

うつ病が一般に認知される前のことだったから、以前からそういう状態だったみたいで、でも長い間、診断されなかったんです。それは、多分高校一年生くらいから始まってたと思うんですけど、結構長かったですね。当時それが薬で改善するものだとは思っていなかったし、自分がうつ病であるとか、そういった認識が全く無くて、私はこのまま壊れていって、そのうち自分で自分がコントロールできなくなるんだろうなと思っていました。三年経って、気がついたらもう高校が終わって卒業してて。

そうですね。生きがいというと、すごく強い言葉のような気がするんですけど、私はまだそこまでちょっと考えられないのですが、近い将来、遠い将来でも何かしら目標であるとか、後はそれをやっているると、とても自分の気持ちがいいとか、楽しいとか、そういった対象はとても大切なものかなとは思います。なぜかというと、やっぱり何かしらその、私の外に何かがないと、ちょっと自分を見失ってしまうので、それだけにのめり込むとまたちょっと、世界を見る視野が狭まったりするかもしれないんですが、でも何かしら自分の外に目標というか目的っていうか、目印っていうのかな。そういうものが私は欲しいなって思います。

二一歳の女子学生、サナエは、ユリと同じような反応だった。

はい、そうですね。生きがいはなきゃだめだなって思います。人は目的を持たなければならないと思いますし、目的なしには生きられないと思います。私は生きがいとか無いんですけど、人は生きる意味を見つけないといけないと思います。

生きる意味なんてないって言い切れる人はいるのかなって思います。私にとっての生きる意味とは何ですか?って聞かれたら、これですとは言えないんですけど、生きる意味はあると思いますね。

同じく二一歳の女子学生、エミはこう語る。

生きがいは、大事だと思います。ま、何でもけっこう無意味な事があんまり好きじゃないっていうか。例えば何か大変な事とか、これを乗り越えたら、とかそういう先を考えないとできないタイプなので。そういうやりがいのある仕事とか生きがいみたいなものがないと、生きていく希望が持てないかな。やりたい事とか、何かすごい迷ってる。やるからにはやりがいがある何か重要な仕事とか、自分の人生でなんとかできるようなこと、そういったことを探すつもりです。

学生インタビューと自殺サイト訪問者の比較

さて、インタビューした大学生の話のいくつかを見てきたところで、本章の冒頭で投げかけた問いに戻ろう。まず、自殺サイトの訪問者たちには「必要とされたい」、「生きる意味や生きがいを見出したい」という強い願いがあったが、大学生たちはどの程度そういう思いを抱いているのだろうか。

私がインタビューした二四人の学生のうち一八人が、生きる意味、生きがいをとても大切に思っていると回答している。実際、数名は生きがいなしに人は生きられない――目的のない人生には意味がない――と述べた。また、必要とされることが重要であるとの回答が圧倒的に多く、それは生きる意味や生きがいよりも重要である場合が多かった。さらに、必要とされることと生きがいや生きる意味を明確に結びつけている人も何名かいた。

ほとんどの学生が、必要とされることが大切だと言っていることに驚いた。「必要とされることが人生で一番大切なことだ」とか「必要とされることこそ生きる意味だ」と言う人もいれば、「他の人だって自分の代わりにやれるんだから、結局のところ自分は代わりがきく存在だ」と言って、必要とされることの現実にやや懐疑的な人もいた。しかしながら、懐疑的な学生さえも「自分が必要とされていると思えたらうれしい」とか「自分が必要とされていると信じて疑わない人がうらやましい」と私に言った。大学生たちの必要とされたいという思いの強さは、私が予想していた以上だった。多くの学生たちが、必要とされること、人間関係、人の役に立てることをする、人助けをすることが自分の生きがいだと言っていた。

生きる意味や生きがいを重要視しているかという質問に対しては大多数の学生が「はい」と即答したが、次の「あなたの生きる意味や生きがいは何ですか？」という質問には答える前に躊躇した。数人から、「生きる意味や生きがいとはどういう意味か？」」、特に「生きる意味とはどういう意味か？」という質問があった。生きる意味は生きがいに似ていて、人生の目的のようなものかもしれないし、人生において彼らにとって意味があるとか価値があると思うものかもしれず、あるいは何であれ自分にとって大切なものという意味だと私が説明したところ、この学生たちは質問に答えやすくなったようだ。

生きる意味、生きがいがあると答えた人は、生きる意味よりも生きがいという言葉を使う頻度が高い傾向にあった。一方、生きる意味も生きがいもないと答えた人は、関係性志向というよりも目標志向で、この二つの言葉を同じような意味で使っていた。

自殺サイト訪問者が生きる意味という言葉を多く使い、たいていは生きる意味がないという話をするのに対して、学生は生きる意味よりも生きがいという言葉を好んだ。生きる意味とは「どういう意味かよく分からない」とか「高邁で高尚な感じがする」という人もいたが、彼らにとって生きがいはかなり具体的で現実的なので、そちらのほうが話しやすいとのことだった。しかしながら、生きがいでさえも深刻な問題に聞こえるという人も少数いた。私は、自殺サイトの訪問者と生きる意味や生きがいをまだ持っていないと答えた学生には共通のパターンがあることに気づかざるをえなかった。それは、両者ともに生きる意味を強く求めつつ、生きがいという言葉をほとんど使わずに語るということだった。一方、生きる意味がある、生きがいがあると答えた学生は、生きる意味ではなく生きがいという言葉を使う傾向があった。

また、生きる意味や生きがいを重要視していない学生でも、幸せであることや楽しいことをすることなど、自分が生きていくうえで大切にしていることを話してくれた。このような価値観を生きがい、生きる意味と呼ぶのは、あまりに深刻で大げさで重く、あるいは煩わしく聞こえるので避けるのだそうだ。例えば、二四歳の女子学生、マユはこう答えている。

生きがいとか、生きる意味とか、そんな深刻なものは必要無いです。私は、自分が楽しいことをしたいから生きているって感じですね。私は食べることが大好きで、食べているときは生きている実感があります。何ですかね。これが私の生きがいですみたいなのは、そんなに一つの事を生きがいに私は生きられないわって。いろいろなことをしないで生きがいなどという一つのことにこだわっているのは、けっこうつまらないように思います。私にはそんなことできないんです。私にとって生きがいとは、物語を作るプロセスのように、自分の人生に意味を与えることです。

二〇歳の女子学生、アキコは、「生きがい。そうですね、今何が生きがいかって言われたら分からないっちゃ分からないんですけど、楽しい事があったらそれだけでいいかなって。楽しいとか笑っているその感覚だけで充分で、ま、死ぬ必要はないでしょっていう」と語った。

カオリだけが、生きがいや生きる意味の重要性を明確に否定した。死ねるものなら死んだほうがマシ、生きがいや生きる意味を持っている人がうらやましいと言った。彼女が生き続ける理由は、自分が死んだら両親が悲しむだろうということと、お金とたゆみない努力によって自分を育ててくれた両親への責任感だけだった。

このような重要な違いはあるものの、学生へのインタビューと自殺サイトの訪問者の投稿には、明らかな類似点がある。学生たちが繰り返し語ったのは生きがいの重要性であったが、その中にはほとんどの学生はまだそれを見つけてはいないという事実も含まれていた。ほとんどの学生が、その時点では自分の人生の具体的な目的をはっきりとは言えなかったが、それを見つけることが重要だと確かに考えており、人生のどこかの時点で自分の目的を見つけたいと望んでいた。実際、目的が一生見つからないかもしれないという不安も含め、彼らは生きがいについていくぶんか切羽詰まった気持ちを抱いているようだった。驚いたことに、何人かの学生が、死にたいと思う気持ちを防いでくれるものが必要だと率直に語った。

日常生活で困っていることをはっきりと言わない学生もいたが、「自分の居場所がない」と時に感じることがあると多くの学生が話してくれた。三人の学生が、「自分の人生のどこかの時点で生きづらさを感じたことがある」とはっきり語った。カナエは一〇代の頃からうつ病を患っていたと話してくれた。ミエは、何度も自殺未遂をしたと語った。カオリは、人生全般について悲観的な考えを示した。アキコは、幸せな気持ちがあれば死にたいとは思わないだろうと言った。また、生きがいも生きる意味もないと答えた学生たちは、この二つの言葉を同じ意味で使う傾向があることにも気づいた。一方、どちらかがあると答えた学生は、そのようなことはなかった。

多くの学生が、必要とされることの問題と生きがいおよび生きる意味の問題との間に強いつながりを見出していた。ハジメを含め、何人かはそのつながりを明確に述べている。ハジメは「やっぱり人の役に立ちたいという強い思いがあるんです……。結局、人に必要とされることが生きがいであり、生きる意味じゃないですか。」と述べた。また、それとなくつながりを述べる人もいた。彼らの生きがいとは、親しい人がいること、あるいは人助けをすることだった。二三歳の女子学生、アオイは次のように話している。「生きがい、とても大事だと思います。私の生きがいは周りの人たちなんで、人を助けるっていうか、助け合っていくことは、とても大事ですね」。

二一歳の女子学生、レイコは次のように話している。「生きがい、そうですね。生きがいかあ。何が生きがいってあまり考えたことはないんですけど、何だろう、やっぱりやることがある、やりたいことがある。……あと、やっぱり必要とされてるってことはかなり重要です」。アオイは、より強い口調で必要とされることの大切さを強調した。「他人に必要とされることは、ものすごく大切なことです。私にとっては、自分がもう誰からも必要とされなくなったら、生きる意味も生き続ける理由もなくなっちゃうって思う」。アキコはこう語った。「生きがい。そうですね、今何が生きがいかって言われたら分からないいっちゃ分からないんですけど、楽しいことがあったらそれだけでいいかなって。そうですね。楽しいとか笑っているその感覚だけで充分で、ま、死ぬ必要はないでしょっていう。そうですね。あとはまぁ、今やりたいことをやることが、生きがいや生きる意味につながるかも。これには他人から必要とされてるとか頼られてる、っていうその感覚が入ってて、そういう気持ちもけっこう生きがいにつながってると思います。親にちゃんと育てられてる、愛されてること自体が良いことで、だから死ぬことは許されないことだって思います」。

彼女は答えの最初の部分で、楽しければ十分と答えたが、続けて必要とされているという感覚も生きがいにつながると語った。

多くの学生は、自分の生きがいはシンプルで平凡で、それでもなお自分にとっては意味のあることに結びついていると、あえて控えめに言っていた。二一歳の女子学生、セイコが言った。「私の生きがいって何かなあ……もしかして家族や友だち？……大切な人がいること、些細で取るに足らないことが一番大事なのかもしれません」。同じく二一歳の女子学生、タカコが言った。「そうですね。そんな立派な事じゃないんですけど、やっぱりこう、誰かの役に立ちたいなって思いますね。……やっぱりそう。本当に小さいことでも、友だちの悩みとかも聞いてあげることだったり、こう代わりに何か面倒くさいことをやってあげることだったり、あとはやっぱり両親にすごくお世話になってるので、迷惑かけない。いつか恩返ししてあげたいなって思いますね」。

必要とされたいという欲求と生きる意味のなさをつなぐ

大学生へのインタビューから、必要とされたいという欲求と生きる意味のなさが関連しているのか、それとも、それらは孤独をもたらす二つの異なるタイプの心の痛みなのか、という疑問が浮かび上がった。前述したように、自殺サイト訪問者は、必要とされたいという強い欲求と生きる意味とを明確に結びつけてはいなかった。この二つは自殺サイトの訪問者が語る心の痛みの形として最も際立ったものであったが、訪問者がこの二つを明確に結びつけている例には出会わなかった。概して彼らは、生きる意味も生き続けるどんな理由もないことを嘆き、「生きる意味って何?」「なぜ私はこの世に生きているの?」といった問いを投げかけていた。それと同時に、誰からも必要とされていないことを嘆いていた。そういう人たちは、自分の生きる意味が分からないうえに、自分を必要とし、受け入れ、認め、愛してくれる人がいないという二重苦に陥っているように見えた。

その反面、大学生たち、特に生きる意味や生きがいがあると答えた大学生たちは、この二つの問題に興味深い相関関係を示した。彼らの多くにとって、「必要とされることが生きがいであり、生きる意味である」といった発言に見られるように、この二つは一体のものだったのだ。さらに、生きがいがあると答えた学生の大半が、人間関係や他人に必要とされることを重視していると答えている。しかしながら、生きがいや生きる意味を感じていない学生や、過去や現在に精神的な不調にひどく悩まされてきた学生の間では、この関連性は明確に語られなかった。彼らの回答は自殺サイト訪問者のそれにより近く、生きがいや生きる意味について、関係性志向ではなく、より抽象的で目標志向だった。

生きがいや生きる意味がないと答えた学生は、現在の生活への不満や思い悩みの徴候をさまざまなレベルで示していた。サナエやエミのような学生は、将来の目標があるという気がせず、物事に意味を見出せないことに耐えられなかった。それで彼らは、自分には生きがいがなくても、生きがいが重要であると感じていたのである。マユは、「生きがいや生きる意味なんて考えないほうが健全なのかもしれない。だって私には一生見つからないかもしれないから」と言った。生きがいや生きる意味の重要性を認めなかったカオリは、

「死ねるものなら死んだほうがマシ」と言いつつも、親に対する義務感で生き続けていた。過去に自殺未遂をしたことのあるミエは、自殺願望があったころはお金や服に頼っていて、生きがいを放棄する方が楽だったという。今の彼女の目的は、自分の人生を取り戻すことである。一〇代の頃からうつ病に悩まされていたカナエは、「生きがいというと、すごく強い言葉の気がするんですけど、私はまだそこまでちょっと考えられないのですが」と言う。しかしながら、目標を持つことは重要で、そうしないと自分を見失ってしまうかもしれないという思いがあったそうだ。

　上述したように、自殺サイトの訪問者は、生きる意味のなさ、生き続ける理由のなさ、そもそもなぜ自分は生まれてきたのだろうかとさえ思っていることをよく語っている。したがって、孤独、自殺願望、思い悩みを感じている人にとって、必要とされたいという欲求と生きる意味を求めていることとは別個の問題であると思われる。自殺サイトの訪問者にとっては、人生の意味は抽象的で高邁で、達成するのが難しいが価値のあるもののように思われた。思い悩んでいる学生たちの生きがいの捉え方は、自殺サイト訪問者の生きる意味、生きがいの捉え方に近く、すなわち、より抽象的な人生の目標に関わるものであった。

　一方、生きがいがあると感じている人は、生きがいを他人に必要とされることや人の役に立つことなど、関係性の強い意味合いで説明する傾向が見られた。このような人々にとって、必要とされたいという欲求と生きる意味を求める欲求は、相互に強く関連しており、あるいは一体となってさえいたのである。したがって、この二つの側面が異なるのか、関連するのか、同じなのか、という問いに関しては、「生きる意味や生きがいがある」と感じている学生では確かに相互に関連しているが、「まだ生きる意味や生きがいを探している」と感じている学生では別物として捉えられていると言って良いだろう。これが示唆していることは、生きがいや生きる意味を見出した人は人間関係の充実によってそれを見出したのに対し、見出していない人は、人間関係ではなく目標にそれを求めており、したがって、実際にはその目標が見つからなさそうなところでそれを求めているのかもしれないということである。

まとめると、大学生へのインタビューから得られた最も重要な発見は、彼らの生きがいや生きる意味は、人間関係に関わるものが非常に大きいということである。良好な人間関係を築いている人は、すでにある程度人生に満足しているため、生きがいがあると感じているか、生きがいを考える必要さえないようである。生きがいがあると答えた人は、「特別なものはない」、「生きがいについてあまり考えない」と答えることが多かったが、友人や家族、人助けなど、自分が大切にしている小さなこと、日常的なことがあると答えている。学生たちが挙げた自分や親の生きがいの例で繰り返し出てくるのが、相手を思いやること、責任を取ることだった。学生たちは、自分や兄弟をかわいがってくれる親や、困ったときに気にかけてくれる友人などを例として挙げていた。本章冒頭の『星の王子さま』の引用にあるように、周りに多くの人がいることよりも、たとえ一人（たった一輪のバラ）であっても、他人に責任を持つことを自分の意思で選択することが重要だと思われたのである。同じくその引用に絡めて言えば、学生たちには、そのような愛情の対象になりたい、つまり目ではなく心で見る内在的な価値のあるバラになりたいという憧れもあるようだった。

二四人の大学生の話を一人につき一時間から二時間、一日六時間から八時間も聞いていると、生きる意味を必死に探している人は、自分の人生に不満を持っているか、あるいは思い悩んでいるようにさえ見えるという思いが強まった。したがって、生きる意味を持つ<u>こと</u>と生きる意味を探す<u>こと</u>とは、分析に当たって区別しなければならない。生きる意味を探している人たちが、社会的なつながりを作り、あるいは自分の居場所があることや必要とされていることを実感できれば、彼らが生きる意味や生きがいを追い求める旅を満足して終えるのに強力な手助けになるかもしれない。

幸福、ウェルビーイング、意味づけ

これらの大学生のウェルビーイング、人生の意味、生きがいに関する意識は、ネオリベラル化した日本社会における幸福、ウェルビーイング、良い人生、意味づけに関する最近の日本を対象とした人類学と強く共鳴するものである。[32] 日本を対象とする人類学者であるヴォルフラム・マンゼンライターとバーバラ・ホルスは、日本における幸福、ウェルビーイング、良い人生に関する二冊の本を編纂した。その中で彼らは、二一世紀の日本が決して幸福な社会情勢ではないことを論じ、過労死、孤独死の増加の恐れや引きこもりなどの社会的病弊を具体的に指摘している。[33] 彼らは、日本には社会的な病弊があるにもかかわらず、日本人のさまざまなグループが幸福やウェルビーイングをどのように認識しているか――「不幸な日本で幸福を解明する」――を調査することによって、人生のポジティブな側面を探求することの重要性を述べている。[34]

この二〇年間で幸福とウェルビーイングに関する研究は大きく広がり、研究者たちは、苦しみや苦難そのものだけでなく、それらによって生じるポジティブな側面も考察している。ポジティブ心理学では主に個人レベルの幸福に焦点が当てられてきたが、国連の世界幸福度報告などの取り組みプランでは、一五〇カ国以上のデータを収集し、社会の幸福や主観的幸福感の測定可能な原因や条件を調査している。このような研究が示唆しているのは、信頼と社会的支援が、自己報告による人々の幸福度や人生に対する満足度を決定するにあたって大きな要因だということである。このように、社会的苦難や社会的不平等だけでなく生活体験のポジティブな側面を調べようとする変化は、最近の人類学にも影響を与えてきた。[35]

このような研究が増えているにもかかわらず、幸福の定義を一つにまとめることは困難である。人類学者のマシューズとキャロライン・イズキエルドは、「幸福は一つのものではなく、場所や社会、文化的背景によって意味が異なる」と指摘している。[36] とは言え、幸福やウェルビーイングは身体的、社会的、環境的な要因と密接に関係しているからこそ、文化を超えた特質がまったくないと見なすことはできない。最近注目されている幸福学が示唆していることは、幸福、ウェルビーイング、人生への満足は、情動的な要因（気持ちやポジティブな感情、ヘドニア hedonia）と、人間関係、生きる意味、心理的適応に関連する要因（エウダイモニア eudaimonia）の両方と関係している。[37] また、研究はつぎのようなことも示唆している。孤独と幸福は人間の普遍的な経験であり、本来社会的、文化的に形成されるものでありながら、両者は依然として個人の精神状態や主観的状態のレベルで主に扱われており、研究の方法論には、社会や文化の状況が孤独や幸福の主観的評価にどのように影響しているのかを検証する明確なものがない。[38]

マンゼンライターとホルトゥスは、「したがって、人間関係は生涯を通じたウェルビーイングの顕著な特徴である」と結論づけている。[39] 同様に、クリストファー・バンディは、日本の部落出身の若者のウェルビーイングに関する研究において、信頼、居場所、誇りがこれらの学生たちがウェルビーイングを感じるための重要な特徴であることを見出した。[40] 部落民は日本最大のマイノリティグループであり、今日に至るまで、日本において疎外され、差別されてきた長い歴史を持つ。マンゼンライターとホルトゥスの著書で研究されたさまざまなグループの全体を通して繰り返し頻繁に現れたテーマは、関係性と社会的ネットワークの重要な役割である。[41] 人類学者のハリー・ウォーカーとカヴェッジャは、「一般的に言って、他人とのつながりを最も感じられる時に人は最も幸せであると、デュルケーム以来の人類学者たちは認めている」と述べている。[42] このように、心理学者と人類学者による研究成果は、この点でゆるぎなく一致しているのである。

本章では、大学生の生きがいおよび生きる意味に焦点を当て、孤独な人生を回避するために何が良い人生につながると彼らは考え、何を大切にしているのかを探った。幸福やウェルビーイングに関する研究が、意味づけ、人間関係、社会的支援の重要性を指摘することが増えてきたが、今回集められた話は、これらの全ての要因のうち、情動的な面を提示したものである。インタビューに答えてくれた学生たちは、人間関係を持つことの大切さを語っただけでなく、必要とされていると感じること、実感することの大切さ、そして、必要とされず孤独を感じることへの不安を語った。彼らが意味について語った内容は、意味の存在や意味を認識する認知能力に関するものだけではなかった。自分が意味のある人生を送っていると感じることは、認識的に生きる意味を語ったり説明したりできることと同じくらい、もしくはもっと重要なのだ。

このような情動の優位性は、発達段階に応じて考慮するべきことを反映しているのかもしれない。例えば、経済学者のティム・ティーフェンバックとフローリアン・コールバッハは、日本の高齢者の孤独死への恐怖に関する研究で、「若者は孤独感に弱く、高齢者は社会的支援を重視している」ことを見出している[43]。とは言え、この意味と人間関係の情動的側面に注目すると分かることは、今が幸せであるという感覚としての幸せ（ヘドニア）と、人間関係と生きる意味が存在するという幸福（エウダイモニア）がまったく別の概念だと解釈すると、この分け方は誤解を招くおそれがあるということだと思う。生きる意味の有無、人間関係の有無、そしてこの主観的な経験が幸福や満足のいく生活の全体的な経験をどのように条件づけているのかについて、個々の人の主観性にさらなる注意を払うべきである。

目ではなく心でしか見ることができないもの、目には見えないが意味を与えてくれるものとは何だろうか。千のものの中から探して、そうするだけの価値のあるものが一つも見つからないのではなく、たった一輪のバラを見つけることができるようにしてくれるものは何だろうか。私が話した多くの大学生にとって、それは自分が誰かにとって大切であるということだった。しかしながら、彼らは、自分たちが社会にとって大切な存在になるとか生きがいを持つといった将来に対しての希望や楽観より、将来への疑念や不安を口にすることが多かったのである。さらに、ミエが自分の母のことを語ったように、人から必要とされることは、相互の共感や理解が伴わなければ負担になることもある。彼女にとって、人生で自分自身以上に意味を持ち、居場所だと感じられたのは、自分に共感してくれる友人たち、そしてその友人の前で恥じる事なく泣いて自分の脆さ、弱さを曝け出すことができたことだったのだ。次章では、このような相互性、人とのつながり、希望と孤独の関係というテーマと、それが地域社会全体というより大きな単位でどのように現れるのかを引き続き探っていくことにする。

第五章　三・一一東日本大震災を生き抜いて

人が孤独になることがあるのは知っているが、地域コミュニティが孤独になることはありうるのだろうか？

北米では、孤独やうつ、不安についての研究は個人を対象として行うことが非常に多いので、地域コミュニティレベルで孤独を感じていると考えるのは馴染みのない考え方のように思われるかもしれない。しかしながら、個人レベルで孤独を感じる要因――見てもらえない、気にかけてもらえない、忘れられる、無視されると感じること、つながりの喪失――を地域コミュニティ全体が経験する可能性がある。実際、疎外されたり抑圧されたりしてきた地域コミュニティの経験には、こうした孤独の特徴が多く見られる。したがって、孤独を個人レベルだけでなくコミュニティのレベルで研究することは理にかなっている。同様に、孤独や疎外に対処するために必要なレジリエンスを、個人レベルだけでなくコミュニティや社会レベルでも研究することが可能である。

孤独を個人の現象としてだけでなく、より大きなスケールで、つまり社会現象としてとらえることで多くの知見を得ることができる。本章では、二〇一一年三月一一日の自然災害と原子力災害（三・一一）の被災地である茨城県で実施したフィールドワークから、これらの災害とその余波が地域コミュニティに与えた影響について考察する。

日本の若い自殺サイト訪問者や大学生の中には、社会的孤立を体験している人や、社会的孤立を予期して大きな不安を抱えている人が見受けられる。茨城県をはじめとする三・一一の被災地に住む人々の場合、現実として物理的な孤立を強いられていた地域がある。これらの地域の人々は、家も故郷の街も仕事場も失った。友人や家族も失った。生活のすべてを奪われたのである。何千人もの人々が、一時的な避難所であるはずの場所に非常に長い期間、時には数年間も滞在することを強いられた。しかしながら、茨城県のような地域は大きな被害を受けたにもかかわらず、全国的に注目される主要な被災地として指定された地域には含まれていなかった。そのため、そこに住む人々の多くは、見てもらえない、見捨てられた、お門違いだとされる、気にかけてもらえない、と感じるようになったのである(1)。

故郷を追われ、家を失うという客観的、物理的な孤立は、他人に囲まれながら孤独な個人が感じる社会的な孤立よりも大きいのだろうか？　この二つの状態の違いと類似点は何だろうか？　また、孤独の経験に喪失はどのような役割を果たし、移住を強いられた事例にはどのような形の喪失が伴うのだろうか？　孤独や孤立は大規模な災害によるものだけでなく、友人や家族、配偶者、さらには子供を失うことによっても発生するので、これらの問いには広い範囲にわたる意味がある。こうした状況は、いずれも深い孤独をもたらす可能性があるのだ。

このような喪失は、個人のレベルであれ地域コミュニティのレベルであれ、悲しく、孤立させるようなものだというだけではない。トラウマやモラル傷害（moral injury）になることもある。トラウマになるのは、根本的なレベルで私たちの安心感が脅かされるからである。モラル傷害になるのは、何が正しくて何が期待されているかという感覚、つまり、公正で秩序があり、公平であるという生活観が踏みにじられるからである。トラウマとモラル傷害［訳注：心的外傷後ストレスの経験を拡大し、病的なものでなくするために作られた用語］は、どちらも人々や地域コミュニティを独りぼっちで孤立していて孤独だという気持ちにさせる。そのため、三・一一の悲劇が起こったとき、それが多くのメンタルヘルスの問題の引き金になるであろうことや、それに伴って生じかねない自殺の急増を、私を含め多くの人々が懸念した。しかしながら、災害の規模が大きかったにもかかわらず、自殺率が劇的に上昇したわけではなかった。むしろ、三・一一の影響を直接受けた人々の物語は、トラウマ、モラル傷害、疎外だけでなく、信じられないほどのレジリエンス、地域コミュニティの再創造と強化、逆境に直面したときの意味づけ、人間の絆、つながりの重要性など、より変化に富んだ複雑な状況を描いているのである。

三・一一の悲劇の広がりを見る

一日目——二〇一一年三月一一日

二〇一一年三月一一日の大災害の日、他の多くの海外在住の日本人と同様に、私が目を覚ました時には、友人、元教え子、同僚から、日本の地震のニュースを聞いたか、どうしているか、家族は無事か、などの大量の問い合わせのメールが来ていた。

私は早起きではないので、ジョージア州アトランタでは午前九時近くになっていたはずだ。すぐにベッドから起き上がり、テレビをつけ、ＣＮＮにチャンネルを合わせた。こうして私は、「三・一一」と呼ばれる東日本大震災、そして津波を間接的に目のあたりにし始めたのである。すぐに、被災地からわずか二五〇キロ程しか離れていない横浜に住む姉と弟、そして東京近郊の友人に電話をかけた。しかしながら、日本で大切な人に連絡を取ろうとしていた多くの人たちと同じように、誰とも連絡が取れなかった。地震で電話などの通信回線が遮断されていたのだ。

ようやく両親と連絡が取れた。両親は日本南部の鹿児島県に住んでいるので、電話回線は切れていなかった。両親は、やきもきしながら何時間も過ごした後、身内の安全を確認できたのである。なかには地下鉄や電車の運行が止まったために職場で一晩足止めを食らっていた人もいた。弟は、職場から徒歩で数時間かけて帰宅せざるをえなかったことが分かった。

この間、私は宙ぶらりんの状態だった。私にできることと言えば、東京の友人や同僚に連絡を取ろうとし、被害の少ない地域の親族から最新情報を聞くのを待つことしかなかった。自分が、一九九五年の阪神淡路大震災に大まかに基づく村上春樹の小説『神の子どもたちはみな踊る』の登場人物の一人になったような気がした。その人は、倒壊した病院や銀行、炎に包まれたショッピングセンターの現場を映し出すテレビのニュースに五日間も身動きもせず釘づけになっている。私も、福島の原子炉の最後の爆発が起きるまで少なくとも五日間はソニーの小さなテレビ画面に釘づけになった。私は、これほどまでに自分が無力だと感じたことはなかった。他の多くの日本人と同じように、災害の広がりによって私も身がすくんでしまっていたのである。

地震が発生したのは日本標準時間の午後二時四六分だった。マグニチュード九・〇の地震で、日本での観測史上最大であるだけでなく、観測史上四番目に強い地震であった。震源地は東北地方で、本州の東京の北に位置する。その大きさと威力は理解を超えたもので、地軸を明らかに分かるほどずらし、地球の一日の長さを永久に短くするほど巨大なものであった。その余震は一〇年以上経った今でも続いている。

大地震は、その発生から一五分も経たないうちに巨大津波を発生させた。その津波は東北地方の沿岸に押し寄せ、屹立する高い壁となった波に町全体が押し流された。最初の津波は、多くの人の命を奪った。第一波を逃れた人たちの中には、最悪の事態を脱したと思って貴重品を取りに行ったり家族を探しに家に戻ったりした人もいた。彼らは津波の第二波の犠牲者となった。そして、容赦なく津波の第三波が襲ってきた。この津波により、三四万人以上の避難民が発生し、地域全体で水、食料、医薬品、避難所などの深刻な不足が生じた。

午後三時二七分、最初の津波が福島第一原子力発電所を襲い、それが地震、津波に続く三つ目の災害を引き起こした。それから二〇分も経たないうちに、高さ一四メートルの二度目の津波が、まさにこのような事態から原発を守るはずの防潮堤を軽々と越えて施設に大きな被害をもたらした。当日の夜遅く、政府は原子力緊急事態を宣言し、原発から三キロメートル圏内の住民に避難を呼びかけた。第一原発一号機から一〇キロメートル圏内の住民には、屋内退避が要請された。一方、稼働中の原子炉は自動停止していたにもかかわらず、その後の津波により原子炉を冷却し続けるはずの非常用発電機が停止してしまった。

地震、津波、原子炉のメルトダウンという三連続の災害は、災害が発生した日付とその一〇年前に米国で起きた九月一一日の悲劇にはっきりと関連づけて、すぐに「三・一一」と呼ばれるようになった。しかしながら、この三つの災害はこれで終わりではなく、自然災害には必ず社会災害が伴うということのさらなる例になったに過ぎない。三・一一の三つの大災害の後には、国民の強制移住、救援活動の不手際、政府や電力会社に透明性が欠如していると感じられたこと、その結果日本社会から信頼が失なわれたこと、長引く除染作業（現在も継続中）のせいで多くの日本人派遣労働者が非常に高いレベルの放射能にさらされるといった一連の社会災害が実際に続いてしまったのである。

しかしながら、大きな逆境は、多くの場合さらに大きなレジリエンスを生み出すための試練の場でもある。三・一一の自然災害、原子力災害、社会災害は、被災地の人々が一丸となって悲劇的なできごとに対処し、失われたもののいくらかを再構築するのをさらに促すことにもつながった。その結果、多くの人々が、悲劇や強制移住、放置といった状況に直面しながらも、コミュニティや絆の重要性を意識するようになったのである。

二日目——二〇一一年三月一二日

翌日、各テレビ局は原子炉の上に白い煙がキノコ状の雲を作っている光景を映し出していた。記者たちは、福島原発の一基が爆発していると息せき切って語った。

日本人なら誰でも、広島・長崎の原爆の画像（象徴的なキノコ雲）は頭から離れない光景である。核兵器による大量虐殺というテーマやイメージは、『風の谷のナウシカ』、『AKIRA』、『エヴァンゲリオン』をはじめ、日本では数十年にわたり、おびただしい数の映画、アニメ作品、マンガ作品で重要な位置を占めてきた。(2) 私自身は、核兵器の危険性や広島・長崎の悲劇を二度と繰り返さないことの重要性を、数多くのドキュメンタリーや映画、歴史の本で繰り返し知らされて育った。これらのテレビ映像が日本人に与えたトラウマ的な影響を考えるにあたって、この文化史を思い起こすことは重要である。その影響とは、原子炉からモクモクと立ち昇る雲のような煙と、それに伴って何百万人もの人々が放射能の影響にさらされるのではないかという恐怖なのだ。実際、福島原発を日本への「三回目の原爆投下」と呼ぶまでに至った人もいるほどだ。(3)

その日の朝、政府は原子力緊急事態地域の範囲を拡大し、福島原発一号機から一〇キロメートル圏内の住民に避難を呼びかけた。数時間後には第二次原子力緊急事態宣言が発出され、福島原子力発電所二号機周辺の住民にも避難が呼びかけられた。午後九時四〇分、福島原発一号機の避難区域は二〇キロメートル圏に、福島原発二号機周辺の避難区域は一〇キロメートル圏に拡大された。

冷却不足により、二〇一一年三月一二日から三日間で一号機、二号機、三号機の三基の原子炉がメルトダウンし、水素爆発を起こした。テレビ局は、水素の大爆発の光景を繰り返し放映した。その後、二〇キロメートル圏外でも高いレベルの放射能が検出され、避難区域の距離の制限が批判されることになる。

この後数日間、自分がどれぐらい眠れたか分からない。三日目以降は、ひょっとすると報道から入ってくる圧倒的な情報量と、連日爆発を続ける福島原発の状況が不安定なままだったこともあってか、記憶が曖昧になっている。

三日目——二〇一一年三月一三日

政府は三月二五日、避難対象区域を二〇〜三〇キロメートル圏に拡大したが、あくまで勧告にとどめた。空中で高いレベルの放射能が検出され、それは北茨城、東京、千葉、神奈川などの地域へ南下していった。日本の人口の約三分の一、三九〇〇万人が住む首都圏は、福島原発から二四〇キロメートル弱、新幹線で八五分の距離にあるので、これは大きな懸念材料だった。強風が吹けば、その放射性物質は短時間のうちに東京に吹きつけられ、壊滅的な影響を与えるだろう。

その後、ニュースは震災がもたらした環境破壊の報道を含むものへと徐々に移っていった。三月二三日には、福島原発付近の海水から猛毒の放射性ヨウ素、セシウム、ルテニウム、テルルが検出されたことが報じられた。四月四日までには、二号機が高濃度の放射性物質を含んだ汚染水を海に流出させていることが明らかになった。大気や水、土壌の放射能汚染が次々と明らかになり、魚や農産物その他の食料への不安も出てきた。

大きな地震が起きた後、それより小さくてもやはり強い余震が起きることがよくある。三・一一以降、東京や東北の人々は、数ヶ月から数年にわたってこうした地震を頻繁に繰り返し経験し、多くの人々が再びトラウマを抱えた。

さらに悪いことに、多くの人が、政府と原子力発電所の責任を負う東京電力の判断と報告は、誠実さ、透明性、健全な判断に欠けていると感じた。日本では、政府に対する信頼という一般国民の態度が失われつつあるように見えた。原発事故の危険性に関する海外メディアの報道と日本のメディアの報道との乖離が、ますます明らかになった。日本の報道機関は、政府からの情報に基づいて報道し、震災の性質を実際よりも軽く扱っているように見えた。同様に、政府は非常に密接な関係にある東京電力からの情報に大きく依存していた。しかしながら、日本のメディアは数週間ごとに危険性の評価を修正し、海外メディアの報道との距離をだんだん縮めていった。

除染作業が長引くにつれ、東京電力は危険で放射能に汚染された福島の難局の対処をスキルのない貧困層の労働者に頼っていると海外メディアは報じた。『ニューヨーク・タイムズ』紙の報道によると、ある労働者向けのネット求人広告には、「仕事がない？　住むところがない？　行くところがない？　食べるものもない？　福島にいらっしゃい」と書かれていた[4]。そして、記事の続きはこうだった。「契約労働者の作業員たちは、原発の浄水システムの大幅に遅れていた更新作業の一環として、ホースやバルブを取り外すために派遣された。東京電力が原子力規制庁に提出した書類によると、作業チームは責任者からわずか二〇分間の簡単な説明を受けただけで、修理するシステムの図面もなく、安全手順の確認もされなかった。ある原発の元責任者は、この状況を「おぞましい」と言った。さらに悪いことに、作業員たちは、取り外そうとするホースの近くにあるホースに放射性セシウムが混入した水が満杯に溜まっていることを警告されなかった[5]」。かくして、全国民が災害そのものによってトラウマを被っただけでなく、モラル傷害の状態をも体験したのである。それは、政治や企業の利害関係によって、窮状にある人々に救援や保護を提供しようとする活動が台無しにされているのを目の当たりにしたからだった。

同時に、原発事故による放射性降下物という国家的、国際的危機にかき消され、地震と津波の被災者は忘れ去られつつあった。いったん原子炉が爆発し始めると、報道はほぼ完全に彼らから遠ざかった。彼らは在になってしまったのである。

三・一一の最初の、そして最も直接的な被害者であったにもかかわらず、数日のうちにすでに無視される存在になってしまったのである。

二〇一八年現在、三・一一災害の公式死者数は一万五八九五人、行方不明者二五三九人、負傷者六一五六人である。[6] 二〇一四年には、三・一一後の避難、転居者は四〇万人以上と報告されていた。[7] 二〇一八年現在、まだ五万八〇〇〇人以上の避難者が残っている。[8] これらの数が少ないのは、公式には避難指示区域に分類されていないにもかかわらず、極めて高いレベルの放射性セシウムが検出された地域から自主的に避難した人々が含まれていないからである。三・一一の被災者のほとんどは仮設住宅に移され、故郷に帰れるかどうかも分からず、それまでの間にどこに送られるかも分からないという将来の見通しの暗さに直面した。その結果、震災とその後の原発危機は、経済的損失、人道的危機、環境問題を引き起こしただけでなく、メンタルヘルスの問題も大規模にわたって引き起こしたのである。

沈みゆくボート

米国などの大きな国に住んでいる人には、日本の地理的な規模の小ささや住民の島国らしい考え方はなかなか理解できないかもしれない。近年カリフォルニアを苦しめてきた恐ろしい森林火災のような災害が起きると、東海岸や南部の人たちは同情し、心配する。しかしながら、自分が被災地の出身者であるか親族などが被災地にいるのでない限り、その災害が身につまされると感じることはあまりないようである。なにしろ、ボストンからロサンゼルスまでの距離は約四八二七キロメートルで、ロンドンからモスクワまでの距離の二倍近くもある。しかしながら、前述のように福島は東京から新幹線で八五分、わずか二四〇キロメートルしか離れていない。これは、私の住むジョージア州アトランタから約四〇〇キロメートル離れたジョージア州サバンナ市までの距離よりはるかに短いのだ。実際、ジョージア州の面積は約九万六五四〇平方キロメートルで、日本の本州全体は約二三万五〇〇〇平方キロメートルである。三・一一の震災は、日本全国どこにいても、遠い地方のできごととしてではなく、その場にいるような緊迫感を伴って感じられるものだった。

私の同僚が、この状況を効果的に伝えるのに良いたとえを提供してくれた。それは、日本は一艘のボートのようなものだというたとえだ。もし、ボートの片側で水漏れが起きて中に水が流れ込んできたら、ボートの反対側にいる人たちは、気の毒に思いながら無言でそれを見つめ、それから自分の生活を続けることはできない。どこかに水漏れがあれば、ボート全体が沈むことになる。

これは非常にうまいたとえである。米国は、いろいろな意味で分散しており、地理的に広大で国民のライフスタイルや意見も多様であるが、日本は海に囲まれた小さな島々である。また、日本が小さく感じられるのは、行政、メディア、言語などの面で中央集権的でまとまりが強いためでもある。ある地域で何かが起これば、その影響は他の地域にも直接、即座に及ぶ。何かが流行になれば、それは一気に日本中に伝播する。何か重要なことが起きると、それが全国に知れ渡る。そして、災害が発生すると、その影響を誰もが警戒しがちである。農業に依存する島々から成る社会では、人々は団結し、集団で考え、行動しなければ生き残れないと感じている。私たちはたまたま同じ社会にいるだけの独立した個々の人間だという考え方は、日本ではあまり顕著ではない。

これは、日本には多様性が無いということではない。ただ、人間として、社会的動物として当然のことながら、私たちは、規模、近接性、即時性に影響されるのである。これは私たちが脅威や危険をどのように経験するかを考えるときに、特に当てはまる。

三・一一の直後は、日本というボートが揺さぶられている、もしかしたらゆっくり沈んでさえいるのではないかという感覚が強かった。優れたリーダーシップの欠如、信頼と透明性の欠如、そして優れた意思決定の欠如があったように思われる。長引く不況で日本社会はすでに「不安定な」状態にあり、終身雇用の伝統は、手当も雇用保障もない非正規労働者というネオリベラル体制に移行していった。(9) 日本には、自然界と人間社会の世界は別物ではなく切り離せないという感覚がある。自然災害は、社会を襲う災害と全く別のものであるとは捉えられていない。むしろ自然災害は、国が経済的、社会的な困難の中にあるという感覚、日本が地理的、自然的、社会的、政治的実体としてうまくいっていないという感覚を強めてしまうのである。

被災地の調査

三・一一の後、私を含む多くの研究者が被災地を訪れたいと望んだ。私は、これらの地域の人々がどのような影響を受けたのか、彼らのメンタルヘルスやウェルビーイングの状態はどうなのか、彼らが目のあたりにした恐ろしいできごとや失ったものすべてにどのように折り合いをつけているのかを知りたかったのである。割り当てられた仮設住宅のコミュニティで孤立を強いられている人たちは、どのような体験をしていたのだろうか？　孤独、生きる意味、心のウェルビーイングに関して、私が研究している他のグループとの共通点を見出すことができるだろうか？

しかしながら、被災地を訪問することは困難であった。三・一一以前、日本を襲った最大の自然災害は一九九五年の阪神淡路大震災であり、六四三四人の尊い命が失われた。あの震災で生き残った人たちは重度のＰＴＳＤ（心的外傷後ストレス障害）に苦しんだので、三・一一の直後から被災地でのメンタルヘルスサービスの必要性があるだろうと認識されていたのである。とは言うものの、阪神淡路大震災の直後の時期には、調査やメンタルヘルスケアに関するガイドラインや保護が不十分だったため、被災者の多くが、外部の人間が来ても実際には何の役にも立っていないと感じるという嫌な体験を数多くするはめになった。それゆえ、三・一一の後、研究者や医療関係者の来訪は、被災者の心を再び傷つけ、益となるよりも害となるかもしれないことが強く懸念されていた。ラルフ・モーラが指摘したように、「日本では、医療従事者が被災者にすぐにカウンセリングを行うことは、その人のリスクを高めるかもしれないと感じられ、敬遠された」(10)。これは、三・一一から数年経っても変わらなかった。

このような理由から、三・一一直後に積極的にインタビューの相手を募集したり探したりすることは適切ではないだろうと私は判断したのである。その代わりに、適切な方法で対面のフィールドワークを行う機会が訪れるまでは、三・一一の被災者の声が掲載されている学術論文、雑誌記事、テレビニュース、書籍などに集中的に取り組んだ。また、三・一一の被災者のために開催された、誰でも参加できる活動や集まりにも参加した。二〇一一年六月から二〇一二年一月までの数ヶ月間、東京でこのような活動を行った。この間にインタビューしたのは、このような集まりの一つに参加したことがあり、自分の話を語りたいと自ら申し出てくれた一人だけである。

また、とある神奈川県のボランティア団体を訪問し、阪神淡路大震災の被災者と三・一一の被災者の両方を長期にわたって支援した経験を持つボランティアコーディネーターにインタビューを行った。さらに、国立精神・神経医療研究センター（NCNP）で、被災地を訪問してメンタルヘルスケアに携わっている専門家の方々とも面談した。

NCNPのある同僚の推薦で、三・一一の被災者である茨城大学心理学科教授の伊藤哲司博士をはじめとする心理学者を中心とした研究者グループとつながりができた。このグループは、二〇一一年一〇月八日から一〇日までの三日間、福島第一原発からほど近い北茨城の仮設住宅への一日訪問を含む三・一一に関するワークショップを開催した。また、この旅では、三・一一を体験した現地の人たちとの交流や視察も数多く行った。伊藤博士が三・一一の被災者であり、かつ地元の人だという立場にあったので、通常ではありそうもないことなのだが、このグループは茨城の地域コミュニティに接触することができた。そのため、私は被災地のいくつかを訪問する貴重な機会を得ることができた。

社会から不可視化されているゾーン

北茨城は、福島県南部に隣接し、原子炉からわずか六四キロメートルしか離れていない。この地域は地震と津波で大きな被害を受け、特に沿岸部は津波の被害を受けた（**写真1―3**参照）。

写真1　三・一一から七カ月後の二〇一一年一〇月一〇日、北茨木市（写真提供八ッ塚一郎）。

写真2　三・一一から七カ月後の二〇一一年一〇月一〇日、北茨木市（写真提供八ッ塚一郎）。

この被災者グループとの三日間の地震、津波、原発事故に関するワークショップは、北部ではなく沿岸部の真ん中にある茨木市で開催された。主催者は、地元に新しくできた旅館の若き経営者であるマツダさんだった。彼のこぢんまりした旅館は、日本の伝統的なスタイルと優雅さ、そして高級な佇まいで私を驚かせた。海を見渡せる温泉と畳敷きの伝統的な客室があり、ワークショップの場所として私が予想していたものとはまったく違っていた。

到着すると、マツダさんが自ら出迎えてくれた。彼の話では、この宿は三・一一の直前に開業していたが、震災後は繁盛していなかったという。もはや茨城を訪れたい人がいなくなってしまったのだ。

写真3　三・一一から七カ月後の二〇一一年一〇月一〇日、北茨木市（写真提供八ッ塚一郎）。

このワークショップは、三・一一を対象とする質的心理学震災ワーキンググループが主催したものである。そのワーキンググループは、さまざまな大学の心理学者を中心とした一一人の研究者と日本のNCNPで構成されていた。そのワークショップは、これまで誤ってひとくくりにされてきたいわゆる被災地間の格差の問題を取り上げることから始まった。参加者の多くは厚生労働省の支援団体による救援活動を体験しており、支援団体の配分が地域によって偏っていることを認識していた。特定の地域が大きな被害を受けたと認識されるようになる。するとマスコミはその地域を大きく報道し、突然その地域には行政やボランティアベースの支援が高度に集中することになる。一方、同レベルの被害を受けた他の地域は、気づかれず、無視され、見えないものとされてしまうのだった。

ワークショップに参加した地元の人たちは口をそろえて、政府やメディア、地域のボランティア支援団体から無視されていると感じていると述べた。ある商店主は不満をあらわにした。

同じ被災地と言っても、福島、宮城、岩手などと茨城の間には非常に大きな格差があることは誰もが感じていることです。茨城県、特に北茨城の人々は今、広がり続ける格差（ハサミ状格差）に苦しんでいます。復興への道を歩んでいる他の地域とは違い、私たちはいまだにどん底から抜け出せず、もがいています。茨城は、政府やメディアから財政支援が必要な地域だとはほとんど認識されていません。そのため、他の地域と比べて物質的な支援はほとんど受けていないのです。地震と津波に加えて、このような二次被害が発生しているのです！

宿の主人のマツダさんも懸念を表明した。

マスコミは、茨城のことを福島原発に近いから危ないとか、悪いニュースばかり流します。街はずいぶんきれいになったのに、観光客が減ってしまいました。私たちのような観光業を営む者は、窮地に立たされています。でも、それは風評被害にほかならないのです。

マツダさんは、マスコミの茨城に関する報道のしかたに打ちのめされたと言い、こんな例を挙げてくれた。

この市の海開きの日、天候が悪かったんです。霧雨が降って寒かった。だから、海開きのために出てきた人はほとんどいませんでした。でも、マスコミはその後、放射能を恐れて誰も私たちの地元の海岸に出てこなかったと報道したのです。それは、まったく事実とは異なります！マスコミは、こんな真実のない無責任な報道をやめるべきです。私たちの市は地震と津波から急速に復興していますが、そのことを伝えてもマスコミは魅力を感じないのです。だから、私たちの現実の姿を歪めて伝えているのです。

阪神淡路大震災の後に支援活動に携わったある参加者は、こう語った。

私たちの支援グループは、阪神淡路大震災の経験から、語ることが復興プロセスにおいて重要な役割を果たすことを学びました。この震災で被災された方々の多くは、自分たちの物語を語ることで心が癒されたようです。また、笑いはメンタルヘルスを前向きに保つためにとても重要でした。関西（大阪、神戸）の人々は、ユーモアのセンスがあるということで有名です。笑いと物語、この二つが復興成功の柱となりました。そのような教訓を学んでいたので、神戸にいたメンバーが、宮城、岩手、福島の東北地方の人たちに手を差し伸べました。でも、東北の人はあまりしゃべらないということが分かりました！東北の人はしゃべらない、無口だというのは有名な話ですが、本当にその通りです。だから、私たちは彼らに自分の話をするように促し続けたのですが、それは大失敗でした。それに、彼らは笑ってもくれませんでした。

このように、他ではうまく行ったメンタルヘルス支援団体の手法の中には、地域文化の違いによって、うまくいかないものがあった。当時NCNPの研究員であった心理学者の川野健治博士は、「被災地の中には「こころのケア」の支援団体であふれているところがあり、被災者たちは見知らぬ人に「どちらの支援団体の方ですか?」と挨拶したものです」と述べて、この考えの説得力を強めた。彼によれば、支援団体が被災者に歓迎されることはほとんどなく、むしろ、タバコや飲み物を無料でくれる訪問者の方が、地元の人々にはずっと好まれたそうだ。(11)

議論が進むにつれ、「ハサミ状格差」という言葉が何度か出てきた。文字通りには「ハサミのような形の格差」という意味で、三・一一以降、うまくいっている地域コミュニティとそうでない地域コミュニティの格差が広がっていることを指している。三・一一で被災した多くの地域コミュニティが、それぞれ同じ条件で復興を開始した。今では順調に復興しつつあり、十分な支援を受けながら、それによってゆっくりと回復している地域コミュニティもあった。一方、無視され、放置されている地域コミュニティもあった。このように不可視のものとされた地域コミュニティは、以前と大して変わらずに苦労しており、場合によっては負のスパイラルに巻き込まれて沈滞していることもあった。スタート地点は同じだったのに、時間とともに両者の復興の軌跡の差はどんどん広がっていき、ハサミのような形のグラフになった。

人類学者のジョアオ・ビールは、「社会的棄民ゾーン」という言葉を用いて、見捨てられた高齢者や病人を家族から遠ざけ、孤立させ、独りぼっちにさせて収容する施設について論じている。(12) この言葉を当てはめると、北茨城のような地域は「社会から不可視化されたゾーン」であったと言えるだろう。

写真4　北茨城の仮設住宅団地（写真提供八ッ塚一郎）。

取り残された人々との出会い

いよいよ私たちのグループが北茨城の仮設住宅を訪問する日がやってきた。このコミュニティは、自然災害で故郷を追われた人たちが一般の住民と一緒に暮らす団地という珍しいものだった。この建物は取り壊しが決まっていた古い建物であったため、災害時には一四世帯しか残っておらず、比較的空いている状態だった（写真4参照）。震災のせいで、さらに一〇七世帯がそこに入居した。この団地は九六世帯を収容できるようにしか設計されていなかったため、その当時は収容能力を超えて運営されていた。

この団地は人里離れた場所にあり、店や駅からも遠い。家だけでなく車や交通手段も失った被災者にとっては、とても理想的な場所とは言えなかった。避難してきた人たちは、もっと便利なところ、駅に近いところに住みたいと強く願っていたが、そういうところは利用できなかった。しかも、いつ故郷の地域に帰れるかまったく見通しが立たなかったのである。

団地の住民が避難民だけでなかったことは、一体感やつながりを築くうえで障害となった。そこで、避難民同士の集まりやグループ活動の場として、当地の団体が作られた。これは団地住民の四分の一弱にすぎない四三人のメンバーで構成されていた。

私たちは、団体の会議のために作られた平屋建ての小さな建物で住民の方々と会った。そこで私たちを迎えてくれたのは、この会の代表であり、地元のＮＰＯの理事長でもあるフジワラさんだった。[13] 彼は、この仮設住宅コミュニティを訪れ、支援するようになってからリーダーのような存在になっていた。私たちが到着したとき、その場にいたのはフジワラさん一人だった。集会所は小さかったが居心地が良く、会議室に隣接して小さなキッチンがあった（**写真5**参照）。長テーブルをいくつか集めて大きなテーブルスペースが作られており、それを囲むように座ることができた。

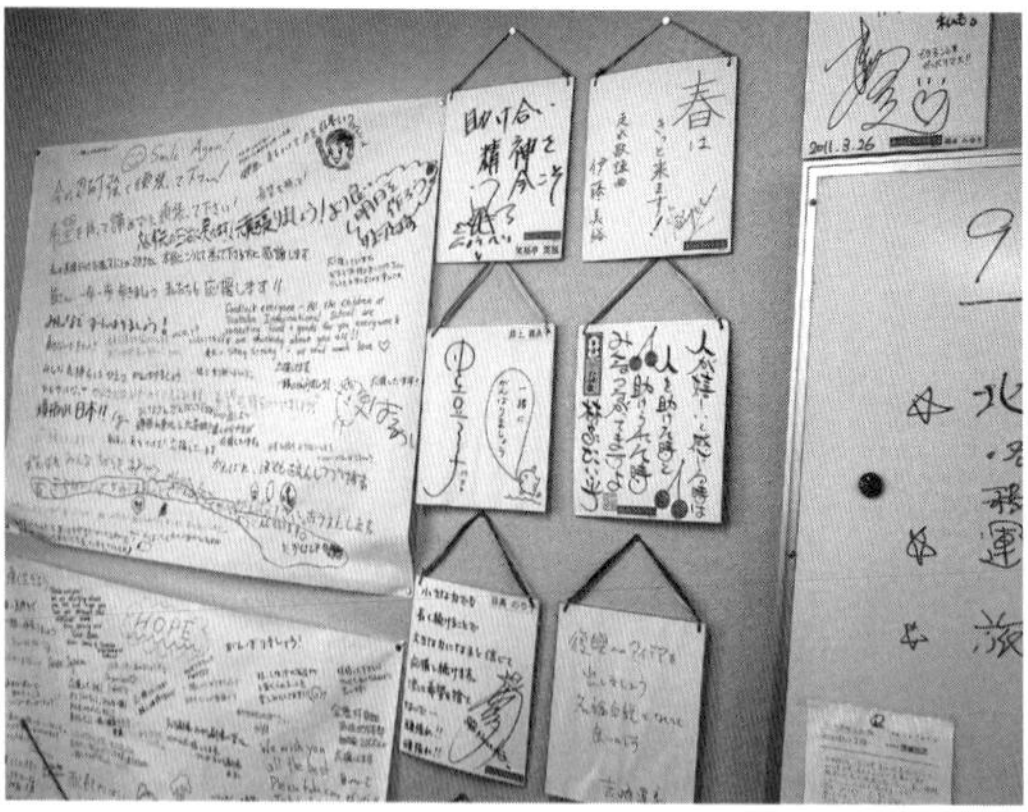

写真5　地域コミュニティの会議室の掲示板に掲げられた励ましの言葉（写真提供八ッ塚一郎）。

フジワラさんは、三・一一直後にも支援を行っていたが、二〇一一年六月一日から定期的にコミュニティの訪問を始めていた。自己紹介の後、会議の音声を録音してもよいかと尋ねると、彼はかなり率直にこう言った。

大変ぶしつけな言い方で申し訳ありませんが、私たちはどうしても学界や学者に対して少し距離を感じてしまいます。もう何度もそのような訪問を受けました。茨城大学からも多くの方が訪れています。NHKは、すでに二回も私たちの苦況を報道してくれましたし、茨城新聞にも載りましたし、茨城大学のニュースにも出ました。ですから私たちのコミュニティは、確かにいくらかはメディアの注目を集めているんです。ですが、皆さんは私たちに何をしてくださるのでしょうか?

伊藤先生は、現状をもっと知りたい、そしてコミュニティにはどのような支援が必要なのかを知りたい旨を伝えた。それに対して、フジワラさんはこう返答した。

やっぱり、絆やコミュニティの構築が一番必要だと思いました。そこで私は考えました。ここにいる人たちの間で、どんなつながりができるだろうか? そして、みんなに共通しているのは、三・一一の震災、津波、原発事故を体験していることです。だから、地震と津波の話をしようと思いました。でも、そうしてみてもグループの絆が構築されていないような気がしたんです……それならば、ひょっとして放射能の話をした方がいいんじゃないかと思いました。この場所は福島第一原発からわずか八五キロメートルしか離れていませんし、北茨城では七〇キロメートルしか離れていない地域もあります。それで、ついに私たちの間で絆の意識が築かれた感じが確かにしたんです。

七月になると、地域コミュニティが夏祭りを開催した。孤独死を防ぐために、お互いに気を配るように努めていたのである。また、熱中症対策には特に配慮した。仮設住宅の環境はお世辞にも良いとは言えず、夏は蒸し暑く、冬は凍えそうに寒くなることが多かった。さらに、三・一一の直後には、政府や東京電力は全国民に節電を強く呼びかけ、日本中の建物で夏場の冷房が弱められたり消されたりした。仮設住宅は十分な断熱がされていることはめったになく屋根も薄いため、過熱しやすいのだ。

フジワラさんは言葉を続け、自分も地元の人も興味本位で来る訪問者はどちらかと言えば歓迎しないと強調した。

たくさんの訪問者が来てくれたので、これ以上は必要ないでしょう。それに、私たちはいつまでも被害者のままではありません。同じ境遇の者同士ですから、ともに全力を尽して頑張ることができるのです。みんなお互いに助け合おうという姿勢を持っています。野菜を育てて売るなど、コミュニティ・ビジネスを始めるようなことも考えました。

この話を聞いて、福島から八〇キロメートル圏内で栽培された野菜の安全性を、他の地域の人たちはどう捉えるのだろうかという疑問が頭に浮かんだ。集会所の外を見ると、マスクをした小学生ぐらいの子どもたちが自転車に乗っているのが見えた。三・一一後の七年間で、福島周辺の二〇〇人以上の子供たちが甲状腺がんと診断された(14)。これらの要素は、この地域の三・一一の被災者が直面している課題の複雑さを象徴している。

窓から子供たちを見ていると、いくぶんおどおどと遠慮がちに数人の女性が現れた。まず、三〇代から六〇代までの女性四人が入ってきて座った。四人のうち三人は大きなマスクをしていた。彼女たちは、気さくなおしゃべり好きにも陽気にも見えなかった。それに、鼻と口を完全に覆ったマスクをつけているので、表情も読み取りにくかった。

フジワラさんは、「今日は一体どうして皆さんマスクをしていらっしゃるんですか？　顔がほとんど見えないじゃないですか！」と、軽口をたたくように明るく言った。彼女たちからは少し固く緊張したムードが感じられ、私たちのグループが受け入れられているのかどうか不安な気持ちになった。風邪を引いていて、人にうつしたくないからマスクをしているという女性も何人かいた。フジワラさんが話を続けている間、彼女たちは黙って座っていた。やがて、もう二人の女性が加わった。

次にフジワラさんは、政府の個人情報保護政策に話題を移した。そのせいで、彼にも仮設住宅コミュニティの住民の個人情報をすべて把握することはできなかったのだ。自然災害の被災者の中には、被災者専用の住宅に転居させられた人々もいた。そういう人たちは、お互いにつながりやすかったのである。しかし、被災者以外の人も混在する団地に転居させられた被災者もいた。彼らには誰が被災者なのかも分からず、個人情報保護の法規のせいで知ることもできなかったのだ。

フジワラさんが、再び「ボランティアは助けになるというより煩わしいことが多い」と話し始めると、女性たちが口を開き始めた。彼女たちが受けた「こころのケア」の支援は、玉石混交だった。ボランティアの中には、被災者が歓迎しなかった人、あるいはどうしても歓迎できなかった人もいた。仮設住宅で被災者と一緒に暮らせると思いこんでやって来た人もいたが、すでに住宅は満杯で、それは無理だった。先日、ある組織から「メンタルケアのために一三〇人のボランティアを派遣したい」という案内があったそうである。「迷惑な話でした。どうしたってそんなに大勢を泊められるわけがないんですから」と、女性たちは言った。

女性たちは、自分たちの置かれている状況がいかに困難なものになったかを語り始めた。その困難さに拍車をかけたのが、将来に対する大きな不安だった。ある女性はこう言った。

故郷に帰れるかどうか教えてもらえれば、今後の計画も立てられるんですけど。戻れると分かっていれば、希望を持ってがんばれるでしょう。あるいは、「もう戻れない」と言われたら、それなりの計画を立てて新しい未来に向けて努力することもできるでしょう。でも、政府はこの情報を半年ごとに先送りして教えてくれません。ですから、自分の将来について何も分かりませんし、希望もありません。

フジワラさんはこう言った。

ただ生きているのと、生きがいや生きる希望があるのとは違います。私は、ここにいる人たちに生きがいや何らかの生きる希望を持ってほしいと思いました。だから、私たちはこの会を「希望の樹」と名づけたんです。

そのグループの人たちは、いつまでも被害者でいるわけにはいかないということについて語った。フジワラさんは、被災者が被害者にとどまることなく社会の一員として活動することがいかに重要かを力説し、被災者が「時代の語り部」になるという話が持ち上がったことを明かした。東日本大震災の被災者が震災を経験していない人たちにその体験を語ることで、後世の人たちの役に立つことがあるかもしれない。自然災害の危険性を警告し、津波が迫ってきたときの対処法を後世に伝えるために、自分たちの体験を伝える必要があると強く感じている人が、その団体には多くいた。社会的な役割を積極的に果たし、社会の役に立つ人になることが彼らの目指す共通の目標であり、それが生きがいになるかもしれないという思いがあった。

「ついこの間まで個人主義の時代だったんです。でも、三・一一以降、つながりの時代にシフトしてきている」と、フジワラさんは言った。「それが進化なのか何なのか、よく分かりませんが」。

六〇代前半の女性であるクラさんは、「今に始まったことじゃないんですよ。そもそもお互いさまでしょう？　困ったときにはお互い助け合うもんです」と答えた。

続いて、六〇代前半の女性、タテノさんが、三月二八日に仮設住宅に入居したときの話をした。

四月一一日に三号館の前に花を植え始めたんです。すると、花を見た人がよく私とおしゃべりしてくれるようになって、友だちができました。それが私にとっては思いがけない喜びだったんです。そしてその日、ものすごく怖い大きな余震がありました。すごく怖かったけど、背中をさすり合ってお互いをなだめたんです。

同じく六〇代の女性のウチダさんが言った。

国の発表では、あと二年はここにいられると聞いていますが、その後どうなるかは分かりません。茨木市がこの団地を国から受け継いで、市営住宅として管理してくれるといいんですけど。そうすれば、今の安い家賃でここに住み続けられますから。

タテノさんの話

集会の後、何人かの委員の方と個別にお話しする機会があったが、私はタテノさんが花を植えたという話にとても感銘を受けていた。

写真6　タテノさん、ウチダさんと筆者、花壇の話をした後、泣いたり笑ったり（八ッ塚一郎撮影）。

「お時間をいただいて、花を植えたお話をありがとうございました。」と、私はタテノさんに言った。「私の母も花が好きなんです。お話を伺って母のことを思い出して、母もそういうことをするかもしれないと思いました」。

「何かしなくちゃいられなかったんですよ。何もすることがなかったら、頭がおかしくなりそうだったんです」。そう言って泣き出しそうになる彼女を周囲の女性たちは抱きしめてうなずき、同じ思いだと示した（**写真6**参照）。

女性たちの中のもう一人、ウチダさんがやって来て会話に参加した。

二〇一一年四月一一日の余震は、ものすごく怖いものでした。本当に怖かったですよね。他の人の肩や背中をさすってなだめながら、私はひどく怯えていました。そしてその夜、あんまり怖くてタテノさんの部屋に泊まりに行ったんです。普通なら他人を泊めるなんてことをする人はいないでしょう。何をされるか分かりませんから。

彼女の言いたかったことは、日本では出会ってすぐのよく知らない人を自宅に泊めるのは非常に珍しいということだった。そのエピソードは、三・一一以降、人々の絆がいかに早く深まったかを物語っている。「何言ってるのよ。どうってことなかったわよ」とタテノさんは言いながら、ウチダさんの肩を愛情たっぷりに優しくポンポンとたたいた。

ウチダさんは、「あと、タテノさんの子犬にみんな癒されました」と、笑顔で話してくれた。タテノさんも微笑んで、携帯電話の子犬の写真を見せてくれた。

タテノさんは、「この子犬にどれほど癒されたことか」と言った。「この子のおかげで本当に気持ちが明るくなりましたし、慰められました。同じ北茨城出身のある方に、「あなたはすでにたくさんの支援を受けているんだから、もう十分のはずよ。それで良しとしなくちゃ」と言われたときには、ひどく傷つきましたけどね」。

ウチダさんは、「私たちはすべてを失ってしまいました」と言った。「家も仕事も、何もかも。月七万円ちょっとの年金で暮らしているのに、今は仕事さえもない。何もないんです。私たちが受けたいわゆる「支援」と言えば、食料などの支給が三回あっただけです。それだけです」。

日本の人々は福島や岩手のことは知っていても、茨城県北部が地震や津波の被災地であることを知っている人は多くなかった。茨城県内では、すべての地域が被害を受けたわけではない。そのため、茨城県は大きな被害を受けていないと思っている人が多かった。

ウチダさんとタテノさんは言葉を続け、自分たちにとって「花やペットの役割は大きい」ことや「北茨城の女性は強い」ことを力説した（**写真7**、**写真8**参照）。

写真7　タテノさんが作った花壇（八ッ塚一郎撮影）。

写真8　タテノさんが作った花壇の別の眺め（八ッ塚一郎撮影）。

石巻から来た三・一一の被災者

北茨城の集会では、三・一一の体験を共有することで強い絆が生まれたことがたびたび強調された。多くの人が、この絆は血のつながりよりも強いと言っていた。

この女性たちの話が、私が別の被災者にインタビューしているときに再び頭に浮かんできた。彼は、神奈川県横浜市で開催された三・一一の被災者の集会で知り合った定年退職した男性だった。神奈川県民活動支援センターは、深刻な被害を受けた被災地から神奈川県に転居した被災者のための集いを開催していた。そのような集会で、私は多くの悲惨な話を聞いた。津波が知っている人たちを飲み込んでいくのを目の当たりにしたと語る人が、次から次へと現れたのである。彼らは、不眠症に苦しんでいること、将来への不安、宮城、福島、岩手の三県から遠く離れての転居でどれほど孤独を感じているかなどを語った。

これらの集会は一般にも公開されており、私も何度か参加した。それがきっかけで私はオダさんと出会い、やがて彼は私が担当していた小規模な分科会セッションのメンバーになったのである。集会の後、オダさんは親切にも自ら進んで体験を語ってくれた。

インタビューを行った当時、オダさんは六九歳で、六一歳で定年を迎えていた。彼は宮城県石巻市出身だった。宮城県は、福島県、岩手県とともに、最も被害の大きかった三つの地域の一つに指定されていた。

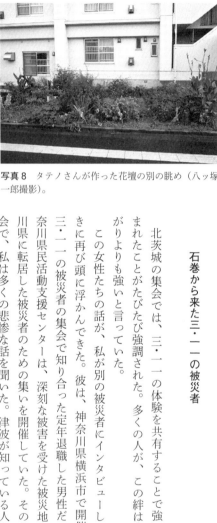

石巻では、津波によって三五〇〇〇人近い人命が失われ、約五万四〇〇〇棟の家屋が倒壊し、五万七五八人が避難を余儀なくされた(15)。

オダさんは石巻出身なので、震災で大きな被害を受けた人だと思われないことに伴う苦しみを味わうことはなかった。その点では、彼は私が北茨城で出会ったグループとは違っていた。とは言え、彼は明らかに大きなダメージを受けていた。彼の話には、疎外感、将来への不安、そして再びコミュニティに属したいという強い願いという北茨城の人々と同じテーマが見て取れる。また、彼の話は、孤独が狭い意味での人間関係から生じるものとは限らないという事実を力強く語っている。孤独は、立ち退きや異郷での生活、そして意味や帰属を感じ、居場所だと感じられる場所や環境を失うことによって生じることがあるのだ(16)。

オダさんの話

地震と津波の後、私は住まいを失いました。三月一一日から一六日までの五日間、近所の人の家に泊まらせてもらいました。

そして、三月一六日から妻と娘と三人で石巻高校に移りました。そこは避難所として使われていました。当時、学校の体育館は完全に水浸しだったので、いろいろな教室に泊まりました。

避難所には三四〇人ほどの人がいたと記憶しています。私たちを含む一九人が一つの教室に滞在しました。私の近所から来た人は九人でした。私たち三人で毛布一枚分のスペースしかなく、おにぎり一個と板チョコ半分を三人で分け合わなくてはなりませんでした。バナナは一人一本、水かお茶は一人一リットルでした。

とにかく、約三六六人にパン七〇個、おにぎり四〇個しかなかったんです。でも、食べ物のことでケンカすることはありませんでした。グループリーダーには恵まれていたと思います。彼はとても有能で、私たちのグループは固い絆で結ばれていました。状況は生易しいものではありませんでしたが、他の人たちとの絆を深めることができたのはよかったです。彼らとの絆を感じました。

私たちは三月二九日までこの避難所に滞在していました。津波から二日間、街全体が水に浸かったままでした。三月一三日までには水が引き始め、少し歩けるようになりました。三月一四日、私は知り合いを探し始めました。自分の家にも戻りました。津波が来たとき、不運にも私の家では首の高さまで水が来ました。それで家に戻ってみると、まだ使えるのは屋根と柱だけだと分かりました。私の家は平屋でしたから、取り壊さざるをえませんでした。家具は、亡くなった両親の位牌とクリーニングに出していた毛布三組を除いては、何一つ取っておけませんでした。

津波が襲って来たとき、私たち三人（妻、娘、私）は全員家の中にいました。その日の朝、妻は病院に行っていました。妻は脚が悪くて、うまく歩けないんです。病院からの帰り道、妻は娘と一緒にスーパーに買い物に行きました。その時、地震が発生したんです。幸いなことに、ふたりは無事に帰宅することができました。だから、津波が来たとき、家の中に三人とも一緒にいたんです。

娘と妻が車で外に出てみると、指定された避難所が完全に浸水していることが分かりました。だから、私たちは洪水の中を歩くしかなかったんです。水が太ももまで上がってきました。娘は、そのせいで今でも水がイヤだと言っています。

やがて、二階建ての家を見つけました。近所の人が喜んで受け入れてくれて、そこに五泊しました。三月二九日ごろには十分に水が引いたので、家がまだ残っている人は家に帰れるようになりました。水が引き、体育館が使えるようになると、三月三一日に私たちを含む一三〇人が体育館に移り住みました。運良く家に帰れた人はその日のうちに帰宅しましたが、親戚の家へ引っ越す人もいました。

私も含めて、夜一人でいるのが怖いという人は多かったです。余震がかなりひどかったので、なかなか眠れませんでした。避難所では夜九時が消灯時間なのですが、三時か四時くらいに目が覚めたんです。その後、私はよくぶらぶらと歩き回っていました。早朝はとても寒かったです。六時が起床時間で、七時に朝食をとりました。

三月二九日、私たちは横浜の息子の家を訪ねました。そこに一ヶ月間滞在しました。そのうちに、この今の仮設住宅が利用できるようになったので、入居のためのくじを引き、四月二〇日に鍵を受け取りました。それで、私たちは引っ越したんです。神奈川県の県営団地です。息子に頼るのは気が引けていました。

五階建ての公営団地で、五〇戸に七七世帯を収容しています。団地ですが仮設住宅として利用できるようになったので、二年間は家賃を払わなくていいんです。でも、この団地に私のような三・一一の被災者がいるのかどうかは、いろいろな人が住んでいるのでまったく分かりません。一般の住民が主ですが、私のような三・一一被災地の人も数人います。個人情報が保護されているため、ここでつながれる仲間がいるのかどうかは分からないんです。だから、特に最初の数ヶ月は疎外感があり、孤独を感じていました。

ある日、郵便受けにウォーキングクラブのチラシが入っていました。この活動グループに入れば、人とのつながりや絆ができるのではないかと思ったんです。それで、その番号に電話しました。ああ、電話に出てくれた方がとても親切な方でした！　月に一度、大山まで歩いて、それから江の島まで行くんです。それに、私の出身地区からは三人、その隣の地区からは五人がこのグループに入っています。

今でも、また石巻に戻りたいと強く願っています。戻ったらやりたいことがすごくたくさんあるんです！　私は地元でかなり活発に動いていましたし、自治体の職員も務めていました。今後も自治体での仕事に携わっていきたいんですが、世代交代は避けられないので、この仕事と自分の経験を若い世代に引き継ぎたいですね。必ず世代交代をスムーズに行い、今の仕事を次の世代につなげたいです。

私は今でも定期的に石巻を訪れていて、月に一度は行っています。以前は避難所に泊まっていました。避難所に二泊して、知人のところに一泊したんです。今では十分な数の仮設住宅が建っているので、避難所は閉鎖されました。石巻のホテルは空室がぜんぜんないんですよね。なぜだか分かりますか？　ホテルはどこもボランティアで満室です！　それで、キャンプ用の寝袋を持参して知人の家に泊めてもらっているんです。

私はいつも、夜行バスで午後一〇時一五分にここを出発し、午前五時に仙台で乗り継ぎ、午前六時に石巻に到着します。帰りも同じようにして、石巻のどこかで一泊しなくていいようにしています。石巻にはほとんど何もないので、仙台に着くと、たいていそこで朝食をとります。それで、帰るときは仙台を午後一一時に出る夜行バスに飛び乗って、神奈川に午前六時半に戻るんです。往復六〇〇〇円かかるので、決して安い出費ではありません。

私たちのような人が地元に泊まれるような仕組みが必要だと思います。毎日があっという間に過ぎていくような気がします。石巻のことですっかり頭がいっぱいで、気持ちはいつも石巻の方向を向いています。でも、そこで泊まるところを探すのが大変なんですよ。

いやもう、今でも夜中に目が覚めてしまって寝つけないんです。これは三・一一以降ずっと続いています。眠れずに横たわっている間、いつも同じことを考えるんです。やらなければならないことなどです。

以前は、地域コミュニティの人たちと一緒に暮らしていました。玄関に鍵をかける人はいませんでしたから、雨が降れば外に干してある衣類を誰かが取り込んでおいてくれたものです。私たちの家のドアは、いつもお互いのために開いていました。ここでは、そういう絆や人間的なつながりが築けるとは思えません。この団地では、隣の家の人を知りません。それに、体調もそれほど良くないのですが、きっとストレスのせいだと思います。血圧が二〇も上がり、コレステロール値も高くなりました。骨密度が低下して、同年代の平均の六九％に突然下がったと言われました。石巻にいたころは、毎朝牛乳を一本飲んでいたんです。

妻や娘のことも心配です。彼女たちもよく眠れていないと知っているので。でも、今の生活環境にも部屋にも文句を言うつもりはまったくありません。こんな生活ができるのも、いろいろと親切にしていただいたおかげです。死なずに生きていられることに一番感謝しています。支えてもらってきたし、生かされていると感じます。せっかく二度目のチャンスをもらったのだから、この人生で何かやり遂げなければならないことがあるはずだと思っています。人の役に立ちたい、社会に貢献したいという気持ちが本当に強いです。どうしても、何かしたいんです。

私が実際に訪問し、コミュニティで話し合い、個別のインタビューを行ったことは、三・一一の影響をより個人的かつ多様に理解するにあたって有益なものだったと分かった。それぞれの方が語ったことは報道で知っていることもあったが、初めて聞くことも多かった。何より、被災地の体験が一様ではないことに私自身が気づいていなかった。マスコミは、これらの地域を「被災地」とか「三・一一の被災者」と単純に分類する傾向があった。ニュースでは三・一一のできごとの「マスターナラティブ」が提供されたが、北茨城を訪れ、日本各地の支援団体の会合に参加すると、震災の影響が一様ではなかったということがはるかによく理解できるようになった。

また、北茨城のような「目に見えない」被災地、つまり甚大な被害を受けながら被災地の周縁にあったためにほとんど無視されてきた被災地のことを私はまったく知らなかった。北茨城の人々は、自分たちのことをスポットライトが当たりにくい被災地だと表現していた。それはまさに、マスメディアの報道の中では彼らが見えていなかったし取り上げられてもおらず、それゆえ三・一一をめぐるより大きな物語の中で無視されていたからだ。もし私がみずから会いに行かなかったら、彼らは私にとっても目に見えず気づかれないままだっただろう。

非常に重要だったのは、人々や地域コミュニティの情動——彼らの感情や気持ち、体験、希望や恐怖——を体験できたことである。彼らが感じた将来への不安、孤独、一般社会から見捨てられたという気持ち、お互いへのさりげない親切な行為に表れた回復力（レジリエンス）、身内だけにとどまらない新しいコミュニティや人間関係を形成したいというさらに明白な強い思いは、テレビや新聞の報道ではほとんどまったく伝わらなかった。しかしながら、三・一一の震災とその影響がもたらした感情的な側面は、これらの人々の語りの中にはっきりと表れていた。さらに、私にできた限られた交流の中でも、仮設住宅にいる人、仮設住宅にはいないけれども三・一一で被災した人、立ち退きの後に日本各地にばらばらに散らばってしまい、そのせいで他の被災者たちから孤立している人など、さまざまに異なるグループの体験を聞くことができた。いろいろな話を聞いていると、いくつかの共通したテーマが見えてきた。一方では、苦しみ、不安、故郷を失ったさびしさ、将来への不安があった。他方では、自分の人生を価値あるものにしたい、被害者にとどまることなく行為主体性（agency）を持ちたいという決意があり、人とのつながり（絆）、コミュニティ、居場所を確立する必要性の高さが重視されていた。

本章では、私が交流した三・一一の被災者の体験を解明する手がかりとなる概念、また主観性の人類学により広く貢献する可能性がある概念をいくつか探究することによって、そのような体験の理論的な分析を提示する。一つ目の概念は、PTSDの理解を広げるために作られた言葉「モラル傷害（moral injury）」である。この概念を紹介した後、前章の話の中から浮かび上がってきた逆境というテーマを見直す。

続いて、心理学者ジェームズ・ギブソンによって提示されたアフォーダンス理論について、さらにその理論が主観性の人類学に適合していることについて論じる。この理論を説明し、続いてこの理論を用いて、私が三・一一の被災者たちの中に見出した孤独と疎外というテーマを探求していく。最後に、三・一一の被災者の語りから浮かび上がったレジリエンスの側面に目を向け、個人のレジリエンスだけではなく社会およびコミュニティのレジリエンスを含むより広いレジリエンス観の重要性について論じる。これらの結論は、ニーリー・ローレンゾ・マイヤーズや中村かれんのような人類学者の研究とも大筋で一致している。マイヤーズは、統合失調症などの精神疾患に対処する際のモラル行為主体性の重要性について述べている。中村は、統合失調症の人々のために作られた小規模な計画的コミュニティである「べてるの家」について研究し、コミュニティ、居場所、安らぎの場がレジリエンスを支えるに当たって果たす役割を探究している[1]。

このように、逆境とレジリエンスという二つの側面を探ることで、それぞれの個別の構成要素が見えてくるだけでなく、それらがどのように関連しているのかも見えてくる。それと同じくらい重要なことだが、既存のメンタルケア――特に国が支援するメンタルケア――の取り組みが、被災者のレジリエンスをどのような点で支えたのか、あるいはどのような点で支えなかったのか、そしてそれはなぜなのかについて私たちは明確な知見を得るのである。このプロセスの目的は原因分析であるが、それだけにはとどまらない。より重要な目的は、レジリエンスを支援し、モラルの修復(moral repair)を促すためのより良い解決法や方法の探求を支援することである。

モラル傷害

前章では、個人とトラウマを他のものから切り離して対応するメンタルヘルス・アプローチの限界がいくらか明らかにされた。三・一一の被災者たちは、このようなアプローチの二つの側面、すなわち個人のみを対象とすること(individualism)と何らかの欠陥があるという考え方(deficit mentality)を拒否したのである。彼らは、人それぞれの苦労の体験があることや苦しんだということを否定はしなかった。しかしながら、彼らが強く訴えたのは、個人よりコミュニティを中心として、ポジティブアプローチ（strength-based approach）でレジリエンスと行為主体性を求めたいということだった。

「モラル傷害」という言葉は、もともと精神科医のジョナサン・シェイらが、PTSDや精神疾患というレッテルが烙印となってしまう軍人や退役軍人が被る道徳的な良心の傷を指すために作ったものである。[2] それ以来、その言葉の定義は進化し続けているが、私は心理学者のジェイコブ・ファーンズワースらに倣ってモラル傷害を広く定義し、道徳的信念や人がどうふるまうべきかという期待をひどく踏みにじる暴力行為を犯したり、目撃したり、その犠牲となることで生じる継続的な苦しみの一形態とする。[3] しかしながら、「暴力行為」というものは、それが作為的なものであることもあれば不作為の場合もあると理解する必要がある。このことは、三・一一の直後の時期に発生した被災者のモラル傷害を理解するに当たって特に重要である。

モラル傷害に関する文献では、この言葉を、裏切られたという気持ちから他人を非難する結果になることや、モラル行為主体としての自分自身が損なわれたという気持ち、罪悪感、恥、怒り、無力感などと結びつけていることが多い。モラル傷害という概念は、必ずしも個人の生命や身体の安全を脅かすものではないもののトラウマの引き金となるできごとに着目することによって、トラウマとなるできごとについての理解を広げるものである。また、モラル傷害という概念は、よくあるようにPTSDを個人問題と限定、要するに個人の苦しみとして医療の対象とし烙印を押すような理解のしかたから、トラウマ的経験の道徳的、社会的、政治的、制度的な原因を考慮する方向に焦点を移している。最後に、モラル傷害は私が「主観性の苦悩（afflictions of subjectivity）」と呼んでいるものの一例である。それは、個人やコミュニティの自分自身、他者、そして世界の捉え方を変えてしまうという点でそうなのである。

モラル傷害が示唆しているのは、解決策は社会と制度そのものを再構築し、もはやモラル傷害を持続させるのではなく、モラルの修復（moral repair）と個人の道徳的良心の保護を促進するように変えることにあるにちがいないということだ。モラル傷害という言葉は、表面的にはＰＴＳＤのようにポジティブベースではなく問題解決型（deficit-based）アプローチに見えるかもしれない。しかしながら、そのような苦しみには社会に原因があるということに焦点を当てると、個人レベルの治療からレジリエンスと癒しを多少なりとも支えられる社会の構造に焦点を移すことになる。また、障害（disorder）ではなく傷害（injury）という言葉を使うことで示唆されるのは、モラル傷害を負った個人にそもそも問題はなく、治る可能性があるということだ。

三・一一の直接的な体験は、それを間近で目撃した人々にとってトラウマとなったのは明らかだが、北茨城などの被災者が震災直後に体験したことは、明らかにモラル傷害の事例であるように思われる。これは三・一一の被災者の語りから浮かび上がった五つの主要なテーマを見れば、より明確に理解できるだろう。いずれのテーマも他者からの隔絶や孤立への恐怖や他者からの隔絶感、孤立感を伴うので、それぞれが集団的な孤独を産みだす要因になったと思われる。

政府・メディアへの不信感

政府やメディアに対する不信感は、私が参加したワークショップの地元参加者や、北茨城で訪問した仮設住宅の住民など、茨城の人たちに特に強く感じられた。茨城は、「三・一一の被災地」と呼ばれる岩手、宮城、福島の三つの主要地域の中に入っておらず、目に見えない地域、社会から見捨てられ、無視された地域となった。あまり良く思われていないメンタルヘルス対策チームさえも、茨城には派遣されなかった。マスコミは、茨城を大きな災害として三・一一を体験した地域としてはほとんど報じなかった。これは、茨城県北部の沿岸地域が大きな被害を受けたのに対して同県南部は被害がより少なかったからという理由もある。その結果、茨城県は他の三県に比べて死者が少なかった。

自然災害そのものがトラウマになっていたが、その上、住民は自分たちの地域が政府やメディアから無視され、認知されず、見てもらえないと感じ、今度はそれによってモラル傷害を負ったのである。茨城の人の中には、「茨城は大した被害を受けていない」という他県の人たちの言い分を聞くのが辛いと言う人もいた。それは自分たちの痛みや苦しみが認められなかったということであり、そのせいで孤独を感じるはめになったということである。この疎外感は、同じ苦しみを味わった者以外には自分たちは理解されないという独特の孤独感を生んだ。それは、まるで日本という国が茨城をほとんど見捨ててしまったかのようだった。

メンタルヘルスサービス提供者とボランティアの人々に対する不信感

三・一一の被災者によれば、自分たちが必要としているものとメンタルヘルスサービス提供者が与えようとしているものとの間には深い溝があった。ボランティアやサービス提供者たちも同じように感じており、食べ物や飲み物やその他の生活必需品だけを持っていけば、もっと歓迎されるだろうと述べている。北茨城で出会った人々の話によれば、ボランティアの人々によって組織されたメンタルヘルスのグループは、住民が求めていたものや必要としていたものというよりも、むしろ押しつけだと見なされていた。特に、ボランティアの人々が自分たち自身の住まいやバス・トイレを求めたり期待していたりすることが多かったという事実を考えて、そのように見なされたのだ。

メンタルヘルスのケアグループは、トラウマ発生の直後に各種サービスを提供するために組織された。彼らはPTSDのような障害を探し、治療したのである。しかしながら、それは多くの三・一一被災者が望んでいたことではなかった。被災者は、「トップダウン」方式で提供されているメンタルヘルスのケアを良く思わなかったようだ。これが示唆していることは、そもそも彼らが求めていたものがメンタルヘルスの治療ではなく、モラルの修復や地域コミュニティのケアであったということである。精神科医や臨床心理士やその他のメンタルヘルスの専門家で構成されるケアチームの組織を担っていた厚生労働省でさえ、そうしたチームが現地コミュニティから歓迎されなかったことを認めている。(4)

私が訪れた地域の三・一一の被災者の反応は、日本におけるメンタルヘルスの専門化、医療化の歴史を多くの点で反映している。北中淳子は、日本におけるうつ病の医療化が、患者の行為主体性や患者自身の病いの語りに基づくのではなく、精神医学用語や病気のカテゴリーを患者に押しつけること（この重要な違いはアーサー・クラインマンの画期的な著作『病いの語り――慢性の病いをめぐる臨床人類学』で強調されている）によって成立した成り行きを詳述している。(5) 北中は、「比較的最近まで日本の精神医学がその権威を維持できたのは、その知識が文化的常識として受け入れられたからではなく、医学知識を独占し、本人の同意がなくても精神疾患と診断された者を治療する権限を行使することができたからだ」と記している。(6) 彼女は、「実のところ、日本の近代精神医学の歴史は、主観的な苦痛とこのような根本的な断絶があるという特徴を持っているとさえ言えるかもしれない」と述べている。(7)

実際、医療人類学の歴史の大部分において研究者たちが尽力してきたのは、苦しんでいる人々の主観的な体験を無視するのではなく、むしろそれに寄り添うこと――それが効果的なヘルスケアや癒しの提供につながるという信念に基づいて――の重要性を訴えることだった。中村かれんは、日本の統合失調症患者のための拠り所である「べてるの家」のエスノグラフィーにおいて、医療従事者が「サイコツーリスト」として「べてるの家」の主治医である川村敏明医師のもとを訪れ、「川村医師が「非援助論」と呼び、日本における精神医療の主流派の医療モデルとは正反対だとするものを学ぶ」様子を記している。中村は、次のように説明している。「非援助モデルでは、目指すところは治すことではなく、「助ける」ことでさえありません。「助ける」という立場は、一方的であることがあまりにも多いのです。非援助モデルでは、「専門家」は無力(powerlessness)だという立場を取ります。彼らの目的は、癒しや回復を手助けし、励まし、自発的な探究を通して人々が自分自身をよりよく理解できるように手助けすることにあります。……人々は、似たような状況にある、あるいは異なる状況にある他の人々と話し、自分なりのつながりを築くように促されています」(8)。

一方、三・一一の被災者たちは、創作アートのワークショップを確かに楽しんでいた。参加者の一人は、和紙コラージュ作家の指導による色紙を使ったコラージュのワークショップがとても楽しかったと、目を輝かせて話してくれた。芸術活動は住民たちを力づけていたのだ。それらは一対一の心理療法的介入ではなく、共同で行う性質のものだった。住民たちはグループ活動を歓迎し、自分たちの力で物を創り出す能力を大切にしていた。こうしたケアの形態は、人々が能動的な行為主体であり、一つのコミュニティだと感じるのに役立つものだった。コミュニティとしてのケアを喪失し、それが欠如していることは、彼らの苦しみ、孤独と見捨てられたという体験の中核をなすものだった。したがって、コミュニティとしてのケアの確立は、彼らのレジリエンスにとって不可欠であると見なされるようになった。彼らはもう一度「世界を共有する」ことを求め、必要としているように思われたのである。

風評被害

被災者たちは、彼らが風評被害と呼ぶさらなるジレンマに見舞われた。一方で、茨城の人たちには、被災地であることを正式に認めてもらい、認知や物的支援を受けたいという思いがあった。だがその一方で、茨城を放射能に汚染された危険な地域だと思われたくないという思いもあった。

その点において、茨城は不運が重なったと私は思った。中心的な被災地として正式には認知されていなかったが、マスコミは茨城が福島や原子炉に近いことや魚や野菜の放射能汚染濃度が高いことに注目した。その結果、人々は観光シーズンに茨城を訪れたがらなくなり、現地の重要な観光産業に大きな打撃を与えてしまった。そのため、風評被害に対する不満が高まり、現地の人々は不当で有害な噂によって自分たちが傷つけられていると感じた。それがさらなるモラル傷害を産み出し、彼らはマスコミや茨城の外の人々に対して不信感、距離感、疎外感を持つようになった。

ハサミ状格差と温度差

政府やマスコミに見捨てられたという思いに加えて、三・一一の被災者たちの間にも亀裂が広がりつつあった。ハサミ状格差、つまり広がっていく「ハサミのような形の」格差と、温度差、つまり「温度の違い」あるいは「見方の違い」という二つの言葉が繰り返し使われた。茨城県内陸部の住民の中には、三・一一の被害からいち早く立ち直り、普段の生活を再開した人もいれば、いまだに将来が見通せないままに悪戦苦闘している人もいた。三・一一の直後には被災者たちのあいだに一体感があったものの、半年も経たないうちに、復興への道を着実に歩む被災者と、いまだに仮設住宅から抜け出せず、無職のまま取り残されたと感じている被災者との間に大きな隔たりが広がってきたのである。

温度差も、同様の現象を指している。つまり、三・一一とその余波について、人によって違う思いを抱いていたということだ。このような違いを示すのに温度という言葉を使用しているのは、特に興味深い。温度というのは、集団の中にいる人々が同じように感じるはずのものであり、ひどく暑いかひどく寒いかどちらかのはずである。同じように感じられない場合には、さまざまな問題が起こる。人々が屋内にいて、ある人は暑すぎると感じ、ある人は寒すぎると感じる場合、冷暖房を全員に合うように調節することはできない。温度の感じ方の違いは、現実的な問題だけでなく、感情的な問題、つまり心の不協和音を生み出す。別のところで述べたように、「世界を共有する」ことは重要である。つまり、私たちは社会的存在である以上、他者との感情的な共鳴を求めるのは当然のことなのだ。(9) それが得られない場合、例えば自分が感動したものを他人が酷評するとか、自分が美しいと思ったものを他人が醜いとしか思わないとき、たいていの人は心穏やかではいられないものだ。日本社会では、このような「世界を共有する」という側面が間違いなく重視されている。茨城では、住民の間でも外部の人とも世界を共有していないという思いが強くあり、それは現地の人々が体験した疎外感、見捨てられ感、孤独感、他者から理解も共感もされないという体験を構成するさらにもう一つの要素として現れていたのである。

不安定な未来

私が出会ったすべてのグループの人々は、将来の心もとなさへの不安を口にしていた。仮設住宅に住んでいる人たちは二年間しかそこに住めないと言い渡されていて、それ以降どうなるのかは不透明だった。前章で紹介した石巻のオダさんのように、多くの人が故郷に戻って家や生活を再建することを切望していた。自分の将来がどうなるのか分からないと語る人が多かったが、それはとりわけ、いつ帰れるのか分からないし帰れるのかどうかも分からないからだった。このような不安定さのために彼らは希望も将来設計も持てず、どこに向かうべきかも分からなかったのである。

東北地方には、東京や大阪、神戸のような典型的な都市部とは違って地域コミュニティの営みが色濃く残っていた。家の玄関ドアに鍵をかけず、近所の人が自分の家に自由に出入りしていたという話を聞いて、私は驚いた。そのような生活を経験したことがなかったのである。皆が近所の人と顔見知りで、お互いに助け合う親密な地域コミュニティに慣れていた人たちは、そのコミュニティから根こそぎに引き離されたら困難が倍加するであろう。仮設住宅では、地域コミュニティの意識を作り直すことができた人もいたが、多くの人が長く続く孤独を体験した。東北地方の多くの人にとっては親密な地域コミュニティが重要であるだけに、将来が不安定で地域コミュニティに戻ることができるかどうかはっきりしないことは、いっそう悲痛なものとなった。

孤独の社会的アフォーダンス

北茨城の人々は、日本社会一般から十分な物資の供給も注目も認知も得られず、疎外感を抱き、モラル傷害を負った。ミクロのレベルでは、北茨城の人々は、被害の少ない地域の同県民が自分たちの苦しみや支援の必要性を認識していないと感じていた。そのため彼らは、日本という大きなコミュニティからも茨城という小さなコミュニティからも二重に拒絶されてしまったのだ。

心理学者のギブソンは、彼が「アフォーダンス理論」と呼ぶものを創り出した。この理論は、ある環境のさまざまな側面が特定の知覚や行動を「もたらす（afford）」ことを示唆する[10]。立つためには十分な強度のある平面が必要であり、座るためには自分の体に適した高さの椅子が必要である。アフォーダンス理論が示唆しているのは、環境と個人の主観的な体験の間には補完性があり、そのおかげで特定の認識や行動が他のものよりも容易にできるということである。ギブソンは、「環境のアフォーダンスとは、環境が動物に提供する（offer）ものであり、良かれ悪しかれ規定（provide）し、備えている（furnish）ものである」と述べている[11]。

ギブソンは主に知覚と行動に焦点を当てたので、彼の理論は社会や文化の研究、ましてや主観性の研究には不向きと思われるかもしれないが、実はまったくそうではないと私は考えている。ギブソン自身、自分の理論について次のように認識している。「それは急進的な仮説を含んでいる。と言うのも、環境の中にあるものの「価値」や「意味」は直接的に知覚できるということになるからだ。さらに、価値や意味が知覚する者の外部にあると感じるのはなぜなのかもその理論が説明してくれるだろう[12]」。ギブソンのように、社会と文化は少なくともその大部分が人間の繁栄を支えるアフォーダンスを確立するための長いプロセスの産物だと考えると、この見解はさらなる重要性を帯びると思う。なぜなら、アフォーダンスは物質的なものだけでなく社会的なものでもありうるからである。ギブソンはこう述べている。「文化的環境を自然環境から切り離し、あたかも物質的な世界とは別の精神的な世界があるかのように考えるのも誤りである。どんなに多様であっても、世界は一つしかないのだ」[13]。実際、多くの行動が他者の存在や参加を必要とすることは分かり切ったことなので、物理的環境がアフォーダンスを提供するのと同様に他者がアフォーダンスを提供することは明らかである。ギブソンはこう指摘する。「他の動物は、とりわけ豊かで複雑な交流をもたらしている。それは、性行為、捕食、養育、闘争、遊び、協力、コミュニケーションなどである。他者がもたらすものが、人間にとって社会的に重要なものを全面的に構成している」[14]。

このように解釈すると、社会そのものが、より生存と繁栄に適したアフォーダンス環境とより苦痛と死に陥りにくいアフォーダンス環境を確立しようとする人間の努力の賜物であることが分かる。これは、社会の大部分を主観性の外的な現れとしてとらえるという第一章で私が論じたことと密接に関連している。しかしながら、既存の社会の中の誰もがみなまったく同じなのだろうか？　どの個人も別の個人と置き換え可能なのだろうか。あるいは、どのコミュニティも別のコミュニティと置き換え可能なのだろうか？　ここで役に立つのがギブソンの「ニッチ」という概念で、それは日本語の居場所という概念と密接なつながりがある。ギブソンはこう書いている。「生態学において、ニッチとはある動物に適した特徴を持つ環境のことであり、その動物がその環境に比喩的な意味でぴったり合うものである」[15]。ニッチとは、物質的、社会的環境のアフォーダンスがそのニッチに住む個々の人に身体的にも精神的にも適合し、その生存とウェルビーイングに役立つ場所のことである。ニッチを見つけられない人は、危険にさらされている。

私が投稿を調べた自殺サイトの訪問者の多くは、自分のニッチ、すなわち居場所を探し求めており、その居場所は自分たちが生きのびる力を得るために不可欠だと考えていた。三・一一のせいで住民たちが地域コミュニティから強制的に移住させられたとき、彼らは自分たちのニッチを失った。住民たちは存在意義を与えてくれる環境を失って、自分たちのライフスタイルを失った。彼らは、自分たちのニッチがもたらしてくれるものがなければ不可能になっていたある種の存在のしかたを失ったのである。私が住民たちに出会ったとき、彼らが失ってしまったライフスタイルを取り戻そうとしたり、自分のニッチが実際に存在している場所である故郷に戻ろうとしたりと、そのようなニッチをもう一度作ろうと奮闘している姿を目の当たりにした。ギブソンが述べているように、「自然環境はさまざまな生き方を提供するし、動物によって生き方が違う。特定のニッチはある種の動物を必然的に伴い、その動物はある種のニッチを必然的に伴う。両者は相補的であることに注意が必要である[16]」。また、ギブソンはこう指摘している。「私たちは皆、さまざまな形で環境の下部構造に収まっている。なぜなら、実のところ私たちは皆、環境によって形成されたからである。私たちは、自分たちが住む世界によって創られたのだ[17]」。

ギブソンのアフォーダンス理論を、知覚や行動だけでなく、世界に対する感じ方、考え方、信じ方まで含めて拡張するならば、その理論は主観性を扱う人類学者にとって重要な価値を持つことになる。日本社会には、ある種の存在のあり方を支え、自分や他者、そして社会に対するある種の認識のあり方を支えるアフォーダンスがある。もし社会が主観的な苦痛の体験を否定したり、無視したり、あるいは露骨に拒否さえするなど、個々の人間は重要ではないというメッセージを繰り返し送るなら、そのような社会は孤独に対して高いアフォーダンスを持つことになる。

三・一一の事例では、日本社会のアフォーダンスがシステム全体に及ぶ不平等や放置を容認していたことが分かる。自然災害は避けられないが、それに対する社会や行政の対応はさまざまである。日本政府の高度に中央集権的で標準化された制度運用のせいで、放置され、見捨てられ、目に見えない地域が期せずして作り出されてしまった。統治の形態は情動の形態を形作るものであり、社会の形態は体験の形態を形作るものである。

ネット集団自殺が当初日本のマスコミでどのように扱われたかに立ち返ると、自殺した人たちの苦しみが露骨に一蹴されたことが思い起こされる。そういう人たちは、命の大切さが分からず、ろくに考えない軽率な人間だと見られたのである。こういう語り方は、彼らの主観的な経験を否定し、他の人が彼らと同じように感じたらそれは間違っているというメッセージを送るものだった。このように個人の苦しみの価値を否定することもまた、孤独に対する社会的アフォーダンスなのである。

それと同時に、人々は被害者というだけにはとどまらず、ウェルビーイングを求め、自分たちのサバイバルを支えてくれる場所やコミュニティを探し求める。私が出会った三・一一の被災者たちは居場所を失っていたが、新たな居場所を作るか故郷に帰るかによって再び居場所を見出そうとしていた。人間であるからには、私たちは自分が住んでいる世界によって創り出されるだけでなく、自分が住んでいる世界を共に創造する行為主体性を持つことを求めてもいるのである。

レジリエンスのいくつかの側面

もし統治や社会の構造が孤独のような主観的な状態へのアフォーダンスを提供しているとすれば、それは当然のことながらレジリエンスに対するアフォーダンスとしても機能する可能性がある。それは例えば、人とのつながり、帰属意識、気づいてもらうこと、認識されること、大事だと思ってもらえることを下支えすることによって、そして支援がなければ居場所がないであろう人々のために居場所を見つける手助けをすることによって機能するのである。これらのアフォーダンスは、あれかこれかどちらかという状況としてではなく、連続体として存在する複雑な状況として捉える必要がある。いったん社会構造こそが苦しみやモラル傷害の重要な背景だと明らかになると、その社会構造が、レジリエンス、モラル修復、癒しを促進するのに役立つ方法も詳しく調べなければならない。

看護学者の久木原博子らが三・一一被災地からの避難者二四一人を対象にした研究で結論として述べているのは、次のようなことである。「巨大地震、津波、原発事故の被災者には、うつ病やPTSDが多い。しかしながら、調査結果はトラウマとなるようなできごとに比較的よく耐えることができた被災者もいることを示しており、レジリエンスはそのようなできごとに対処するに当たって重要な防御因子（protective factor）であることも示された。したがって、被災者がレジリエンスを高めるに当たっての支援がきわめて重要である(18)」。

三・一一の被災者たちの話にも、レジリエンスのこうした側面が現れている。被災者たちは、過去および現在も続いている困難な体験に対応するのに役立ちそうな社会生活の側面をもう一度どうにか確立しようと明らかに努力していた。彼らは、現在の生活環境でありがたく思っていること、楽しいこと、孤独や不安をやわらげるためにやってきたことなどを話してくれた。彼らの話から逆境というテーマが浮かび上がったのと同時に、レジリエンスというテーマも浮かび上がってきた。一つ目は、行為主体性、つまり無力な被害者としてのみ扱われるのではなく、能動的、積極的な社会的役割を担って自立することの重要性である。それと並んで、コミュニティ・ケアや被災者同士の支え合いというテーマもあった。さらに、被災者同士の人間的なつながりや絆の確立の重要性、新しい居場所を作ったり元の居場所に戻ったりすることの重要性という大きなテーマもあった。

レジリエンスは逆境に陥った後に「立ち直る」能力として定義され、まるで金属片が打撃を受けた後に元の形に戻るのと同じようなものとして定義されていることが多いが、私はレジリエンスについてより広範で多面的なモデルを取り入れる。無生物とは違って、人は著しい逆境に立たされた後、元の状態に戻ることはめったにない。心や体に大きな傷を負った人は、たとえ傷が癒えたとしても以前とまったく同じ状態には戻らない。体験は私たちを変えるものだが、時には永久に変えてしまうのである。さらに、私たち人間は無生物とは違って、時とともにさらに強く、さらにレジリエンスを持つようになる可能性がある。私たちのレジリエンスは、自分たちが住む構造的、文化的システムに支えられているとともに、他者の存在と他者からの支援にも支えられているのである。

文化人類学者のサラ・ルイスは、亡命チベット人コミュニティのレジリエンスを研究した著書『ゆったりとした心（*Spacious Minds*）』の中で次のように述べている。

レジリエンスとは、苦しみがない状態というだけではない。むしろ、レジリエンスとは個人が逆境にいかに対応するかという事である。苦しみと同様にレジリエンスもまた、文化的に形成され、定義されるものである。例えば米国では、痛みや不当な扱いに耐えられる人をレジリエンスの高い人と考える傾向がある。しかしながら、チベット人にとって非常にレジリエンスが高いとされる人は、逆境によって深い影響を受けると同時に逆境により変容を遂げた人たちであることが多い。ここで言うレジリエンスとは、衝撃の強さに耐えられる物質のような「跳ね返る」能力のことではない。困難に立ち向かう根性ではない。それどころか、非常にレジリエンスの高い人は、己の傷つきやすさを思いやりを深める方法として活用するのである。このように、思いやりはレジリエンスの結果であると同時に、レジリエンスを鍛えるための方法でもある。それは研究者が「心的外傷後成長（post-traumatic growth）」と呼ぶものと似ているが、レジリエンスを実践するチベット人は、苦しみを変容の機会として用いている。苦しみは日常生活の避け難い一面と見なされているため、この方法を使うのは卓越した人だけに限られているわけではない。(19)

私は、どのようにレジリエンスが多面的に個人的、対人的、そしてシステムレベルにおいて現れ、そしてどのように培われうるかを考察した研究から着想を得ている[20]。また私はルイスと同様に、レジリエンスには対処することや適応することが含まれるだけでなく、変容、つまり逆境を生き抜いた過去を現在や未来にとってプラスになるものに変えるという可能性も含まれると考えている。さらに、レジリエンスは個人の内面だけに存在するものではなく、人と人の間にも存在しうるし、コミュニティや社会そのものの特徴にもなりうると私は考えている。例えば、自殺サイトの訪問者が探し求める支援にそういうものが見られるし、さらには、見知らぬ人同士がインターネット集団自殺をする仲間を見つけたいという願いにさえも、そういうものが見て取れると言ってもよいだろう。したがって、私が用いるレジリエンスの基礎的な定義は、個人、グループ、コミュニティが乗り越えて存在し続け活躍するために、逆境に対処し、適応し、また逆境を変容させるための永続的な能力である。ここでいう永続的（enduring）とは、レジリエンスが生涯続くプロセスであるという事実、また連続性を持って存在するという事実を指し示している。レジリエンスがある人とない人がいると見るより、むしろ人は特定の形の逆境に対するレジリエンスを多かれ少なかれ持ちうると見るべきである。したがって、インターネット集団自殺をする人はレジリエンスを持ち、またそれを求めていると考えることができる――たとえ私たちが、そのような人々が自殺を選択する理由を減らすために、彼らが異なる種類のレジリエンスを体験できるように社会の変化を促したいと思ったとしても。

積極的な社会的役割とコミュニティ・ケア

メンタルヘルスケアのチームに対する拒否反応に加えて、人々が実際にどのようなケアを望んでいるかは北茨城の被災者たちだけが知っているという思いが強くあった。被災者たちはケアや支援を一切受けたくないというわけではなく、自分たちが受けるだけで貢献はできない受動的な立場や被害者の立場に置かれるような支援を拒否していたのである。被災者たちは、より自立して自分のことは自分でできるようになる支援を受けることを望んでいた。彼らは、独立、自立、行為主体性を維持することを望んでいたし、積極的に貢献できる役割を果たすことを望んでいたのである。

その一例が、被災者たちが地震と津波の体験を後世に伝えるに当たって貴重な財産となるように時代の語り部になることを提案したことである。それは利他的な行為であるが、このような物語を語ることは彼ら自身にとっても有益である。被災者たちは、地震と津波による破壊と人命の喪失を目の当たりにしたことがあるのだ。目の前で人が溺れたり、巨大な波に飲み込まれて流されたりするのを見てしまった人もいた。眠っていると、そのときの光景がよみがえってくるのだと言う。溺れている友人や隣人、家族を助けようと手を伸ばしても、助けられる寸前に目が覚めてしまうのだった。被災者たちは、他の人々に自然災害の危険性を警告することができたら自分たちもいくらか救われる、もしくは癒やされるかもしれないと希望を抱いていた。被災者たちの祖父母は過去の自然災害からその危険性を知っていたが、茨城の若い人たちは津波を体験したことがないため、津波についてごく基本的な事実すら知らないというのが被災者たちの共通認識であった。今や被災者たちは、そのような情報を提供することによって、社会で積極的、建設的な役割を果たす力を持ったのである。

ある人は、こう語った。「次の世代や今回被災していない人たちに伝えていかなければならないことがあります。また、社会的な役割を担うことも私たちにとって必要です。これは欠かせないことなのです。助け合いの精神にはお互いさまという原則がありますから」。

女性たちは、庭で野菜を育て、いつかはそれを商いとする手段を手に入れる夢を話してくれた。なかには漁師だった人もいた。彼女らは冗談まじりに言った。「私ら北茨城の女は強いんだよ！私ら漁師は強いよね？」。笑ったり泣いたりしながらの自賛の言葉は、彼女たちにとって一種の慰めだった。

このように、自らの自立性を主張する必要性、また自らの積極的かつ建設的な役割を見出すことの必要性が何度も示されたのである。それは、回復、幸せ、モラル修復への道と密接に結びついていた。その気持ちは、他者の負担になること、いつまでも被害者であることへの強い抵抗感と結びついていた。オダさんの事例からも分かるように、彼は自分の住まいが安定していないにもかかわらず、神奈川の息子さんのところに居候するのは気が引けた。オダさんには、故郷の石巻の地域コミュニティに戻りたいという強い願いと、息子のところに引っ越したら重荷になるように感じて気が進まないという思いが交錯していた。

絆

三・一一以降、日本では絆という言葉が非常によく使われるようになった。三・一一の影響を直接受けていない人さえも、束の間でも人生の優先順位を見直したようである。全国的に、連休中に海外に出かけるよりも子供や年老いた両親を訪ねる人が増えたと報道されている。テレビの報道によれば、三・一一以降、人々は人の絆が最も重要だと気がついたのだった。

私が出会った被災者の方々も絆という言葉をよく使っていたが、それは家族の絆に限ったものではなかった。むしろ被災者同士の絆は、三・一一の苦難を共にしたことで生まれたのである。北茨城で話を聞いた被災者の方々は、自然災害の体験を共にした者同士でなければ分かり合えない、助け合えない、という思いを強く持っていた。何人かの女性たちは、「血のつながりよりもずっと強い」絆を感じると語った。日本では、伝統的に血のつながりが最も強いとされ、次に会社という「家族」によって作られたつながりが強いとされているが、三・一一では体験の共有がそれらに匹敵するほど強いことが示された。これは、最近の日本の社会においては職場や家族といった伝統的なつながりよりも共通の体験から生まれる人間的なつながりのほうが勝るというより大きな流れ、そして変動があることと関連している。

北茨城の被災者は、メンタルヘルスサービスの提供者による手段としての道具化した（instrumentalized）サービスのほうが専門的であるにもかかわらず、そのようなサービスではなく、もっと純粋な絆を求めた。実際、日本全国で絆への関心が広がっているのは、ケアやサービスの専門化が進んでいることと相関しているかもしれないが、これもネオリベラリズムが意図せず招いた結果かもしれない。これが示唆しているのは、回復を支えるのはどんな種類の社会的絆でもよいというわけではないということである。文化人類学者のシェリル・マティングリは、対話的な社会空間を「モラルの実験室（moral laboratories）」と書き記している。[21]マイヤーズはマティングリの研究をもとに、回復を支えるタイプの絆はモラル行為主体性（moral agency）を認め、促進する絆だと示唆している。[22]

興味深いことに、本書で提示した私自身のエスノグラフィー研究では、モラル行為主体や良い人であること（あるいは良い人と見なされること）の問題は、生きがいや生きる意味という言葉に見られるように、いきとして生きる事や有意義に生きる事とはどういう事なのか、という大きな問いの一部なのだ。このことが私に示唆しているのは、善の人類学（anthropology of the good）や倫理の人類学（anthropology of ethics）は欧米の倫理観だけに結びつけることはできないし、何が有意義な人生なのか、あるいは良い人生であるかについての多様な文化的枠組みを包摂するように拡大されるべきだということだ。モラル行為主体、もしくは良識的な行為を行う人間として見られることは多くの状況で重要であるかもしれないが、それは意味の源でありうるものの一つに過ぎないかもしれない。結局のところ、あらゆるタイプの人間が等しくモラル行為主体（良識的な人間）として認められるわけではないし、モラル行為主体（良識的な人間）として認められることは、尊敬に値し、価値があり、ケアをするに値する人間として認められることと同じでもなければ、そのために必須のものでもないのである。モラル行為主体性の問題についても、同じ問いを投げかけることができる。他者からモラル主体性を与えられたりモラル行為主体（良識的な人間）として認識されたりすることにつながるであろうモラル行為をすることができなくなっている人たちについてはどうなのだろうか？子ども、認知や身体に障害のある人、収監などの手段でモラル行為を行うことを止められた人など同じカテゴリーの多くが当てはまるが、その中にはモラル傷害を負った人も含まれる。実際、私の内観に関する研究は、モラル行為主体ではなかった、そして他人に対して思いやりのある行動などろくに行わなかったにもかかわらず、認められた、愛されたという感覚から癒しが生まれうることを示唆している。[23]

したがって、マティングリやマイヤーズの研究が私たちに提供してくれているのは、私が訪問した北茨城のコミュニティが示したレジリエンスを評価するための、そして「善の人類学」を確立するに当たってモラル行為主体性、意味、価値に関する問題を考えるための非常に強力なツールなのである。しかしながら、親密な関係への欲求が地域コミュニティという形態の中ではなく、市場経済の力を通じて求められたり提供されたりするときにはどうなるのだろうか？　そこで問題となるのは、このように商業化され商品化された親密さの現れが回復やモラル行為主体性を支えるものかどうかである。

親密さの商品化

ある部屋で、数人の女性がテーブルを囲んで座り、小さなスクリーンに映し出された動画を観ている。彼女らと同席して同じ動画を観ているのは、とてもおしゃれな髪型のハンサムな男性（イケメン）である。スクリーンに映し出されているのは、数々の恐ろしいできごと、すなわち、子供が死んでゆく、愛する人と離れ離れになる、小さなペットが苦しむなど、感情を揺さぶられるシーンである。男性は涙を流し始め、やがて女性たちもそれに続く。彼女たちが泣き始めると男性は立ち上がり、部屋の中を歩き回ってハンカチで彼女たちの頬の涙をゆっくりとうやうやしく拭いて回る。

これは、日本の女性が安心して泣けるように念入りに作り上げた環境を有料で提供するために設立された会社「イケメソ男子」によるセッションである。この会社の創業者の寺井広樹は、日本の離婚に関する本を書いているときにこのアイデアを思いついた。彼は、多くの日本人女性が法律や現実的な障害の数々に直面して離婚を踏みとどまること、また、そういう女性は泣いて感情を解放する機会がまったくないことに気づいた。そこで彼は、共有されたスペースで泣くというカタルシスを体験できるサービスを提供するアイデアを思いついたのである。(24)

日本にはソープランドと婉曲的に呼ばれる大規模でよく知られた性ビジネスがあるが、「イケメソ男子」サービスのような新しい現象が興味深いのは、セックスではなく親密さや寄り添ってくれること(companionship)を商品化している点である。これにも日本では長い歴史がある。分かりやすい例として、おびただしい数の「ホストクラブ」や「ホステスクラブ」では若い男女が常連客の話に耳を傾けて寄り添ってくれるが、その見返りとしてお客は通常よりはるかに高い酒代を支払っている。アン・アリソンは、日本についての彼女の最初の本としてこうしたクラブとその現象について書いた。ホステスクラブなどのクラブは現在でも人気がある。しかしながら近年では、見知らぬ者同士、時にはキャラクターグッズなど人間でない物との親密さの商品化という新たな形態が急激に広がってきた。

前者の例として、「添い寝専門店」がある。これは後述する映画『万引き家族』でも取り上げられており、この映画の主な登場人物の一人はそのような店で働く若い女性である。こうしたところでは、客が時間または分単位で料金を支払い、若い女性の膝に頭を乗せたり、客の膝に女性の頭を乗せたりして横になるのである。その他にも、抱き合ったり添い寝をしたりするサービスはあるが、性的なサービスは提供されない。
本物の人間以外との親密さを商品化した例としては、抱き枕の人気がある。これは、ベッドで抱きしめられる小柄な人ぐらいの大きさ（一五〇センチか一六〇センチ）の長い枕で、かつては「ダッチワイフ」と呼ばれていたものと同種である。枕や枕カバーには、美少年や美少女などの人気アニメのキャラクターがプリントされているのが一般的である。この枕は「ラブピロー」と呼ばれることもあり、人々は枕と現実の恋愛のような関係を結び、枕を「ワイフ」と呼ぶことさえもある。
これらの現象は孤独の現れだと思わないわけにはいかない。しかしながら、それは本物の人間関係の欠如の現れでもある。商品化された親密さは手軽である。お金で買うことができ、制限があり、予測可能である。だが、それは経済的な対価を条件とするものでもある。相互的なケアや助け合いは大人の生活によくある特徴だが、それが強制されたり商品化されたりすると、ほとんどの社会ではその性格が変わってしまうのである。[25]だが、本物のケアを望むあまり、自ら進んでそれに似たもので手を打つこともあるようだ。ある自殺サイトの訪問者の言葉からもそれが分かる。「本当の愛があるとは信じられないので、言葉だけでも求めてしまいます」。[26]
これは、お金で買ったケアが必ずしも本物の愛情に欠けていると言っているのではなく、この二つは確かに両立しうるものである。しかしながら、親密さの商品化が進むということは、商品化されていない形の親密さ——ここでもまた純粋に他者のためを思う気持ちや商品化されていない相互関係のみによる親密さ——が減少していることを示唆するものかもしれない。人間の優しさを金銭の交換に引き下げることは、人間の価値、真価を値札に引き下げることである。親密さとは、互いに真に固い絆で結ばれて信頼し合う関係であり、まさに私たちの人間性を定義し、その核心にあるものなので、親密さを商品化することは人間性そのものを商品化しているように思われる。

社会的、文化的レジリエンス

トラウマ、逆境、孤独、人とのつながりの関連性は、一目瞭然とはいかないかもしれない。この点を解明するためには、心理人類学者レベッカ・レスターの研究に目を向けるとよいだろう。レスターの研究の多くは、摂食障害、トラウマ、そして癒し、ヒーリングとは本質的に関係性に基づいていることに焦点を当てている。レスターは、驚くほど洞察力に富んだ一節で、トラウマを一個人の精神内部の傷としてではなく、関係性の傷、つまり私たちの「存在論的孤独（ontological aloneness）」を露わにする裂け目として考えなければならないと説明している。

人は生き続けてゆくための術を見出すものだが、それは深い心理的葛藤を解決したり既存のカテゴリーに合わせて自分の体験をとらえ直したりすることによってだけではなく、他者との関係の中で出現する意味づけのプロセス――それは、さまざまなレベルやコンテクストを通して、そして時間の経過とともに繰り返され、継続し、現在進行中である――を通して見出してゆくのである。トラウマとなるできごとがトラウマとなるのは、それのせいで自分が他者に期待するつながりから、社会的支援と感じられるものから、基本的な安心感から――たとえそれらがごく狭い範囲でそう受け取られたものであっても――大きく逸れてしまうからにほかならない。こうしたことは、性的虐待、戦争、死、拷問、自然災害、悪霊の襲撃、魂の喪失などで起こることだが、日常の基本的な人間関係のあり方を根本的に断たれるような体験をすると、私たちは自らの存在の限界に直面することになる。私たちは自らの存在そのものの瀬戸際を垣間見て、存在論的な孤独を感じるのである。「トラウマ」を完全に精神内部のものや構造的なものとしてではなく、関係性の傷として捉えるなら――それがどれほど限られた範囲で定義されていようとも――当面の危険が過ぎ去ったからといって［それが］終わったとは言いがたく、新しい局面に入るだけだということがより明確に分かる。トラウマを負った人は、人間関係を通じて世界と再びつながるのである。(27)

これまで述べてきたように、この存在論的な孤独という特質は、人間としての意識と主観性の性質そのものに刻み込まれている。それが結びついている事実とは、私たちが常に一人称の視点で世界を体験し、自己を環境や他者から根本的に分離する二元的な意識――自己でないものと差異化することによって自己を構成する意識――として体験するということである。それと同時に私が述べてきたのは、人間とは本質的に社会的であるということだ。つまり、私たちの存在そのものが相互依存と相互関係にあり、自己の存在、意識、主観性を含む私たちの存在そのものが他者と不可分であり、他者に頼るもの、そして他者に左右されるものだという事実についてであった。自己は常に非・他者であるが、他者なしには自己は存在しない。レスターが指摘するのは、この基本的な条件がトラウマの生起や追体験のときに働いているだけでなく、トラウマの癒しやレジリエンスの強化に当たっても効果を発揮するということだ。

その癒しという概念について、レスターはもう一つ重要な指摘をしている。

もし、トラウマが過去に起きた個別のできごとや一連のできごとであり、行為者（する側）と被行為者（される側）の行為主体の明確な二項対立に基づいているならば、回復をどう理解するかに当たってかなり制約を受ける。私たちは、過去に戻ることはできないし、起こったことをなかったことはできない。それは終わってしまったことである。せいぜいできることは、トラウマの影響を和らげることに努め、その記憶が突然よみがえってくるのを減らそうとし、「もしこうしていたら？」とか「何か違うことができたのではないか？」と思い巡らす気持ちを静めることである。トラウマとは何かについての理解を広げて、そのできごとそのものだけでなく、それに加えてそれ以降ずっと続いてゆく精神生活、感情生活、具現化された（embodied）生活、対人的な生活も含むものとするなら……話は違ってくる。そういう人には、もはや差し迫った危険はないのかもしれないが、それでもその人はまだトラウマの真っただ中にいると言ってもよいだろう。被害者意識に陥るどころか……このような見直しによって異なる結末が見込めるのである(28)。

もしトラウマが本来関係的なものならば、トラウマからの回復も同様に関係的であると予測できる。レスターは次のように主張している。「トラウマとどう向き合うかという個人の内的な認知や感情の取り組みよりもはるかに重要なのは、他の人々とどう関わるかという対人的、社会的な取り組みである。つまり、これらが具体的に説明しているのは、トラウマとは特定のできごとに対する反応というだけではなく、そのできごとのなかで表に現れた社会構造の裂け目として――トラウマを生み出したコンテクストとして、またその影響に対する個人と社会の反応として――理解したほうがより有意義だということである(29)」。それゆえに、レスターはこう述べている。「社会的なつながりの再構築は、トラウマ的な体験から回復するうえで「非常に重要」である。これこそが回復のための取り組みだと言ってもよいくらいである(30)」。

もしトラウマからの回復に社会的なつながり（絆）の再構築が非常に重要であるならば、社会における親密さの商品化はより深刻な問題となる。このビジネスの出現が示しているのは、人々が癒しの手段として人とのつながりを求めていることであるが、事実として所詮それは市場原理によって動くビジネスでしかないことが問題なのだ。北茨城の事例から分かるように、癒しはどんな関係からでも得られるというものではないし、特に、何を提供することができるかに基づいて人の価値を手段として利用するような経済的な関係からは得られる見込みがなさそうなものである。また、自殺サイトの訪問者の事例からも分かるように、ネット上の社会的つながりへの依存は役に立つこともあるが、それは所詮より深い関係の代用品でしかないと見なされることも少なくない。トラウマに直面したときの癒しとレジリエンスは、瞑想の実践だけでなく、身体意識や神経系をどう調整して整えるかのテクニックを教わることによって個人レベルで培うことができるということに疑いの余地はほとんどない[31]。しかしながら私たちがここで探求しているのは、三・一一の被災者の事例が示しているように、対人関係のレベル、地域コミュニティレベル、そしてシステムレベルでレジリエンスをどのように培うことができるのかということである。

日本を研究対象とする人類学者アイザック・ガーニエは、三・一一被災者に社会的交流による癒しを促すための傾聴ボランティア・グループに参加した[32]。このグループには、傾聴の訓練を受けた「一般市民」だと自認する人々が含まれている。この傾聴とは、臨床治療的なものではない。傾聴者の仕事は、ただそこにいて被災者と手を取り合い、その場に応じて時には一緒にもらい泣きしたりすることである。時が経つにつれて、被災者たちはやがて現実をありのままに受け入れるようになる。ガーニエは、このことが非構造化された補助的なセラピーによるエンパワメントの空間を生み出すと論じている。そこで「人は自分と同じように苦しんできた人と感じる相手にはより打ち解けて心を開くが、その相手は必ずしも自分以上に苦しんできた人とは限らない。共感による連帯感の共有が信頼関係の土台となるのである」[33]。これは、和田秀樹が提案したグループ語りの会と類似のものである。和田は、自然災害のトラウマを抱えた人々が前向きな意味や喜びを見出せるような活動に参加する機会が支援システムによって作られれば、彼らにとってプラスになると述べている[34]。三・一一の被災者たちに人気だったのは、象の形をした手拭きタオルを作って日本や海外で販売し、その収益を被災者の復興資金に充てるという方法だった。

システムレベルの変化も考慮する必要がある。退役軍人、収監された人、難民などにとってのモラル傷害の特徴の一つは、その規模の大きさである。モラル傷害とは、個人がトラウマを負い、道徳的良心を脅かされるということだけでなく、そのような侵害を可能にし、永続させるシステムのことでもある。もし、この後者の視点から見てモラルの修復とレジリエンスについて問うことができれば、システムレベルのレジリエンスの形態も特定できるのだろうか？　それは、制度的、文化的、社会的なレジリエンスの形態であり、モラル傷害を防ぎ、癒しとモラルの修復を促すようなものだろう。多くの人が認識しているように、抑圧的であり続けるシステムの中で生きている限り、個人にレジリエンスを求めるだけでは十分ではない。したがって、システムレベルにおいて抑圧の構造を研究するだけにとどまらず、制度的、社会的、文化的構造がどのようにレジリエンスを支え、育くむかを考察することも重要である。私は「構造的レジリエンス」の中に法律、政策、制度などの社会構造がいかにレジリエンスをサポートするかを含める。それに対し「文化的レジリエンス」はそれらの構造を補強し支える信念、実践、価値観を含める。

もう一つシステムレベルの変化を表現する方法として、本書の始めの方で提案したものがある。法律や制度、統治形態といった社会の外的構造は、その社会の構成員の主観、認知、感情の内的状態を反映したものである。同様に、個人の内的な主観的状態は、そのような外部構造の反映であり、そうした外部構造は主観的状態のアフォーダンスとして機能する。孤独のような社会的苦痛の形態とその対処法を考える際には、このような相互依存と相互反映を考慮しなければならない。変化は、個人レベルでも社会レベルでも起こりうるものである。実際、最も効果的な変化の形態は、個人と社会の両方のレベルと両者の相互依存性に対応する形のものになりそうである。

これはアフォーダンス理論と完全に一致するものであり、実際、アフォーダンス理論によって予期されたものである。ギブソンはこう書いている。

環境のアフォーダンスについて重要な事実は、主観的、現象的、心的なものとされる価値観や意味とは異なり、ある意味で客観的、現実的、物質的だということである。しかしながら、実のところアフォーダンスとは、客観的な性質のものでも主観的な性質のものでもない。言ってみれば、その両方である。アフォーダンスは主観と客観の二項対立を超えたものであり、その二項対立の不適切さを私たちが理解する助けとなるものである。それは環境の事実であり、それと同様に行動の事実でもある。物質的でもありながら心理的でもあるのだが、そのどちらでもない。アフォーダンスは、環境と観察者の双方を指し示すものである。[35]

ギブソンのこの意見は、私が「主観性の両面構造」と呼んだもの、および主観性と環境の相互依存性と同じことを述べている。彼が注意深く指摘しているのは、アフォーダンスは「特定の動物に結びついている。アフォーダンスはその動物に固有のものである。それは、単なる抽象的な物理特性ではない……したがって、アフォーダンスは物理学で測定するように測定することはできない」ということである。[36] 同様に、人間が多様な主観的性質を持ち、多様な環境の中に存在することを考慮すれば、人と人とのつながりをもたらす社会構造があらゆる社会や文化を超えて普遍的にあるとは思いにくくなるだろう。私たちは、多様性を予期するようになるだろう。しかしながら、私たちはある程度の類似点や似通っているところがあることも予期するだろう。なぜなら人間、そしてその環境の多様性は、顕著な共通性と並んで共に存在しているからだ。

その共通性の一つをここで考察しておかなければならない。なぜならば、孤独やレジリエンスをもたらす社会構造についての議論は、政治経済の強い影響力を認めない限り不完全なものとなってしまうであろうからである。政治経済は社会と文化を形成し、共通の価値観と社会的アフォーダンスを確立するが、それは孤独やその他の社会的苦痛と切っても切れない関係にある。この点については、次の結論の章で再び触れることにする。

三・一一の被災者は、自分たちが被害者であるとかケアの受動的な受け手であるという位置づけを受け入れなかった。海外メディアは、「立ち直りの早い日本!」を大々的に報じた。そして、そのような忍耐や抵抗を一種の日本的、あるいは東北的なレジリエンス精神に単純化してしまうことは容易である。だが私が思うに、これは的外れである。家も地域コミュニティも、さらには家族をも失い、隣人、知人、仕事とのつながりを断ち切られた人々は、同時に自立性、自信、社会的帰属感も奪われ、喪失の悲嘆、悲しみ、将来への不安に直面する。三・一一の被災者が受動的な被害者として扱われることに抵抗し、自主性のある自立した社会貢献者になりたいという強い願いを持ったのは、その地域コミュニティ特有のレジリエンスの現れというだけではなく、モラルの修復、癒し、回復のプロセスに必要な側面であった。被災者たちは、地域コミュニティへのケアという意識がまったく欠けた極度に個人向けの心のウェルビーイング対策を拒否し、グループ活動、コミュニティ活動や共同作業、絆づくり、クリエイティブアート活動など、社会的帰属の範囲を再構築し、社会の生産的な一員としての能力を回復する助けとなりそうな活動に傾倒していった。彼らが必要かつ有用だと考えたのは、このような形の地域コミュニティへのケアだったのである。これらの地域コミュニティにとって、トラウマやモラル傷害からの回復は個人レベルのみで取り組めるものではなかった。彼らは居場所も地域コミュニティも失ってしまっていた。だから、自分たちの居場所と地域コミュニティを再構築しなければならなかったのだ。

さらに、日本における親密さの商品化の広がりが示唆しているのは、親密さを求める人々に対して社会が市場の力を通じてアフォーダンスを提供し始めているということである。同時にそれが示唆しているのは、そのような人々は商品化されていない親密な関係を築くアフォーダンスを持っていないということであり、それは孤独な社会の非常に明確な徴候である。

第七章　孤独が教えてくれること

もちろん、単純明快な答えなどありません。でも、できればテレビ番組やその他考えられる限りのあらゆるプログラムを通じて、私たち一人ひとりが尊い存在であることを伝えたいです。この人生において私たちはかけがえのない存在だということを、みんなに知ってもらいたいのです。

——フレッド・ロジャース（ヤン二〇一三年）

これまでの各章はそれぞれ、個人的、社会的な側面から孤独の分析を考察するための切り口を示したものである。私は本書の冒頭で、政治経済学者のリトゥ・ヴィジが投げかけた問い、すなわち、日本経済の停滞によって日本がこうむったネオリベラリズム的な政治・経済的変容に伴って主観性が危機に瀕しているという証拠があるのかどうかという問題を提起した。これまで、インターネット集団自殺の事例や、自殺サイト訪問者の孤独や生きる意味の欠如に関する発言や語り、若い大学生のインタビューにおける語りを見て、これらの心情や経験がどの程度一般化されるかを考えてきた。この調査から、多くの日本の若者が主観性の危機を体験しているように思われる。さらに、ネオリベラリズム的な市場原理の有害な影響があり、それは従来の社会の基準では「生産的」であることができない人たちに特に大きな影響を与えることが予想されるが、若い世代や仕事や家庭で従来の意味で生産的な役割を担っていない人たちに、とりわけ顕著にこうした影響が広がっているようだ。

それは、本書の第一章で私が提示し――そして否定した――日本における自殺の増加に関する従来の説明は、実はある面では真実だということである。しかし説明の理由自体は、そういった説を支持した人々が提示したものとは違っていた。日本国内では、自殺が急増した理由は経済の問題であると説明するのが一般的だった。つまり、日本経済の長期停滞のため、将来の仕事の見通しが暗く、人々が鬱状態に陥り、自殺が多くなったというのである。では、私はこの説明を別の形で言い換えてみよう。一八六八年の明治維新以来、日本の政治経済は集団的な成功と繁栄をモデルとして成り立ってきた。集団がいっそう繁栄するためなら個人や個々の家族を犠牲にすることは良しとされ、第二次世界大戦前は軍事および経済との関連で、戦後はほとんどもっぱら経済との関連で正当化されていたのだ。第二次世界大戦での軍事的敗北によって日本は集団的繁栄を放棄したわけではなく、領土拡大という野望から方向転換しただけなのである。

したがって、「欧米で意味するところの個人の自由を尊重するといった意味合いの自由主義（リベラリズム）への転換」の必要はなかった。ヒエラルキー、忠誠心、中央集権的な国家意識といった伝統的な観念を保持したままで、集団的な成功に役立つリベラリズムの側面を取り入れることができたのである。さらに、丸山真男が鋭い洞察力をもって詳述したように、国家は欧米で理解されているような意味での政治経済だけでなく、価値観の面でも大きな影響力を持ち続けていた。つまり、「意味づけする」のは、従来のリベラリズムで常態であったように個人が行うだけでなく、集団が行うということである。

このような構造においては、生きがいや居場所は社会によって外部から与えられる。すなわち、政治経済の構造と、その構造が確立された背景となる価値観、またその構造がもたらす価値観から与えられるのである。生きがいは中核としての重要性を持つものであるが、それは求めずして個々に与えられるのだ。だが、社会がみずから定義した成功の約束を果たせなかったら、すなわち、経済的利益、繁栄、成長、安定性を与えられなかったらどうなるのだろうか。生きがいや居場所が必要だという意識は変わることなく残るが、外部からは何も与えられなくなったのだ。それどころか、社会は行き詰まりを見せている。すなわち、職も成功する機会を得る見込みもなく、高齢者の年金は数が先細りの若い世代が頼みの綱だが、若い世代の人々は、そもそも仮に正社員の職を確保できるとしても、定年を迎えた時に現在と同レベルの年金を受けられそうもないという高齢化社会である。さらに、日本の社会・政治経済の問題への取り組み方があまりにも統一化、画一化されてしまっている結果、他の多くの資本主義民主主義国家に見られるような既存のものとは違っていたり規格外（要するにいわゆる「普通でない」）だったりする役割やニッチのためのアフォーダンスがなく、あるいはそれらにサブカルチャーというレッテルを貼って蔑視してきたため、この闘いはいっそう困難なものとなっているのである。

したがって、この主観性の危機は、意味と目的の危機でもあるのだ。このような危機が、システム内で最も脆弱な人々、つまり、若くてまだ正社員の職がなく結婚もしていない人々、社会が規定する仕事と家庭という二つの安定した生きがいの役割を担っていない人々が最も強く影響を受けるのは当然である。

したがって、経済が果たす役割は重要であるが、それは経済成長の回復が楽観主義を取り戻し、孤独や自殺につながる虚しさを解消するであろうからではない。むしろ日本の経済停滞は、日本の政治経済がよって立つ基礎とした約束、犠牲を正当化した約束の空しさを露呈したのである。意味づけと自分の居場所を見つけるための社会的資源をほとんど与えられていない日本の若者たちは、後に残された空虚さを今現在目の当たりにしている。このように約束が守られない状況では、犠牲の要求など不快で受け入れがたいものとなる。

東京電力が、福島の放射性廃棄物を除染するために若くて貧しい日本人を派遣労働者として雇うことを請負業者に許可したとき、日本政府は（政府が上限を引き上げた後も）放射線レベルが法定限度をはるかに超えていたにもかかわらず見て見ぬふりをして、彼らを健康被害の恐ろしい危険にさらした。そのうちの何人かは、後に放射線被曝が原因で癌に罹患した。(1) そのような犠牲は、戦争や国家が一つの目標に向かって進んでいるときには正当化できるかもしれないが、このような状況では、そんなできごとを体験することも目撃することさえもモラル傷害になったのだ。多くの人が、政府や東京電力のような大企業は人々を守る役割を果たせなかったと見ていた。

しかしながら、状況にはまったく希望がないわけではない。私たちは、レジリエンス、抵抗、意味づけ、地域コミュニティの構築の模範例を見てきた。実際、問題の原因を突きとめるのは解決策を見つけるためであり、主観性の危機をより詳細に、より理論的に明確化された形で探求することは、解決策になりうるものへの多くの糸口を与えてくれるのである。そしてこの最終章の目的は、そこにこそある。社会の構造が相互主観性の外的な現れであるならば、それに対してこのように意識的なアプローチを行い、市場や経済のレベルだけではなく、人間としてのレベルで個人と集団の力強い成長、発展を促す共感と思いやりの構造に変えていかなければならないというのが私の主張である。このような構造では、個人の福祉と集団の福祉が両立されなければならない。そして、人間は主観的で感情的な存在、つまり世界を感じ、経験する存在であり、その感情や経験が自分にも他者にも、そして私たちにとっても重要であると見なされなければならない。

世界を分かち合うこと、そして見られる自己

日本人の心理は社会が中心、もしくは相互依存的な自己解釈が特徴であるのに対し、欧米人の心理は個人

を中心とした自己の解釈を特徴とするという考えは、文化心理学と人類学の両方で数十年にわたって研究や議論の対象となってきた[2]。重要なことは、自己についてのさまざまな文化的概念があることや自己が時間を経て多様に形成されることを認めつつ、日本人の相互依存的な「自己」と欧米の個人中心の「自己」の違いを、まるでこれらが現実的な人間の存在的な本質のレベルで違うかのように扱うのを避けることである。二一世紀に入って、学者たちは自己の存在をより差異化して理解する必要性を指摘するようになった。つまり、個人差だけでなく、個人中心の自己概念と相互依存的な自己概念の両方を個々の人が複雑な形で共有する度合いをも認めるということである[3]。例えば文化心理学者のシミズ・ヒデタダは、個人中心の自己概念と社会を中心とした自己概念は「個々の人の個人的な体験を相互に、かつダイナミックに構成する要素」だと認識されるべきだと指摘している[4]。

　このアプローチは、私が本書で提示した主観性のモデルとも相通じるものである。そのモデルは、相互依存と共有された体験という外部に目を向けると同時に、独立と他者には知られない私的な体験という内部に目を向けるというヤヌス的両面の性質を強調している。この節では、このダイナミズムの一つの帰結として、他者の知覚を通じて構築される自己概念、すなわち私が「見られる自己」と呼ぶものについて考察する。これは、目に見えない内面性、すなわち「見られない自己」として構築される自己の概念と対照を成す。一対の双子のような主観性のプロセスの結果、この二つの方法で自己が対象化されるのである。対象化された自己の構築は、公的な自己として主に他者の知覚を通じて行われることがある。それと同時に、自己は、他者には知られていない、あるいは他者の見方とは異なると本人が考える体験に基づいて、他者には知られない私的な自己として構築されることもある。私の主張は次の通りである。北米と日本の社会における自己は、すべての個人において両方の方法で構築されている。また、この両者のダイナミズムの中で、文化が自己のさまざまな解釈を促す。このダイナミズムは、多かれ少なかれウェルビーイングおよび孤独のような主観性の苦悩につながるが、特にその社会の内部で政治経済の状況が変化するときにそのようなことが起こる。

したがって、「見られる自己」は日本人に特有の関心事ではなく、心理学や人類学の研究においてさまざまな形で登場する。その発達上の起源に関しては、フィリップ・ロシャの言う「他者の目を通して自分の存在を認められたいという基本的な欲求」、もっとシンプルに言えば、評価や承認を求める「根源的な親和欲求（affiliative drive）」に由来しているのかもしれない(5)。彼は、このように言っている。「私たちは本質的に他者の目を通して生きている。人間であるということは……第一に、自分がどれだけ他者の共感を得るか、つまり他者がどれだけ自分という人間を認め、評価しているかを気にすること、すなわち、自分の評判を気にするという他の動物種にはない事実である(6)」。ロシャは、そのことを次のように書いている。発達上の非常に早い段階から「社会性あるいは社交的な性質は、自分が集団の一員であり、他者の人生を動かす原因となる役割を果たしているとか他者の人生に影響を与えているという不確かで捉えどころのない感覚と切り離せないものである。「つながっている」ことが大切であり、究極的には、目に見えないのではなく見えていること、無視されたり仲間はずれにされたりするのではなく認められることが大切なのである……このような見方をすれば、社会性は互いに認め合うことの上に成り立っている(7)」。ロシャは、「認められたいという欲求が、究極的には社会的認知の原動力である」とまで述べている(8)。

私などと同じようにロシャは、自己はプロセスを通じて現れるものだと考えている。彼によると、自己に関する知識は主に他者との関わり合いの中から得られるものであり、自己は他者との関係を通して形成されるものである。チャールズ・クーリー、G・H・ミード、マルティン・ハイデガーといった学問の基礎を築いた学者たちや、現代の北山忍やロシャといった学者が、これほどの労力を費やして自己の発達における社会性の重要性を示してきたという事実だけでも、このような考え方が欧米の思想において当然視されてはいないことを物語っている(9)。他者から切り離されて存在する個別の自己という考え方、そのような元来自由な個人がある種の社会契約を通じて集まった社会という考え方はジャン・ジャック・ルソーやジョン・ロックの著作で述べられているが、それは文化的、歴史的に特殊な形で発展してきたものである。(10)

それとは対照的に、土居健郎は、甘やかされたい、愛されたいという願望である「甘え」もしくは依存心の日本の社会関係における重要性について述べている。(11) 土居は、甘えは日本だけのものではなく、文化の違いを超えて存在すると論じたが、日本語にはこのような社会的相互作用を表す言葉があるのに英語にはそれがないことは重要だと考えた。そして彼は、日本人は「欧米人」とは違う形で甘えを使っているし、甘えへの関わり方も違うと感じたのである。(12) 中根千枝は、「タテ社会」という言葉を用いて日本における集団凝集(group cohesion)の背後にある構造原理をとらえ、個人の自己意識がどのように集団の内部に端を発しているのかを示している。(13) 同様に、精神科医の木村敏は、「人と人の間」という甘えに関連した概念を展開し、社会学者の濱口恵俊は「間人主義」という概念を用いて、日本における社会的相互作用は相互依存性が高いことを巧みにとらえている。(14)

これらの概念は、それぞれ独自の方法で根源的な親和欲求と社会的拒絶への恐怖を明確に表現している。したがって、「個人の心は、意味を共有する他者の心との関係においてのみ存在しうる」というミードの見解や、「生まれてから数ヶ月のうちに、自己は内面的な主観的経験に基づいてではなく、他者との関係において次第に定義されるようになる」というロシャの主張は、日本文化の中で特に共感を呼ぶものである。(15) 日本では自己感(selfhood)がいかに社会的に構築されたものであるかがより強調されており、結果的にそれに対応して相互主観性や「世界の共有」と呼べるかもしれないものの重要性がより強調されるようになった。「世界の共有」は、単なる表面的な模倣やミラーリングよりも深い相互作用のあるダイナミックなプロセスである。共同体において集団的な踊りや儀式に参加する行為などが結果的に社会性や社会そのものの基礎を形成するのだ。

ロシャらが提唱した、自己が個人であると同時に相互に依存しあっているという二面的な存在のあり方をそもそも最初からすでに持って出現することを示す発達モデルと、欧米社会と日本社会という異文化間の差異についての私たちの理解とを合わせて整理すれば、文化的なプロセスが二面性のある自己意識の異なる側面を強調し、目立たせていることがより明確に分かる。これにより、日本人と欧米人の間に人間としての在り方、存在論的な根本的な違いがあるとする誤りを避けつつ、文化の違いを尊重し、認識することができる。ここでの違いは、価値観の問題で何を強調し、どう配置するかの違いであり、存在論的な自己のあり方の根本的な違いではない。(16)

皮肉なことに、自己の関係的性質や「世界を共有すること」の重要性を意識することは、必ずしもプラスの効果だけをもたらすとは限らない。なぜならば、自己が内的な知覚にしたがって対象化されるにせよ、外的な知覚にしたがって対象化されるにせよ、それはやはり自己概念の物象化であり、「自分は本当はどういう人間なのか」という概念に妥協せず固執することに伴うあらゆる失望、幻滅、切迫感、恐怖につながるからである。ロシャは、自意識が根源的な親和欲求を持ち、他者に依存していることが社会的拒絶の恐怖につながると述べ、それを「すべての恐怖の根源」と名づけている。(17)自己が他者の知覚、要するに他の人にどう見られているかに基づいて対象化されればされるほど、この社会的拒絶の恐怖は大きくなる可能性がある。実際、社会的拒絶の恐怖は、日本では特に顕著である。この国では、「取り残される」ことや「仲間はずれにされる」こと、「わがまま」、「自由人」と見なされることへの恐れや耐え難い気持ちから、個人の経験や選択、嗜好を制限したり禁じたりすることになる。また、何らかの体験を共有し続けることを第一としており、それは個人の体験や自立性より優先順位が高く、個人の体験や自立性は後回しにされている。そのような社会で負の烙印を押されて蔑視されたり非難されたり仲間はずれにされたりしないための一つの方法は、自分の願望や経験を抑え、「他人に合わせる」ことである。これは、前に説明したように「自分がない」——

文字通りの意味では「自己を持たない」——というよく知られた日本語のフレーズの背後にある基本的な意味である。

シミズは、日本の若者へのインタビューから、わずかでも批判的な発言は、それがグループの連帯感を損なう危険性があるためタブー視されることがあると述べた。彼は、ある一〇代の少年がこのように説明したと述べている。「嫌いな人がいて、その人のことがどれほど嫌いかを友人Aに話したら、「君がそんなことを言う人だとは知らなかったよ」と言われました。その時、A君の信頼を失った気がしたんです[18]」。また、思春期の女の子への別のインタビューで、シミズは「対人関係で一番大切なことは何ですか？」と尋ねた。彼女はこう答えている。「人に合わせることです[19]」。

このような自己の側面と、それが対人関係に及ぼす影響は、集団自殺を理解する上で重要な要素である。自立した行動が悪しざまに言われる社会では、一人ぼっちだとか自分勝手だとかいうのはみっともないことなので、それを避けるために集団行動が必要なのである。父親が自殺するときに残りの家族を巻き添えにする、母親が赤ん坊を殺して自殺する（心中）という強制自殺に見られるように、「取り残される」ことの耐え難さは他者に投影されてしまうことすらあるのだ[20]。

自殺研究が、自殺志願者の主観的体験に見られる最も重要なテーマに集中し始めているのは心強いことである。日本の精神科医である高橋祥友は、「絆」の構築が自殺防止に不可欠だと述べ、それがないと非常に危険だと考えている[21]。本書で先に述べた居場所の重要性についての議論を思い起こすと、心理学者のトマス・ジョイナーは、孤立感や「居場所のなさ」を自殺の三大危険因子の一つと見なしている[22]。人類学者のロナルド・ニーゼンは、カナダのアボリジニの若者の自殺の連続発生に関する研究において、彼らは「深い孤独、無視、自分が重要な存在でなく認められていないという感覚に突き動かされると同時に、この孤独の状態が直接的、間接的に他者と共有される」と書き、ジョイナーと同様の論調で述べている[23]。このように議論が収束してきていることが示唆するのは、私たちは過去に行われたものよりも効果的な介入方法を練り上げることができる段階に来ているのかもしれないということである。

本書で分析した自殺サイトの投稿は、他者から認められること——尊重されることと言ってもよいだろう——がないのは、人間であることの意味、人であること、「自己」であることの意味の根幹が欠けていることになるというロシャの主張を際立たせるものである。[24] 彼は、「したがって、社会的な充足感は、他者を認めるのと同じぐらいに自分も認められるという体験の中にある。逆に、社会的不安感とは、他者にとって自分が透明であるか見えない存在であるという体験、つまり自分が認められておらず、それゆえ社会から隔絶されているという体験である」と書いている。[25] このような視点に立つと、インターネット集団自殺に関連して別のところで論じた生きがいの問題は、それ自体が主たる実存的問題ではなく、むしろ他者との親和やつながりの感覚が減少したという徴候だと考えることができる。[26] まさにこの親和や居場所の喪失が意味の喪失につながり、それ自体が生きがいを疑う原因となるのだ。本書で提示した意味の関係理論が示唆しているのは、個人が、帰属、親和性、つながりを体験している限り、意味に関する問題は生じにくいということである。なぜならば、意味（生きがい）を感じることの重要な源泉は、自分が他者にとって意味のある人間だと感じることだからである。自己の意味が他者に左右されるという性質は、自殺に当たってさえも逃れられるものではない。奇妙に思われるかもしれないが、インターネット集団自殺でさえ、二人以上の自殺志願者が世界を共有し、苦しみに満ちた現世から来世への移行として共有された死に参加する方法なのである。

死ぬための許可と死ぬ勇気

ここで提示した理論的な主張は、本書で収集したエスノグラフィーのデータにも反映されており、私が収集し提示した発言に示される主観性のかなりの部分を説明するのに役立つと思う。このセクションで探求したい非常に重要な見識は、「死ぬための許可」と「死ぬ勇気」を与えられるという考えである。

これまで見てきたように、二〇世紀を通じて日本の自殺の連続的な「波」にはどれも集団自殺がつきものである。一九九八年以降の現在の自殺の波にもその特徴があり、過去の自殺の方法や手順をそっくりそのまま真似た自殺が多く見られる。なぜたった一人の自殺が人目につくと、他の自殺の連鎖の引き金となるのか？　そして、本書冒頭の問いに戻るが、なぜ日本人は共に死ぬ仲間を求めるのか？

その答えの一部は、本書で紹介されている発言、具体的には、日本の多くの自殺志願者が「死ぬことを許された」ときに感じる安堵感の表明にあると私は考えている。私たちは、『完全自殺マニュアル』を手にしたり読んだりして励まされたり共感してもらったと感じたりした人たちの発言を見てきた。彼らは、人生の困難に直面しても多くの人が「頑張れ」と言うだけだと感じていたが、初めて「死んでもいいんだよ」と言われ、その方法を教えてさえもらったことで自分の体験が真っ当なものとして認められている気がしたのである。彼らは、それを共感による行為として受け取ったのだ。

また、自殺サイトへの書き込みでは、個人の耐えがたい内的苦痛が他人に理解してもらえず、そのせいでただでさえ深刻な孤独感が強まっていることが分かった。日本では「他人に合わせる」ことが重視されて個人が軽視されているため、他人と共有できないプライベートな自分だけの体験は、こうした孤独感、疎外感を強めるだけのようだ。

したがって、別の人がやってきて「あなたの気持ちは分かるよ。そう感じてもいいんだよ。私もそう感じるよ。だから、死んでもいいんだよ。自殺したっていいんだよ。こんな方法だってあるんだよ」と言われると安心し、自分の気持ちが認められたと感じ、解放感さえ覚える人が多い。今となっては、その経験はもはや自分だけのものではなく、その行為はもはや利己的なものではなく集団的なものなのだから、真っ当なものなのだ。

このような視点は、集団自殺や「自殺の伝染（contagion）」——これは嘆かわしく、烙印を押して蔑視するような言葉であるが——と時に呼ばれる問題の解明にも役立つと考えられる。一人だけで苦しんでいると感じている人が自分と同じような人が自殺するのを見ると、自分は一人ではないと気づくのである。その人の自殺が苦境からの脱出法を示し、その人が自殺を実行した勇気は、他の人々に先例に倣う勇気を与えることになる。後に続く者にとっては、その行為はもはや自分だけのものではなく、集団的なものである。自殺は、今となっては利己的で独立した行為ではなく、「皆と一緒にする、人に合わせる」方法の一つにもなりうる。連鎖的自殺に見られるように自殺する人がますます増えてくると、それは孤独な個人の行為というよりはむしろ「参加する」とか「他人に合わせる」という形で実行しやすくなるのである。インターネット心中に参加する人にも、同じことが当てはまる。

現在における日本の自殺研究ではこのような解説がなされているのを見たことがないが、もし私が研究の方法論として批判的共感（critical empathy）を重視すると決め、自殺志願者や孤独な人々の主観的経験や発言に注目していなければ、この結論に至ることはなかっただろう。しかしながら、重要なことは、まさにこの状況は共感それ自体の両義的な性質を指し示してもいると認識することである。自殺願望を是認するような形で見てもらい、話を聞いてもらい、認められるという考えは、共感が本質的に、あるいは問題なく常に倫理にかなっているかのように扱うことがなぜ問題なのかを示す証拠となるものである。『完全自殺マニュアル』という本を手渡された人、自殺サイトに参加した人、インターネット心中に参加した人は、ようやく話を聞いてもらい、見てもらい、仲間や権威ある人（本の著者、司書、サイトの管理人）から「死にたいと思ってもいいんだし、死んでもいいんだ」という言葉をようやく聞いて、安心感を得たと語っている。しかしその一方で、図書館の司書が学生に自殺してもいいと言ってその方法が書かれた本を与えるとか、あるいはその本の著者がそのような本を書くとかいう行為の倫理的是非を問う人は多いかもしれない――特に、それが自殺を助長するものであるならば。

　第二章冒頭のサイト上の対話の中で、管理人のマーシーは参加者の一人を批判した。それは、死にたいと口にしたからではなく、死にたがっている別の人に死ぬ勇気と許可を与えかねないやり方でその人の「協力者」あるいは「仲間」になったからである。マーシーは、自殺するのは全く構わないが、死ぬ勇気がなくても「群集心理」に屈したがっている人を食い物にするのは「最低」だと指摘した。このように、共感はさまざまな形で表現され、受け取られることが分かる。ゆでたまごは、自殺願望を持つのは異常なことではないとしながらも、サイト訪問者に「三〇代半ばまでは生きてみよう」と呼びかけていた。その対極にある例では、白石（絞首刑執行人《ハングマン》）は、被害者の共感を求める気持ちを利用して誘い出し、殺害しておきながら、その動機は思いやりだと言い張った。

　もし、孤独を感じ、しかも自分の存在に気づいてもらえないと感じて激しい心の痛みを抱えている日本人が本当に多数いるとすれば、集団自殺や連鎖自殺の蔓延が示唆しているのは、どうすれば個人的な体験を烙印を押されて蔑視されない形で表現することが認められるのかを日本社会が見出さなければならないということである。そのような人たちは、共感を切望している。しかしながら、自殺予防の長期的な目標を達成するためには、社会において、そして対人関係において、共感を具体的に何らかの形にすることが何よりも重要である。

人生における関係論的な意味

ここまでの議論は、第一章で提示した主観性に関する考察と密接に関連している。第一章では、孤独は主観性の構造と根元でつながっており、だからこそ人間にとって普遍的な経験であると論じた。もちろん、すべての人が常に孤独を苦痛として感じているわけではない。孤独は多様であり、永続的なものではない。つまり、常に変化のプロセスにあるのだ。しかしながら、孤独という苦悩から抜け出せないということは、私がヤヌス面と呼ぶ主観性の性質――外部を見つつ内部を見る――のリミナリティ〔訳註：通過儀礼の過渡的段階〕から抜け出せないということであり、あたかも外面と内面の間の膜が硬化してしまっていて、そのはざまから抜け出せないかのようで、荒涼とした場所に閉じ込められているような気がすることである。チベット語のバルド（bardo）という「中間の状態（in-between state）」を意味する言葉を借りれば、慢性的あいは深刻な孤独を抱えている人は、孤独というバルドに囚われていると言えるかもしれない。解決策は、外に向かうことでも内に向かうことでもなく、外部と内部を隔てる膜の柔軟性を取り戻すことである。その膜は、世界を共有することと孤独な存在である自分自身の存在を受け入れることとの両方を可能にしてくれるものであり、自己と他者をより健全に作り直すことを可能にしてくれるものである。

　先に述べたように、孤独には二面性があり、他者との関係や親和（居場所があること、受け入れられること、認められること）への欲求を生じさせるとともに、孤独を体験すると恐れや恐怖の感情を引き起こす[27]。孤独が他者との関係への欲求を生じさせるのであれば、それは必ずしもマイナスにはならないが、孤独が慢性化したり深くなったりすると、社会から見捨てられたと感じ、恐れや恐怖で衰弱してしまうかもしれない。

　主観性の主要な構造の一つは自己と環境との間に仕切りがあることであり、もう一つはそれが一人称性の性質を持つことだと指摘した。しかしながら、現象学者はその一面である「現象が自分に見えるという事実」を強調する一方で、「自分に見える現象は、他者には同じように見えないかもしれない」というその当然の帰結にはあまり目を向けてこなかった。これは、孤独と共感の両方を理解するために重要である。人間の発達の初期に段階を追って理解が深まってゆくことだが、主観的な体験は必ずしも共有されないし、共有された体験の他にも自分だけの私的な体験もある。発達心理学における心の理論の研究によると、この他人には分からない自分だけの内面世界が存在するという認識は、ある時突然発生するわけではなく、段階的に発生することが分かっている。乳児はすでに自己は環境や他者とは違うものだという意識を持っているが、自分が知っていることや経験していることが他者にとっては未知で未体験なことがあるとは、乳児や幼児はまだ理解していない。この差異化のプロセスは思春期を通じて脳の発達とともに続いており、それに伴って社会的拒絶への恐れを感じたり、社会的に受け入れられることを求めたりするようになる。つまり、主観的な体験の性質そのもの（共有された側面あるいは相互主観的な側面と自分だけの私的な側面の両方があること）が意味しているのは、孤独が——あるいは少なくとも孤独になるという非常にリアルな可能性が——意識構造の一部として主観性に組み込まれているということである。

また、孤独と生きる意味には密接な関係があり、本書でもさまざまな形で探求してきた。心理学、特にポジティブ心理学では、「生きる意味」、「存在意義」は精神的ウェルビーイングを良いものにするために最も必要不可欠な要因の一つと認識されている。また、生きる意味を求めるほどにウェルビーイングにマイナスの影響があることが研究で示唆されている。[28] しかしながら、心理学では生きる意味について次の二つの定義が主流であった。一つは、個人が世界を理解するのに役立つ意味の認知地図を持っていること、もう一つは、目的、目標、やりがいのあることを持っていることである。この見方によれば、これらのどちらか、あるいは両方を持つ個人は生きる意味を持ち、その結果として自分が大切である（matter）と感じる。[29]

このような理論によれば、人間としての「生きる意味」あるいは「大切さ」は、より高度な認知力があるかどうか（高度に複雑で認知的な方法で世界を理解できること）と、特定の生産的なタスクができる（やりがいのあることを行えること）かどうかに完全に左右される。[30] これは、子供や障害者、人間以外の生物だけでなく、社会の規範によって定められた一定の生産性の型にはまらない人など、膨大な数の命ある存在を意図せずして「無意味」にしてしまうことになる。言い換えれば、生きる意味を研究するこの方法の中には、まさに本書で批判の対象としているネオリベラリズムのバイアスがすでにいくらか含まれている。

その代わりとなるのが、生きる意味への関係論的アプローチである。私の夫であり、心理学と宗教学の研究者であるブレンダン・オザワ＝デシルバは、「社会的関係は、考えうるさまざまな生きる意味の一部ではなく、意味そのものを生み出すコンテクストである」と指摘している。(31) そして、さらに次のように述べている。

私の人生に意味があるとすれば、それは何よりもまず両親やケアをする人などの他者から見て意味があるのだ。しかもその意味は、何らかの目的にかなうものではなく、私の人生の意味を「理解する」という高度な認知プロセスでもない。むしろそれは、何よりもまず私が他者から受けるケアの中で感じられるものであり、それを通して私は自分の人生が他者にとって意味があると感じるようになるのである。私の人生が自分自身にとって意味を持つようになるのは二の次でしかなく、また、その社会的コンテクストの内部で、その意味をともに構築するのだ。したがって、私の生きる意味は、私自身の目から見ても、この社会的な基盤（matrix）から切り離すことはできないのである。それを無視して、意味の認知的、目標指向的、目的指向的、個人主義的な側面にばかり目を向けていると、私たちは進化上、また発達的に後の段階、したがって可能性としてはより浅い意味の層に――ポジティブ心理学のテーマである私たちの深いウェルビーイングや幸せとの関係という意味で――自らを限定してしまうことになる。社会的、共同意識的に意味が構築されることは、それが無い場合にもはっきりと見て取れる。他者からの思いやりや気遣いが無いと感じたり、あるいは他者が自分の価値を評価してくれないと感じたりすると、人は自分自身の目から見ても生きる意味を失ってしまうようだ。孤独な人、あるいは社会から孤立し、拒絶される恐れのある人の自殺ほど、このことを如実に表しているものはない。自殺を考える人、あるいは自殺しようとして未遂に終わる人が、生きる意味の無さと社会的支援や他者との社会的つながりの無さの両方を露わにしていることは、何ら驚くべきことではないはずである。[32]

本書で調査したエスノグラフィーのデータが強く示唆しているのは、日本における孤独と自殺という現象を理解するためには関係論的な生きる意味のほうがより正確な理論的アプローチだということである。私が行ったインタビューでは、自分の人生に満足しているように見える人は自分が生きる意味を他者との関係で説明する傾向が非常に強かった。思いつめているような人や挫折感を感じているように見える人は、まだ生きる意味を探し求めていると答える傾向があった。同様に、自殺サイト訪問者にも、生きる意味がないという嘆き、生きる意味を見出したいという強い願望が見られたが、生きる意味を見出せば自分の不幸はなくなるだろうという信じている様子が強く見受けられた。孤独とは社会的に孤立していると認識することであるというジョン・T・カシオポの主張は、ある状況を社会的孤立と認識する人とそうでない人がいるのはなぜかという問題を提起している。[33]また、この社会的孤立の認識という主観的な体験をするとどのような心境になるのかという問題も提起している。

私は、社会的拒絶への恐怖と孤独との関連性を示すことでこれらの疑問に答えようとしてきた。実際、社会的拒絶への恐怖はすでに孤独の一形態であり、意味を脅かすものだと指摘してきたのである。孤独は社会的なものであり、空間的なものでもある。孤独は個人と環境との相互作用によって生まれるが、両者を隔てる膜には浸透性があり、またそれは絶えず変化する。社会、人間関係、そして自然環境さえも、個人とその自己概念の中に内面化されている。自己の構築にあたって、社会的関係は最初から個人の心の中に内面化されているように見えるので、個人は社会を外部との社会的相互作用とは別のものとして体験することがある。

自己は、たとえ一人でいるときでも社会的な自己である。あるいは、私たちはたとえ物理的に孤立していても、体験や意味を構築する上で心や脳は常に社会とつながって働いているので、個人は決して真の意味で一人ではないとも言えるだろう。

したがって、社会性はハビトゥスから切り離せないものである。孤独を含むすべての社会現象は、自己と自己概念の理解とあわせて理解しなければならない。自己と自己概念は、他から影響を受けない非社会的な単位ではなく、社会との相互作用から発生し、自己の中に内面化された社会的な力関係を含む単位である。このため、社会的な拒絶への内面化された恐怖は、実際に個人間に社会的拒絶がまったく生じていなくても、また実際に社会的な支援がある場合でさえも、危険なものとなる可能性がある。

この動的なプロセス、そして主観性の持つ柔軟性が、孤独に対するレジリエンスを育む余地を残しているのである。日本の内観療法に関する私の研究では、過去に他者からの愛情や他者との絆を感じた体験を思い出したり、そういう体験を忘れないでいることができたりした人は、他者との絆を感じる思いが強くなり、孤独感が薄れることが実証されている。[34] 内観とは、仏教の瞑想法から宗教的要素を取り除いた実践法で、丸々一週間かけて三つの問いを中心に持続的に内省を行うものである。その問いとは、自分が他者から何を受け取ってきたか、自分は他者に何を返してきたのか、自分は他者にどんな迷惑をかけてきたのか、というものである。[35] 内観は、社会的な支援の記憶を重視することによって、それを体験する人の内面に「大切にされてきた」、「支えられてきた」、「受け入れられてきた」という強い実感を定着させることになる。欠点があっても自分は受け入れてもらえてきたという感覚と認識があれば、それは社会的拒絶の恐怖をただちに弱め、強い安心感や帰属意識を生み出す。確かな愛着心の芽生えは、孤独を体験したときに非常に強力なレジリエンス要因として働くのである。また、自分のことを大事に思ってくれた人たちから意味のある存在だと認められているという事実があれば、自尊心が安定し、自分自身を受け入れることができるようになり、それは生きる意味の無さに対して強い緩衝作用があると思われる。

大ざっぱに言えば、他者からのケアを感じ、それを自覚、認識することによって、自分は他者の目から見て有意義で価値のある存在だと思えるようになると言ってもよいだろう。このことは、自分自身を評価するにあたって自尊心や価値を感じることにつながる。なぜなら、意味は社会的に構築されるものだからである。その結果、自分の人生は有意義だということになり、それには確かな愛着心や他者との安定した関係や絆が伴う。次に、これは孤独ではないという体験になる。逆に言えば、他者からのケアや支援がないと感じれば、他者が自分のことを大切な存在、価値のある存在、意味のある存在だと見てくれていないと感じることになる。その結果、自分の価値や生きる意味に対する危機感や疑問が生じたり、自分が意味を求める努力と他者が自分を意味のある存在、価値のある存在だと認めてくれないかもしれないという恐れとの間に葛藤が生まれたりするかもしれない。それには、愛着心の不安定さ、他者との絆意識の弱さ、社会的拒絶への恐れ、社会的に孤立しているという感覚、すなわち孤独が伴うかもしれない。

万引き家族

二〇一八年、是枝裕和監督は映画『万引き家族』を封切りした。この作品はカンヌ国際映画祭でパルムドール賞を受賞したが、アカデミー賞を複数受賞した韓国人監督ポン・ジュノの、より有名な二〇一九年の映画『パラサイト——半地下の家族』と多くの類似点がある。『万引き家族』は、三世代家族である柴田家の生活を描いたもので、祖母らしき女性（初枝）、三〇代か四〇代の夫婦（治と信代）、二〇代の若い女性（亜紀）、一二歳ぐらいの少年（祥太）がひとつ屋根の下に暮らしている。映画の最初の場面は、治（父親的な存在）と祥太が、スーパーマーケットで協力して万引きをし、路上の屋台でコロッケを買うというものである。次の場面で、二人は四歳か五歳の少女ゆりの住まいの付近を通りかかる。治と祥太は、ゆりの両親が喧嘩する声を聞く。治はゆりにコロッケを差し出し、そして五人家族の家に連れて帰ることにする。パートナーの信代は反対し、「ゆりを家に帰してきて」と言い張るが、治は「外は寒すぎるよ」と言う。翌日、治と信代がゆりを自宅に送り届ける途中で耳にしたのは、ゆりの両親が再び激しく喧嘩する中でゆりの母が言った「私だって産みたくてあの子を産んだわけじゃない!」という言葉だった。信代は地面にしゃがみ込み、ゆりを強く抱きしめて離そうとしない。信代もまた、祥太と同じように親に望まれずに生まれ、捨てられたのだと観客は後に知ることになる。彼らはゆりを返さず、自分たちの娘として育てることを決意する。

映画が進むにつれ、この家族は決して普通の家族ではないと分かってくる。なにしろ、実際誰にも血のつながりは無く、それどころか、皆ゴミのように「捨てられた」人たちである。祖母のような存在の初枝は、別の女に走った夫に捨てられていた。彼女にとって娘のような存在で毎晩一緒に寝ている亜紀は、実際には初枝の元夫の実の孫娘である。実家を飛び出した亜紀は、若い女性が服を一部脱ぎ、個室で客を膝枕で寝かせるという商品化された親密さを提供する店で働いている。夫婦のようにふるまう治と信代は実際には夫婦ではないが、虐待を行っていた信代の元夫の遺体を彼女が埋めるのを治が手伝ったという事実でつながっている。信代の元夫は、信代が、あるいは信代と治が二人で一緒に正当防衛で殺したのだ。そして祥太は——治が祥太に自分を「父ちゃん」と呼ぶように促し、ゆりを「妹」と呼ぶようたびたび促している事実はあるものの——治の息子ではなく、幼いころに一人で車の中に置き去りにされていたところを治と信代に見つけられたのだった。

この映画では、ほぼすべての場面で、社会という便宜的なつながりや絆と人間同士のリアルなつながりという絆が対照的に描かれている。この映画は、家族の血のつながり——それは伝統的な日本社会の基盤である——が思うほど強くもなく純粋でもないことをたびたび主張している。是枝監督は、日本社会の片隅にいる貧しいはみ出し者の家族の優しさとお互いを思いやる気持ちを示し、それと血縁でつながった家族の残酷さと無関心を対比することによって、日本の伝統的な価値観のヒエラルキーを根底から覆している。彼は共感という伝達の手段を通じて、家族、血のつながり、社会、ホームレス、万引き犯、セックスワーカー、警察などについての主流派の単一国家的、ナショナリスト的な物語に代わる別の物語を提供しているのだ。クローディア・ストロースは、日本（あるいはあらゆる社会）を単一の「抽象的な文化主体」として表象することを戒め、「公共文化は大衆の意識をストレートに反映するだけのものではない」と述べて、こうした多様性を認識することの重要性を指摘している。[36]

是枝監督は、あるインタビューの中で、社会や家族はどうあるべきかについての日本の伝統的な表象に抵抗する意図をはっきりと示している。「私の人生における大きな気づきの一つは……子供を持つだけでは親になれないということです。……私の映画には、それについての自分自身の危機感が反映されていると思うのですが、本作ではそうした危機を正面から描いています。この作品の中では、つまるところ人と人を結びつけるものは血縁でもなく、柴田家の人々が共に過ごす時間でもありません」[37]。是枝監督は、「二〇一一年の震災後、家族の絆が大切だと繰り返し言う人たちに違和感を覚えました」と述べている。[38]彼は言葉を続け、「日本では、家族という伝統的な概念がすでに解体、あるいは破壊されつつありましたが、三・一一によってそういう現状が露わになったというだけのことなのです。家族の本当の価値や目的を日本社会の古めかしい伝統的な美辞麗句で解釈することは、もはや不可能だと思います。『万引き家族』では、一緒に暮らす三世代について考えていました。なぜなら、それが日本の家庭だと一般的に思われているからです。でも、私はそれをあれこれいじってみたくて、そういう関係の内部でも核家族は後戻りできない変化を遂げつつあることを示したかったのです」[39]。

柴田家の人々の絆と日本社会の保守的な価値観とのコントラストが最も鮮明になるのは、映画のクライマックスで祥太がゆりを守るためにわざと万引きして捕まり、家族全員が逮捕される場面である。警察が柴田家の家族を一人ずつ尋問していくと、彼らは犯罪と欲と便宜だけでつながっていたと主張する。日本の伝統的な価値観の枠の中では、それ以外のつながり方はありえない。結局のところ、彼らは「本物の家族」ではないのだから。しかしながら、柴田家の人々はそのような解釈をはねつける。警察の保護から解放された後（あるいは治の身代わりになることを選んだ信代のように刑務所に入れられた後）、お互いへの愛の絆は変わらず残っているのは明らかに見て取れるし、選択による絆で築いた家族は、血縁の絆で築いた家族に勝るとも劣らず強固なものなのだ。祥太と治の最後の場面では、二人は離れ離れになりつつあり、もう二度と会えないかもしれないのに、祥太がついに父ちゃんという言葉を口にする。

社会と思いやり（compassion）

映画『万引き家族』がフィクションの形で描いているのは、本書の核心にあり、また日本における孤独の問題の核心にあると私が考える深い真実である。すなわち、社会が孤独を生み出すのは、社会がその構成員の価値を道具化（instrumentalize）し、人を使い捨てにするときだということである。このような社会では、すべての構成員が人間性を奪われている。それは、社会の周縁に追いやられ、見捨てられた人々、あるいは忘れ去られてしまう恐れがあるのが一目瞭然な人々だけではない。なぜならば、「生産性が高い」とか「成功している」とか思われている社会の構成員であっても、他人が見捨てられているのを見れば、「あの人が見捨てられるなら、私も見捨てられるかもしれない」と、自分自身もいずれ収益価値（productive value）を失い、見捨てられてしまう可能性があることが分かるからである。『万引き家族』が観客に促しているのは、血縁や社会経済的ヒエラルキーといった従来の規範に左右される人間関係や社会の概念を考え直すことであり、また内在的な価値や思いやり、そして選択によって築かれる人間関係のあり方を想像することである。

人が収益価値だけに切り詰められるとき——他者にとって道具的または実利的な価値しか持たないとき——その人は内在的な価値を持たないということになる。そうなったら、その人は人間ではなく、単なるモノに過ぎないということになる。そして、道具としての価値を失ったモノと同じように、加齢や障害などで価値がなくなれば「ゴミ」のように捨てられるかもしれないのだ。場合によっては、生まれながらにして障害を抱えた人は最初から役立たずと見なされることさえあるかもしれない。しかしながら、社会にとって目に見える収益価値を持たない人でも、その人を愛し、ケアをする人々の目から見れば、それでもやはりその人は価値を持っているのである。

社会的に拒絶されることへの恐怖は、人々の間に安心感や信頼感がないと感じられたときに発生する。高いレベルで安全性と安定性を感じている人たちは、たとえ自分が何か過ちを犯しても、あるいは自分について何か好ましくないことが明らかになったとしても、それでも自分は受け入れられ、尊重され、愛されるだろうと感じる。これほどの信頼感があるということは、人と人とのつながりが非常に密接であることを示している。本物の人間関係とは、生産的、道具的（instrumental）な価値に左右されるのではなく、内在的（intrinsic）な価値の意識に基づくものである。ここでいう内在的な価値とは、他者の認識とは無関係な価値という意味ではなく、むしろ親身になってくれる他者から見て、その人が内在的に持っている価値である。人が純粋にある人を慈しむとき、あるいは大切に思うとき、その人はただ存在しているだけで価値があると思うのであって、その人が生産的、道具的な価値を持っているからとか、あるいはそうした価値を将来持つかもしれないからではない。[40]

これが意味づけの関係性理論である。それは、人の価値観や生きがい、生きる意味は社会的に構築されるものであり、自分の人生が他者の目から見て意味があると感じることに大きく左右されると仮定する。もし自分が業績や生産性とは関係なく他者から内在的な価値があると認められていると感じれば、自分自身の人生には価値があると自分でも思うようになるかもしれない。なぜなら、個人の物の見方は他者の物の見方によって形成される傾向が強いからである。これは、人間が社会的存在だからこその特徴である。私たちは他者の意見と正反対の意見を持つことができるが、特により大きなコンセンサスを形成する人々と個人的なつながりがある場合には、それに同意せずに正反対の意見を持つことはより困難である。

ヴィジやピエール・ブルデューの研究のような政治経済と主観性――特に主観的ウェルビーイング――の相互依存関係を調べる研究が示唆しているのは、社会が構成員を単なる生産者や消費者として生産的、道具的価値しか持たないものとして扱うと、構成員は自分の価値を生産性や成功というレンズを通してしか見なくなるということだ。[41] これは、社会の政治的、経済的、社会的構造によって定められた規範による「完全に生産的な」社会構成員から最も遠い社会集団に過大な影響を与えることになる。その集団とはすなわち、高齢者（経済的な「生産性」のある時期を過ぎているから）と若者（まだ生産性を得ることができず、得られるかどうか実際のところ不確実かもしれないから）である。たとえ若くもなく高齢でもなくても、他の理由で生産性という社会の型にはまらない人たちもまた、同じ理屈で同じような問題にぶつかることになる。

これが示唆しているのは、社会が変化するとき、その構成員が前より意味があると感じたり前ほど意味を感じなかったりするような形で変化が起こることがあるということだ。人との関わり方、社会的関係、人間関係の構造や期待が変化するにつれて、人々はお互いのことを前より意味があると感じるようになったり前ほど意味を感じなくなったりして、互いを前より意味がある存在とか前ほど意味がない存在として扱うようになるかもしれない。これは、社会的、政治的、経済的構造へのいかなるアプローチにおいても必ず研究しなければならないことである。社会や企業の構造が、感情と肉体と知性を持つ人間によって構成されていること――そして本来はそういう人間の役に立つように構築されるべきものであること――を考慮せずにネオリベラリズム的な市場原理が社会や企業の構造を変えるに任せておいたら、社会が「孤独な社会」に向かっていくのを何の抵抗もせずに座視することになる。

共感と方法論

本書では、感情（感覚および情動）が、高度な認知やそのさまざまな現れ（言語、理性、制度など）よりも、進化の上でも発達の上でも普遍的で根深いものであることを主張してきた。人類学に限らず、哲学や心理学などの分野の研究でも、感情や感覚、情動といった領域は軽視されてきた。ひとたび感情に注目し始めると、それが主観性の基礎となる特質であることが見えてくる。

孤独そのものが感情であり、情動的で主観的な状態である。私が主張してきたのは、生きる意味がないというのも認知だけでなく感情にも関わるということだ。つまり、自分の人生には価値がない、居場所がない、道に迷ってさまよっていると感じているのである。このような感情――主観性の苦悩――は、知性だけでは対処できないものである。このような感情を抱いた人に働きかけるに当たっては、彼らが抱えている問題に知的な解決策を与えるだけではいけない。そういう人を異なる感情の状態に持っていく必要がある。北茨城でメンタルケアの専門家たちが拒絶されたのは、誰も彼らの助けを求めていなかったからではなく、彼らが提供していたのが技術的な、ある意味で一方的でトップダウンの支援だったからである。そこにいる人たちが必要としていたのは、見てもらい、尊重してもらい、話を聞いてもらい、対等に扱ってもらうこと、つまり彼らの気持ちを楽にするような行為だったのである。自殺サイトを訪れる人たちは、コミュニティを求めていた。つまり、彼らの心の痛みが軽々しく扱われず真剣に受け止めてもらえる場、彼らの置かれた状況や死にたい気持ちにさえ共感してくれる他者に、見てもらい、聞いてもらい、理解してもらうための場を求めていたのである。

帰属感、意味、つながりなどの最も重要な感情のいくつかは、個々の人の心の中だけでなく、人と人との間で相互主観性の現れとして発生する。したがって、主観性にアプローチするには共感が必要である。なぜならば、理性やいわゆる高度な認知、認識だけでは他者の情動の状態を理解するには不十分であり、不適当だからである。幸いなことに、哺乳類であり社会的動物である私たちは、他者について推論するだけでなく、共感する能力――それは理性と感情の両方を伴うプロセスである――を備えている。私が確信を深めているのは、深刻で慢性的な孤独のような主観性の苦悩を抱えている人々の情動の状態は、同じ苦悩を抱えている人々にさえ純粋に知的な方法のみでは理解できないことが多いということだ。しかし、そういう人々には共感を持ってアプローチすることができるのだ。

情動は、高度な認知機能の多くより前から存在する脳のシステムに具現化されているからこそ、思考や言語よりも言葉にしたり概念的に分析したりすることが難しいのである。私たちの持つ分析的な語彙では及ばないかもしれないが、それはこの分野にもっと関心を持ち、より発展させる必要があることを示している。さらに、学問そのものが共感のプロセスを阻害しているかもしれない側面がある。科学、統計、学術研究はもともと対象化する性質を持つものであり、人間の体験や苦痛を一般化して体験から遠い表象をする結果になりやすい。そうした表象は共感を回避したり妨げたりするものであり、それらが表象の対象としていると称する人々の主観性を消してしまう。

本書には、一人称や二人称の語り、説明や記述を多く盛り込み、時にはそれらと三人称の記述とを意識的に分けることで、学問研究の持つこうした傾向と釣り合いを取ることに努めてきた。この本の執筆を進め、共感に重点を置くという方法論を発展させるにつれ、一人称の話を提示する方法を大幅に見直した。そうしているうちに、共感には学問研究や学術論文に影響を与えうる時間領域があることに気づいた。つまり、共感が育つには時間がかかるものであり、それに関心を向けるつもりなら、それが育つ余地を与えなければならないということである。稿を重ねながら、自分の考えや体験を語る人の声に私はなるべく介入しないようにして、そうした声が読者に直接語りかけることができるように努めた。共感は、他者との現実的な差異を認識し、認めることと、それと同時に他者との同一化と人間性を共有する感覚を維持することの両方によって成立するので、どのように文章を構築すれば独自性や差異を維持しながらも感情的な共鳴の余地を保てるのか、じっくりと検討した。また、語られる話の周りにスペース（間《ま》）を作ることも心がけた。これは、語られる話や一連の引用文の提示とその後の分析との間に区切りを設けることになった場合もある。語られた話が何を意味するのかについての自分の考えや、どう読むべきだと自分が感じたのかについての自分のコメントを削除することになった場合もあった。思考は猛烈な勢いで進むことができるが、スピードを落として耳を傾け、感じることも確かに必要だという確信を持つようになった。そうすれば、学ぶことができる。本書は私が方法論として共感を重視するための準備的な試みと捉えているが、この方法論は有望だと思ったので、今後の研究でこれをさらに推し進めて行きたいと思う。

当然ながら、人類学者が方法論として批判的共感（critical empathy）を用いるつもりであれば、それは理性を捨てて感情に身をゆだねることであるはずはなく、共感的苦悩を思いやりと勘違いすることであるはずもない。批判的共感とは、共感の持つ可能性と危険の両方を認識することである。主観性の苦悩を研究し、苦しんでいる対話相手と関わると、共感的苦悩に陥りやすくなる。また、研究者が、他者の経験を表現、描いていると主張しているものの、実際は自分の経験、考えを投影しているにすぎない場合、その研究者はその他者に対する共感に失敗してしまったと言える。このような共感の不具合は避けるべきである。共感を人類学研究に貢献する方法論として重視するつもりならば、人類学者は共感、思いやり、視点取得［訳註：自分以外の視点から状況を見る能力］などに関するトレーニングに敢えて取り組むことで得ること、学ぶことは多いかもしれない。これは観想学、または観想科学（contemplative science）の研究者たちが以前から奨励してきたことであるが、この点についてはまだほとんど変化が見られない。

孤独から何を学べるのか？

アーサー・クラインマンは、主観性に関する私の見解に大きな影響を与えたタナー連続講演において、体験を本質的に人間関係的（interpersonal）、モラル、道徳的（moral）なものとして見ることが生産的である理由を簡潔に説明している。体験は、本質的に人間関係的なものである。なぜならば、体験は「集団的なプロセスと主観的なプロセスとが混ざり合う培地（medium）だからである。私たちは、はっきりそれと分かる体験の流れの中に生まれて来る。その記号としての意味と社会的な関わり合いの中で、私たちの五感はある種の型にはまった感覚能力（sensibility）に形成され、私たちの動きは抵抗を受け、方向性を見出し、そして主観性が出現し、形ができ、そしてそれが反映する形でごく身近な世界を形成する[42]」。クラインマンは言葉を続け、体験はモラル、道徳に関わるもの（moral）だと述べている。「なぜならば、体験は日常生活において関与の培地（the medium of engagement）だからである。日常生活にはさまざまな利害関係があり、ごく普通の人たちがそういう関係に深く関与した利害関係者である。彼らは、重要なものを失ったり獲得したり守ったりしているのだ[43]」。

さらに、私が別のところで論じたように、体験は可塑的、流動的なものであり、歴史的な条件や文化的な条件によって変容しやすいものである。体験は「主観性の変容であり……それによって苦しみをどう解釈するかは歴史的、文化的状況によって変化したが、それは社会にとって苦しみの体験を変えるようなやり方で変化したのである[44]」。苦しみには救いをもたらすという意味があった原始キリスト教の時代とは異なり、現代では「ただ苦痛や苦しみに耐えることは、もはや誰にも求められていない。子供たちを社会に適応させる方法や道徳的な意味や実践を支える社会制度は、不幸に耐えたり回復や救済には限界があることを甘受することに対して報いはしない。苦しみが救いとなる可能性は、空前の低さである」(45)。

このことは、二つの点で孤独の研究にとって重要である。それは第一に、社会の変容が主観性の変容をもたらし、その結果、孤独の体験がより強くなり、より広がっているという考え方を支持しているという点である。第二に、孤独のような主観性の苦悩を含む苦痛の解釈が、レジリエンスを増大させるように変化する可能性があることを示唆しているという点である。孤独が社会において無意味な苦痛としてしか理解されなかったり、何らかの障害として病的に捉えられたり、あるいは人格的な欠陥の徴候だと見なされたりすると、孤独を体験する個人のレジリエンスやウェルビーイングが損なわれる可能性がある。その一方で、孤独が人間という存在にとって避けがたい条件であり、実際に主観性そのものの構造が産みだす結果だと理解されれば、より孤独に耐えやすくなるかもしれない。これは、慢性的で深刻な孤独を最小限に抑えることに価値がないと言っているのではない。ただ孤独を完全に排除することは個人にとっても社会にとっても現実的なアプローチではないかもしれないと言っているのだ。これまでの各章で述べてきたように、人災も自然災害も簡単には修復できない喪失体験を生み出す可能性がある。破壊された街は一日で再建できるはずもなく、失われた愛する人は戻って来るはずもなく、人生においてすべての希望がかなうはずもない。

確かに、孤独は私たちに何かを教えてくれる。孤独は確かに主観的な体験であるが、それは随伴現象［訳註：生理現象の反映としての精神現象］というだけのものではないし、つかの間の不幸や苦痛の体験というだけでもない。それどころか、孤独は主観性の構造そのものに起因している。その構造に含まれる事実としては、主観性は本来相互主観的で関係的であるにもかかわらず、私たちの主観性には他者の心や体験から秘められ、「閉ざされた」面があるということがある。自己と他者との相互依存は、実際には自己と他者との差異化をあらかじめ排除するものではなく、むしろそれを前提としているのである。

孤独は、私たちの「二重の遺伝的形質（dual inheritance）」の好例と言える。なぜなら、孤独には進化上および発達上の構造や文化の構造の複雑な相互作用を伴うからである。進化論から言えば人間は哺乳類であり、人生のどの段階においても、生きのびるためには他者を必要とする。他者からの分離は私たちの生存を脅かすものであり、それが私たちに孤独を感じる能力が備わっている原因の一つである。発達の面から見れば、人間は心の理論を発達させ、自分と他者の感情や精神状態を識別する能力を発達させる。このことによって人はお互いに共感し、視点取得ができるようになるのと同時に、自分が理解されない、共感されないという可能性も生じるのである。ここにもまた別の孤独の原因がある。

また、孤独には私たちの社会の文化的規範、要するに文化で基準、当たり前とされるものやその文化において期待されるものにも原因がある。社会は社会的関係に対して明示的にも暗黙裡にもさまざまな期待を表明しているので、人生においてそうした期待に応えられないと孤独を感じる結果になることがある。より大きな規模では、個人だけでなく、あるグループ全体の人々やあるカテゴリー全体の人々が、周縁に追いやられ、孤立し、拒絶され、尊重されず、受け入れられず、攻撃され、抑圧されるといった体験をすることがある。たとえこのような個人や集団の価値や自尊心を脅かすものが身体のサバイバルを脅かすものとまではならないとしても、孤独のまた別の原因となることは間違いない。

孤独が発生する原因は、社会的に孤立しているという認知のしかたや感じ方にあるのであって、実際に物理的に孤立しているからというだけではないのだ。要するに、私たちが認識、受け止め方、感じ方を変える事で、個人やコミュニティの客観的な状況が変わらなくても孤独に対応することができるということなのだ。これは、個人のレベル、コミュニティのレベル、そして社会全体のレベルで起こりうることである。孤独の可塑性は、このあたりにある。私は、内観やＣＢＣＴ（Cognitively Based Compassion Training 認知に基づく思いやりのトレーニング）などの観想的実践（contemplative practice）の研究から、認知が変われば情動も変わりうることを知った。例えば内観では、クライアントは生まれてから現在までの自分の過去を振り返り、自分の人生において大切な人たちからケア、愛情など与えられ受け取ったものをたくさん思い出す。クライアントは、自分が受けた数え切れないほどの小さな親切を思い出し始めるにつれて、自分が誰からも支えられていない、愛されていない、大切にされていない、孤立している、一人ぼっちであるという感覚すべてからも解放され始めるのが一般的である。このように過去を回想する実践で過去が変わるわけではないが、クライアントの過去に対する認知が確かに変化し、結果としてその人の情動がそれに伴って変化する。これは知的なプロセスというだけではなく、時間と実践が必要な観想的プロセスなのである。同様に、CBCTやCCT（Compassion Cultivation Training 思いやり養成トレーニング）、CIT（Compassionate Integrity Training 思いやりある誠実さのトレーニング）などの思いやりトレーニング・プログラムは、参加者が自分自身の認知や態度が現在の情動を形成していることを認識するよう導き、その認知や態度をより幸せにつながるものへと責任を持って変えるように参加者を力づけようとするものである。これらすべてが示唆しているのは、孤独は社会的、文化的条件に起因しているのかもしれないが、孤独の解決策は外的要因や構造を変えることだけに頼るべきではなく、このように社会を変えることと主観性の役割を認識することや認知の変化を通じて主観性が変容する潜在的な力を組み合わせるべきだということだ。

こうしたことに基づいて、個人のレベルと社会のレベルで孤独に対処するために役立つと思われる五つの提案を行い、本書の結びとする。

孤独を受け入れる

孤独が蔓延していると理解することは、孤独の病理化につながるべきではなく、孤独が普遍性を持つことへの理解を伴うものでなければならない。それが一層重要になるのは、一時的な孤独の体験を受け入れることがレジリエンスへの手がかりになるかもしれないからである。孤独だけでなく拒絶や孤立といった孤独につながる状況は、人生においてたびたび起こる一時的な状態である。そのような経験は、一人で直面しなければならない苦難ではなく、人間なら誰でも経験することの一部だと考えることができる。そのような苦しみの体験を受け入れられず、あるいは耐えられず過ぎ去るのを待てないと、心理的な苦しみが強まり、自殺さえも考えることがある。一方、苦しみの体験を受け入れ、それは誰もがさまざまな時期に体験する当たり前の人生の一面だと考えれば、それが過ぎ去るまで辛抱強く待つことができるようになる。

自分自身の孤独を人間にとって当然の部分として受け入れ、自分や他者の孤独の体験を人生の正常な一面として捉えると言っても、もちろんそれは孤独の問題に取り組む努力をしないという意味ではない。それどころか、社会関係に対する期待が満たされていないことが孤独の大きな要因なので、孤独を受け入れるという実践はむしろ自分の孤独を和らげる重要なステップになるかもしれないし、孤独に対するレジリエンスを身につけるにあたって重要なポイントになるかもしれない。

他者を受け入れる

孤独の普遍性とその進化上、発達上の、また文化的な起源を認識し、孤独とは私たち誰もが人間として経験する事の一つだと見なすことに助けられて、私たちは他者にも手を差し伸べることができるようになる。さらに理想的に言えば他者への共感を培うことは大切かもしれないが、他者を受け入れることがまず第一歩となるだろう。本書に示したように、個々の人だけでなく一つのコミュニティ全体さえも――特に社会の周縁に追いやられる恐れのある人々は――受け入れられていると感じ、存在に気づいてもらうこと、価値があると認められること、大切にされることが必要である。そうでなければ、孤独、見捨てられたという気持ち、孤立を感じるのはごく当然である。ネット集団自殺で自殺した若者たちが蔑視されたように、苦しんでいる人々やコミュニティを軽視するのではなく、むしろ彼らの主観的な体験を真っ当なものとして認めて受け入れることによって、そのような人々やコミュニティを支援することができるのだ。

北茨城の事例と今回研究した自殺サイトの状況の両方が示唆しているのは、こうした支援が「治療」、「処置」、あるいは「サービス」として上から目線の温情主義で与えられるのではなく、真の絆と尊敬とコミュニティの形成を通じて提供されることが重要だということである。一個人や一つのコミュニティのレジリエンスに重点的に取り組むことで、行為主体（agency）としての意識を育むことができる。孤独な人たちにとって重要なことは、このような行為主体性を感じ、人とのつながりを形成し、他者に手を差し伸べることができる自分の能力を認識することである。なぜならば、円満な関係が自然に結ばれるのを待つだけではうまくいく可能性が低いからである。

孤独な人たちは、拒絶されることを恐れるあまり他者と進んで関わろうとする意欲が削がれるかもしれない。この恐怖を和らげるには、以下のことを認識すればよいだろう。前節で述べたように、それは誰もが共通に持つ人間らしさの一部だということ、また、どこかに所属したいという欲求には進化上、発達上のルーツがあり、それはサバイバルと結びついているので拒絶されることに恐怖を感じるのも無理はないが、現実の人間生活において社会的拒絶の事例のほとんどは実際に身体のサバイバルを脅かすものとはならないということである。社会的拒絶に対するこの恐怖の起源をじっくり考えることで、それを和らげることができる。

自分自身を受け入れる

自尊心や自己肯定感は、他者との関係に大きく左右されるのが一般的である。[46] 本書では、多くの日本の若者にとって生きる意味は「必要とされたいという欲求」と結びついていることを確認してきた。自分の社会的関係についての認識が期待通りでない場合、人は孤独感を抱くだけでなく自分の人生に価値がないと実際に感じるかもしれない。したがって、少なくとも部分的には他人の承認に左右されない自尊心を育むことが極めて重要である。他人から認められると自己肯定感が高まるが、他に自尊心の拠り所がないと、他人から認められなくなったときに自分の人生に価値がないと感じてしまう危険な状態に陥る。一人一人が自分自身の内在的な価値を確信し、いかなる失敗も実績の無さも生産性の無さも自身の価値を無に帰してしまうことはありえないという事実を確信することが重要である。

自分の居場所を見つける

本書で取り上げた多くの事例が示唆しているのは、孤独を抱えた人々にとって、自分が所属するニッチ、つまり居場所を見つけることが非常に有効でありうるということだ。なぜなら、孤独は人間関係の欠如が問題だというだけでなく、くつろいでありのままの自分でいられる状況や環境が無いことも問題だからである。思いやりのある人間関係があればそういう状況が作れるが、同じような興味や体験を持つ人たちが集まるコミュニティを見つけることによってもそういう状況が作れることがある。生きがいを持つことの重要性についても取り上げてきたが、孤独を抱えた人に生きがいを見出すよう提案するのは、役に立たないように思われる。もちろん、そういう人々が生きがいを見出せるなら、それに越したことはない。しかしながら、生きがいとはただ恣意的に人生の目標を定めることではなく、何よりも自分の人生には価値があり、目的があると感じることだということが分かった。孤独を体験しているとき、多くの人は自分にははっきりした生きがいがないと感じている。したがって、まず居場所を見つける方が容易に思われる。その居場所を通じて生きがいが見つかるかもしれないし、もしそうならなくても、人生のもっと後でひょっとしたら生きがいを得ることができるかもしれない。

自殺サイトでは、よくサイトの常連が新人に「もう大丈夫ですよ。ここがあなたの居場所だと思ってください」と言って挨拶する。本書で調査した自殺サイトと三・一一の体験が共に示していることは、人は孤独を感じていても、通常その苦しみを一人で抱えているわけではないということだ。それどころか、その苦しみは他者と共有されている。そういう人たちが同じような感情や体験を持つ他者を見つけることができれば、共感されるという体験をして居場所だと感じられるものを創り始めることができる。

受容するシステムの構築

主観性に注目することによって分かることは、私たちの文化的、社会的な制度を意識的に変革し、行為主体性を制限するのではなく強化する必要があるということである。上記の四つの対処法は、すべて個人もコミュニティも行うことができるものであるが、それらが最も効果的に機能するためには、社会的、文化的な制度――そのような個人やコミュニティが身を置き、その一部となっているもの――によって妨げられるのではなく、支援されることが必要である。具体的には、以下の点について制度がどの程度機能しているか批判的に評価されるべきである。(一)孤独を病理や障害ではなく正常なものとして扱い、公衆衛生上の問題および人間に共通の問題として対処しているか。(二)サブカルチャーや精神疾患やその他の事で苦しむ人々に烙印を押して蔑視せず、特に社会の周縁に追いやられるリスクのある人々がニッチと居場所を得る手助けをしているか。(三)「市民権」を国家との関係だけでなく、社会の仲間との関係として位置づけているか。(四)個人の価値はその人の生産性のみでは評価できないということを重視しているか、また国家は経済的なウェルビーイングや国家安全保障を支援する役割を担っているだけでなく、社会のすべての構成員の主観的な生活や体験に影響を与える役割を担っていることを認識しているか。

本書で何度か触れてきたように、社会と主観性は相互に深く関係している。したがって、社会の構成員の理解、認知、感情、行動と無関係に社会が受容的なシステムに変容することはありえない。そのため、ここで述べた五つの提案は教育制度に組み込まれることで最も効果的なものになるかもしれない。孤独が普遍的に存在すること、その孤独にどう対処するか、違いがあっても他者を受け入れることや烙印を押して蔑視しないことの大切さ、絆の形成と共感を培うことの大切さ、そして、子どもたち一人ひとりに内在的な価値があるということは、小学生にも教えることができる。実際、ますます多くの社会的、感情的学習プログラムが、まさにこういうことを行おうとしている。長期的には、これらのプログラムが日本における孤独の蔓延に対処するに当たって非常に有意義な役割を果たすことができるものと考えている。

言葉にすることが可能であり、対処することが可能である

一九九三年、『ミスター・ロジャースのご近所さん』〔訳註：一九六八〜二〇〇一年にアメリカで放映された子供向けテレビ教育番組〕で有名なフレッド・ロジャースが、『アルセニオ・ホール・ショー』〔訳註：

一九八九〜一九九四年にアメリカで放映された深夜トークショー」というテレビ番組に出演した。ホールは、世界の子どもや若者が希望のなさに悩んでいることを心配しているとロジャースに話した。ロジャースは答えた。「もちろん単純明快な答えなどありません。でも、できればテレビ番組やその他考えられる限りのあらゆるプログラムを通じて、私たち一人ひとりが尊い存在であることを伝えたいです。私たちはかけがえのない存在だとみんなに知ってもらいたいのです」と語った。ロジャースは、この非常に重要なメッセージを子どもたち一人一人に伝えるために、社会が持つあらゆるリソースを活用し、メディアを有効に利用していかなければならないと感じていた。その約二五年前の一九六九年、公共テレビを救うために米国下院議会で証言したロジャースは、自分のテレビ番組について次のように説明した。「これが私の伝えていることです。私は毎日、子どもたち一人ひとりに思いやりを表現した言葉を贈り、自分がかけがえのない存在であることに気づくように手助けしているのです。番組の最後には、「君が自分らしくしていることだけで、今日という日は特別な日になった。君のような人は世界中どこにもいない。だから、ありのままの君が好きだ」と言います。そして、もし私たち公共テレビの出演者が、感情は言葉にすることが可能であり、また対処することが可能だとはっきりさせることができさえすれば、メンタルヘルスに大きく貢献することになると感じています」(47)。

このメッセージは、半世紀以上前に語られたときと同じように、いや、今日においても——今日の方がさらにとは言わないまでも——適切で時節に合っているように思われる。当時とは異なり、このメッセージは今では数十年にわたるさまざまな分野の研究に裏付けられた言葉となっている(48)。現在でも、共有されるべきメッセージは同じである。それは、孤独は言葉にすることが可能であり、また対処することが可能だということだ。

三・一一の震災から一〇年が過ぎ、一九九八年の自殺率の急増から二〇年以上が経過しているが、二〇二〇年には女性を中心に再び自殺率の上昇が見られた。再び孤独と自殺がニュースになっている。新型コロナウイルスの世界的な大流行により、自殺する女性が再び増えている。多くの場合、それは身体の病気や景気のせいではなく、恥辱や烙印、ストレス、家庭内暴力が原因である。今回もまた自然災害が社会的な災害と重なり、その代償としてより多くの人命が犠牲になっている。またしても、パンデミックの被害者に共感を持って接するのではなく、病気にかかった人が無責任だと貶められ、非難されることがあまりにも多い。『ニューヨークタイムズ』のある記事に、自殺研究者の上田路子の嘆きが引用されている。「残念ながら、現在は被害者を責める傾向にある……あなたが「私たちの仲間」でないなら、そもそも私たちはあなたを支援しない。……それに、もしあなたがメンタルヘルスの問題を抱えているのなら、あなたは私たちの仲間ではない」[49]。連鎖的自殺も、なくなったわけではない。二〇二〇年九月に女優の竹内結子さんが自殺したが、その翌月の女性の自殺者が前年比九〇%近く増加したのは、まるで「死んでもいいよ」と許可するメッセージが聞こえていたかのようである[50]。

社会は孤独である必要はない。人は一人で苦しむ必要はない。苦しみは、病的なものとされたり烙印を押されたりする必要はない。しかしながら、私たちが現在進んでいる道を変えるには、社会と主観性の内部構造と外部構造の両方を真剣に考察する必要があるだろう。日本だけでなく他の社会でも、私たちのふるまいや制度を変えるような行動が必要になるだろう。また、すべての人々のウェルビーイングを増進し、誰一人置き去りにしないような新しい存在のありかたと新しい共生のしかたを構想するためには、想像力が必要になるだろう。

脚注

はじめに

＊　本章の一部は、Ozawa-de Silva and Parsons（2020）を再編集したものである。

Cook（2018）に引用されているHoughton.

（1）　Prime Minister's Office et al.（2018）.

（2）　John（2018）.

（3）　John（2018）に引用されている。

（4）　Holt-Lunstad et al.（2015）.

（5）　例えば、バーバラ・フレドリクソンとスティーブ・コールの著作（Fredrickson et al. 2015）を参照。

（6）　Beutel et al.（2017）; Cacioppo and Patrick（2008）; de Jong Gierveld, van Tilburg, and Dykstra（2018）; Peplau and Perlman（1982）.

（7）　Cacioppo and Patrick（2008）; Hammond（2018）; Harris（2015）; Hafner（2016）; Perry（2014）.

（8）　Joiner（2005）; Kral（1994）; Lester（1987）.

（9）　Keyes（2002, 2005）; Keyes, Shmotkin, and Ryff（2002）.

（10）　Ryff, Keyes, and Hughes（2003）; Seligman（2002）; Seligman and Csikszentmihalyi（2000）; Steger et al.（2006）; Steger, Oishi, and Kashdan（2009）; Ste- ger and Samman（2012）; Zika and Chamberlain（1992）.

（11）　Allison（2013）; 雨宮・萱野（2008）。

（12）Ozawa-de Silva（2008, 2009, 2010）.
（13）Dalai Lama and Brooks（2016）.
（14）この「孤独な社会」という概念については、第五章と第六章で詳しく説明している。この概念は、社会を個人の集合体として考えるのではなく、また単一の集団的なウェルビーイングや苦しみを経験する均質な社会を想定するのでもなく、ウェルビーイングや苦しみを大きな規模で促進したり表現したりする社会的・構造的な条件に関心を移すというものである。孤独な個人は、必ずしも常に孤独であるとは限らない。また、ある時のコミュニティの構成員のすべてが孤独でなくても、そのコミュニティは影響を受けており、孤独に冒されていると言えるのである。同様に、ある社会が「孤独な社会」であると重要な意味をもって言うためには、その社会の構成員のすべてが孤独であると言う必要はない。
（15）Ozawa-de Silva（2006）.
（16）Cacioppo and Patrick（2008）; Rochat（2009b）.
（17）Moustakas（1961）; Rochat（2009b）.
（18）Weeks et al.（1980）.
（19）Cacioppo and Patrick（2008）; Weeks et al.（1980）.
（20）Peplau and Perlman（1982）.
（21）American Psychiatric Association（2013）.
（22）Cacioppo and Patrick（2008）; Cacioppo, Fowler, and Christakis（2009）; de Jong Gierveld, van Tilburg, and Dykstra（2018）.
（23）Cacioppo and Patrick（2008）.
（24）Cacioppo and Patrick（2008）.
（25）Cacioppo and Patrick（2008）; Rochat（2009b）.
（26）de Jong Gierveld, van Tilburg, and Dykstra（2018）; Holt-Lunstad et al（2015）; Victor（2011）; Andrew Steptoe et al.（2013）.
（27）Klinenberg（2018）.
（28）Cacioppo, Fowler, and Christakis（2009）; de Jong Gierveld, van Tilburg, and Dykstra（2018）.
（29）Cattan et al.（2005）; Golden et al.（2009）; Routasalo et al.（2006）; Tomaka, Thompson, and Palacios（2006）; Victor et al.（2000）; Cornwell and Waite（2009）.

(30) De Jong Gierveld, van Tilburg, and Dykstra (2018).
(31) Hawkley and Cacioppo (2010); Luhrmann and Marrow (2016).
(32) De Jong Gierveld, van Tilburg, and Dykstra (2018, 394).
(33) Cook (2018); Victor (2011).
(34) Beutel et al. (2017, 6).
(35) De Jong Gierveld, van Tilburg, and Dykstra (2018); Cacioppo, Fowler, and Christakis (2009).
(36) De Jong Gierveld, van Tilburg, and Dykstra (2018); Perlman and Peplau (1981, 31).
(37) Rubin (2017, 1853).
(38) Moustakas (1961).
(39) Moustakas (1961, 530).
(40) Moustakas (1961, 542).
(41) Moustakas (1961, 530).
(42) Weiss (1974).
(43) De Jong Gierveld, van Tilburg, and Dykstra (2018).
(44) De Jong Gierveld, van Tilburg, and Dykstra (2018).
(45) Ozawa-de Silva (2008).
(46) Perlman and Peplau (1981).
(47) Robbins (2013).

第一章　主観性と共感

(1) Bourdieu (1990, 53).
(2) もう一つ思い浮かぶシンボルは、中国の陰陽のシンボルである。このシンボルには、その構成として陰と陽がお互いを少し含んでいる様を表しているという点でさらなる長所がある。しかしながら、ヤヌス像の良い点は、見ている顔があり、外を見たり中を見たりする主観性の感覚的、視点的な性質を指し示していることである。したがって、このイメージは、内省と世界との関わり、プライバシーや孤立と世界の共有、自立と相互依存という二重の性質があることを想起させる。

（3） Rochat（2009b, 303）.

（4） 宗教的、心理学的、神秘学的なコンテクストにおいて、さらには最近ではマインドフルネスに関する学術研究においてさえ、「非二元論的な（non-dual）」体験について論じられることが確かにある。つまり、それは主体も客体もない体験であったり、あるいは主体と客体の境界が消滅する体験であったりする。そのような体験が可能かどうかは、本書の研究の範囲の及ばないところである。とは言うものの、ここで提示した主観性のモデルが強調しているのは、自己と他者の間の境界は流動的であり、浸透性のあるものであり、そして、差異化それ自体が根本的には構築されたものだということなので、非二元論的な体験の可能性を排除するものではない。例えば、Dunne（2011）を参照。

（5） Damasio（1999）.

（6） Singer et al.（2004）.

（7） 死に際しては、人は一人で旅立つものであり、残された人たちは後を追うことができない。だが、残された人たちは、亡くなった人が心の中で生き続けていると感じるかもしれない。これもまた、主観性には二つの側面があること、つまり体験の共有と孤独な状態の両方があることの証拠となっている。人の存在、特に大切な人の存在は、完全に外的なものではなく、その人の存在はその人を想う人の主観性の内部に表象される。遠くにいても、その人の表象が消えるわけではないのと同じように、その人が死んでも必ずしもその人の表象が消えるわけではない。ジョゼ・モウリーニョがボビー・ロブソンの死について言ったように、「人が死ぬのは、その人を愛した最後の人が死んだときだけである」（Jones and Clarke（2018））。

（8） Damasio（1999）は、このような高次レベルの自己を「拡張された自己」と呼び、「原 - 自己（proto-self）」、つまり生物が自らを環境から根本的に差異化することとは区別している。

（9） Markus and Kitayama（1991）. Kondo（1990）も参照。

（10） Kitayamaらは、文化がどのようにアフォーダンスとして機能するかを明確に述べている。「どのような文化的な背景を持つ人も、社会適応を通じて、認知、感情、そして動機づけの一連のプロセスを徐々に身につけていく。そのおかげで人は、文化的背景においてかなり一般的で、繰り返されるような類の状況において、自然に、柔軟に、順応性を持ってうまく活動できるようになる」(1245)。自己も主観性も変わりやすいものである。Kitayamaらは、こう書いている。「自己となる(すなわち、文化的に意味のある社会への参加者となる)ためには、自己の反応を公の意味や状況、あるいは文化的慣習の一般的なパターンに適応させ、調和させることが必要である」(1247)「このように文化として共有され、認められた考え方があるからには、文化的な課題として重要なことは、社会的な関係(それに自己をなじませ、適応させることで参加していると見なされる)を築き、それを維持することである」(1260)。Kitayama et al. (1997).

(11) Good (2012).

(12) Biehl (2005); Biehl et al. (2007).

(13) Ekman (2003).

(14) Kirmayer (2008, 462).

(15) 例えばヴァール(2009)を参照。

(16) 数多くのデータが裏付けていることだが、人との違いによる排除や疎外のリスクが高い個人や集団は、自殺や精神疾患のリスクが高い。例えばHaas et al. (2010) を参照。

(17) Gordon et al. (2013).

(18) Blakemore and Choudhury, (2006).

(19) Jenkins (1996, 72).

(20) Ortner (2005); Luhrmann (2006); Biehl, Good, and Kleinman (2007).

(21) Ortner (2005, 31).

(22) Ortner (2005, 33).

(23) Biehl (2005).

(24) これはOrtner (2005) の主張だが、彼女の用語の使い方は少々紛らわしい。彼女はまず、「主観性」を主体の内的状態とそうした状態を作り出す文化的形成の両方として定義するが、その後、後者(文化的形成)が主観性を形作るのだと述べている。もし「主観性」が文化的形成を含むのであれば、それ自体が同じ文化的形成によって形作られることはありえない。それでは堂々巡りになってしまうだろう。該当部分にはこう記されている。「私は、主観性とは行動する主体を動かす知覚、情動、思考、欲望、恐怖などの諸形態の総体という意味だとするつもりだ。だが私はまた、そういった情動や思考などの形態を形作り、構成し、それを誘発する文化的・社会的な形成過程という意味でも常に主観性という言葉を使っている。実際、本稿は、そのような文化的形成の考察と、行動する主体の内的状態の考察との間を行ったり来たりすることになる」。そして後にOrtnerは、「特定の文化的形成が主観性を形作り、誘発する方法」について述べている。私は、内的状態のみを主観性と呼ぶ方がはるかに明確であり、より標準的であると思うが、そのような状態は文化的形成と相互依存的に存在するものと認識している。さらに、本書で私が主張するように、その相互依存は双方向のものである。文化的形成や社会構造もまた、主体の相互主観性によって「形作られ、構成され、誘発される」のである。文化的形成や社会構造は、まさにそうしたものの現れである。これが集団的行為主体性の理論を再構築する一つの方法である。

(25) *Oxford English Dictionary*, 11th ed. 内、「感情」の項目参照。これは、情動的な状態という考え方が新しいとか、一九世紀になって初めて出現したと言いたいわけではない。欧米の伝統では、アリストテレスがさまざまな「情念」を定義し、後にデカルトらによって「驚き、愛、憎しみ、欲望、喜び、悲しみ」といったように詳しく説明された(Crivelli and Fridlund (2019))。アジアの伝統では、仏教は精神的・感情的状態の調整に重きを置いているにもかかわらず、チベット語やサンスクリット語には「感情」と密接に相関する単語がないのは興味深い。ひょっとすると、最も意味が近い単語は、通常は「苦悩する感情」と訳されるものかもしれない(ただし、西洋では感情と見なされないような苦悩する精神状態も含まれる)。例えば、Dalai Lama and Goleman (2003) を参照。

(26) Damasio (2006); Lutz (2017, 186).

(27) Lutz (2017, 188).

(28) Luhrmann (2006, 356).

(29) Luhrmann (2006, 359).

(30) Annas (1993).

(31) 私は、ダライ・ラマの「非宗教的道徳規範 (secular ethics)」という概念は、普遍的で文化横断的であり、多様な伝統間での折り合いをつけられる可能性がある道徳規範へのアプローチを発展させるための、より健全な基礎であると考えている。アリストテレスとは異なり、ダライ・ラマのアプローチにおける人間の基本的価値は「思いやり」である。その理由のひとつは、生物としてのメカニズムに基づく思いやりは、母親のケアの実践に現れているように、人間という種、そしてすべての哺乳類や鳥類という種が生き延びるにあたって根底をなすものだということである。また一方で、拡張された形の思いやりは、社会的な結束や協力、その他の倫理にかなった活動の根底をなすものであり、さらに私が本書で論じている内在的で道具的でない（noninstrumental）価値を支えるものだからである。Dalai Lama（2012）を参照。

（32）Decety and Ickles (2009, vii).

（33）Bateson (2009, 3).

（34）Eisenberg and Fabes (1990, 132).

（35）Singer et al. (2004).

（36）Eisenberg and Fabes (1990, 132).

（37）Strauss et al. (2016, 19).

（38）Throop and Hollan (2008).

（39）Kirmayer (2008).

（40）Hollan (2008).

（41）Geertz (1975).

（42）クリフォード・ギアツの時代には、このような考え方にさほど異論がなかったかもしれないが、最近の研究の多くは、感情と理性の誤った分断を解消することに焦点を当てている。これは、最近の神経科学的研究において数多く取り上げられているテーマである。一般的で読みやすい著作としては、Damasio（2006）がある。Lane and Nadel（2002）も参照。

（43）Allison (2013).

（44）Friedman (1951).

（45）Friedman (1951).

（46）Friedman (1951).

（47）Friedman (1951).

（48）Maruyama (1969).

（49）Vij (2007, 199).

（50）Vij（2007）. Vijはこの表現を次のように説明している。「政治経済が「主観性の外的構造」であることについて重要な点は、現代資本主義経済の制度化と国家と市場との間の境界線の引かれ方（歴史的・政治的プロセス）が、社会的意味と主体の両方を形づくる構造を生み出していることが重要だと認識することである。日本の生産至上主義の精神は、経済を構築しただけでなく、国家と主体をも構築した。それゆえ、仕事は（個人的な利益だけでなく）社会的利益への貢献という点で非常に重んじられている」。Vij（2021）.

（51）Vij（2021, 198）.

（52）Allison（2013）.

第二章　一人で死ぬのは寂しすぎる

＊　本章の一部は、Ozawa-de Silva（2010）とOzawa-de Silva（2008）を大幅に改訂し、再編集したものである。

（1）「ザ・掲示板」（2003）.

（2）張（2006）; Ozawa-de Silva（2008）; Pinguet（1993）.

（3）Di Marco（2016）; Pinguet（1993）; Ozawa-de Silva（2008）.

（4）Di Marco（2016, 29）.

（5）Di Marcoとは対照的に、稲村（1977, 21）は自殺データの収集開始時期をそれより一年遅い一九〇〇年としている。

（6）高橋（1997, 2006, 1998）; Ozawa-de Silva（2008, 2010）; Di Marco（2016）; 稲村（1977）。

（7）Di Marco（2016, 34）.

（8）Di Marco（2016, 34-35）.

（9）フランスの社会学者エミール・デュルケームが一八九七年の自殺に関する研究において指摘しているように、戦争中に自殺率が急減する傾向はよく見られる。Durkheim（1951）を参照。

（10）Di Marco（2016, 113）.

（11）高橋（1998, 26; 1997a, 26; 1997b, 19）。

（12）Di Marco（2016, 112）.

（13）見田（1971, 2006）; Di Marco（2016, 113）.

(14) Di Marco (2016, 154); 高橋 (1997b, 19-22)。
(15) 高橋 (1997b, 16)。
(16) 高橋 (1998); Di Marco (2016, 154).
(17) 高橋 (1997b, 16-19; 1998, 59-64)。
(18) Di Marco (2016, 35). See also 高橋 (1998, iii)。
(19) Di Marco (2016, 71-73); 高橋 (1998, 126-29)。
(20) 高橋 (1998); Di Marco (2016, 71-73).
(21) Di Marco (2016, 35).
(22) 警察庁生活安全局地域課 (2006); 高橋 (2001)。
(23) 高橋 (1999)。
(24) 警察庁生活安全局地域課 (2006); McIntosh (2004).
(25) 「自殺大綱概要」(2006)。
(26) 張 (2006); 本橋他 (2006)。
(27) 本橋他 (2006)。
(28) Allison (2013); Vogel (1980, 1993).
(29) 中根 (1972)。
(30) Desapriya and Iwase (2003).
(31) 「平成二九年版自殺対策白書」(2017)。
(32) 「平成二七年版自殺対策白書」(2015)。
(33) 「平成二七年版自殺対策白書」(2015)。
(34) 高橋 (2001)。
(35) 高橋 (1997a, 2001)。
(36) 「平成二七年版自殺対策白書」(2015); 高橋 (2001)。
(37) 「自殺者数の数字」(2014);「若者層の自殺をめぐる状況」(2014)。

(38)「平成二七年版自殺対策白書」(2015)。

(39)「自殺対策に SNS 相談」(2018)。

(40) 舞田 (2016)。

(41) 雨宮・萱野 (2008); 舞田 (2016)。

(42) 鶴見 (1993)。興味深いことに、そのわずか二年前の一九九一年、米国で似たような本が出版されている。*Final Exit: The Practicalities of Self-Deliverance and Assisted Suicide for the Dying* by Derek Humphry. この本は、どちらかといえば安楽死や医師による自殺幇助に焦点を当てたものであったが、米国でベストセラーとなり、自殺の「ハウツー」マニュアルとして物議を醸し、批判を浴びた。

(43) 抹茶のジョー (2018)。

(44) カスタマー (2018)。

(45) てんてん (2016)。

(46) 今 (2006); 渋井 (2007)。

(47) 堀口・赤松 (2005, 19-26)。

(48) 今 (2006); 堀口・赤松 (2005); 渋井 (2007)。

(49)「ハイホー　会員サポート」(2007)。

(50) 堀口・赤松 (2005); 堀口・江本 (2005, 31-49)。

(51) 堀口・赤松 (2005); 高橋 (2009)。

(52) Ueno (2005).

(53)「宅配毒物で自殺幇助容疑　警視庁捜査　ネット通じ注文か」(1998)。

(54) "Twitter Hangers" "'I Want to Die' Identify the Identity of Eight Housewives" (2017).

(55) Takashi (2018).

(56) "Twitter 'Hangers' 'I Want to Die' Identify the Identity of Eight Housewives" (2017).

(57) "I Escaped from the 'Hanger' in This Way" (2017).

(58)「ネットがつなぐ集団自殺あと絶たず」(2018)。

（59）張（2006）; 高橋（1997a）。

（60）Kitanaka（2011）.

（61）Kitanaka（2011）.

（62）例えば、高橋（1997b, 1999, 2001）参照。

（63）齊藤（n.d.）。

（64）Desjarlais et al.（1995）.

（65）Pinguet（1993）; 高橋（1997a, 1999, 2001）; Traphagan（2004）.

（66）Pinguet（1993, 3）.

（67）Pinguet（1993, 11）.

（68）Pinguet（1993, 13）.

（69）Ueno（2005）.

（70）例えば、Ueno（2005）参照。

（71）Lock（1986, 1988）.

（72）Long（2005）.

（73）山本・多々良（2006）。

（74）Tsutsumi（2004）.

（75）「死に至る理由」（2003）。

（76）「死に至る理由」（2003, 10）。

（77）「死に至る理由」（2003, 10）。

（78）大澤（1996）。

（79）大澤（1996）; 斎藤（2003）; 碓井（2002）; 町沢（2003）。

（80）池田清彦（2003）。

（81）香山・森（2004）; 小此木（2005）; 牟田（2007）。

（82）朝倉（2005）。

（83）Borovoy（2008）; 町沢（2003）; 斎藤（1998）。
（84）町沢（2003）。
（85）町沢（2003）。
（86）竹島（2009）; 上田（2005）。
（87）堀口他（2005, 19-26）。
（88）堀口他（2005,19-26）。

第三章　社会とつながっていない人々をつなぐ

＊ 本章の一部は、Ozawa-de Silva（2010）と Ozawa-de Silva（2008）を大幅に改訂し、再編集したものである。
（1）「ゲットー」（n.d.）。
（2）「自殺サイト　自殺志願者の憩いの場」（n.d.）。
（3）掲示板サービス（BBS）は World Wide Web の先駆けであり、モデムを使ったダイヤルアップ接続で、個人がファイルを共有したり、オンライン・フォーラムのディスカッションやチャットルームに参加したりできるサイトを提供していた。BBS は一九八〇年代から一九九〇年代初頭にかけて、まだ一般家庭からインターネットにアクセスできるようになる前に人気を集めた。
（4）「自殺サイトの投票ランキング」（2005）。
（5）拒食症から自閉症、配偶者の不倫に至るまで、さまざまな人生経験や状況に対応するために、このような支援サイトやフォーラムがオンライン上に数多く存在していることは注目に値する。reddit のような一つのプラットフォームだけでも、このような支援グループが何百と存在する。興味深いことに、日本では一九九〇年代後半から二〇〇〇年代前半にかけて、特に自殺サイトが大きな関心を集めた。
（6）「ハイホー　会員サポート」（2007）。
（7）Ozawa-de Silva（2008）.
（8）ゆでたまご（2006）。
（9）ゆでたまご（2006）。

(10) ゆでたまご (2006)。
(11) ゆでたまご (2018)。
(12) 影 (2016)。
(13) さや (2006)。
(14) キキ (2006)。
(15) でんでん (2006)。
(16) メランコリー (2017)。
(17) シュシュ (2006)。
(18) フレンズ (2017)。
(19) ボア (2006)。
(20) くろすけ (2006)。
(21) ジンギ (2006)。
(22) トトロ (2006)。
(23) あや (2006)。
(24) ポイズン (2018)。
(25) ラブハート (2016)。
(26) ココア (2015)。
(27) パフィ (2016)。
(28) 名無し (2016)。
(29) ノーネーム (2006)。
(30) チュン・チュン (2016)。
(31) カエル (2018)。
(32) ゴミ (2017)。
(33) 動物園 (2006)。

（34）バレエ少女（2010）。
（35）カナタ（2010）。
（36）バレエ少女（2010）。
（37）カナタ（2010）。
（38）自殺志願生徒（2013）。
（39）アレックス（2015）。
（40）あーあ（2015）。
（41）あーあ（2015）。
（42）ウイング（2015）。
（43）欠陥（2017）。
（44）ヨシエ（2018）。
（45）レイコ（2017）。
（46）鬼神（2017）。
（47）ザザ（2018）。
（48）少女A（2017）。
（49）鬼神（2017）。
（50）クル（2006）。
（51）アリス（2006）。
（52）なんとなく（2006）。
（53）Ozawa-de Silva (2008, 2010).
（54）Ozawa-de Silva (2010).
（55）バム（2006）。
（56）ちび（2018）。
（57）ケン（2019）。

(58) 一緒（2006）。
(59) クッキー（2006）。
(60) エリー（2006）。
(61) 一緒（2005）。
(62) まる（2006）。
(63) 悪夢（2006）。
(64) 群馬（2006）。
(65) ミザリー（2006）。
(66) ランラン（2006）。
(67) 佐々木（2007）。
(68) Long (2001, 273).
(69) ミミ（2006）。
(70) ナイト（2006）。
(71) 是枝（1998）。
(72) LeTendre (2000); Mead (2000); Pike and Borovoy (2004); White (1994).
(73) LeTendre (2000).
(74) Pike and Borovoy (2004, 508).
(75) White (1994).
(76) Ozawa-de Silva (2008).
(77) Kinsella (1994, 170-96); Sugiyama-Lebra (1984); Pike and Borovoy (2004, 502).
(78) McVeigh (1997).
(79) Buckley (2009, xxx-xxxvi).
(80) 園（2001）; 清水（1998）; 福谷（2003）; 黒沢（2008）。
(81) 今（2004）。

(82) Ozawa-de Silva (2008).
(83) Buckley (2009, XXXV).
(84) 英訳は http://www.anime-kraze.com. による。
(85) Ozawa-de Silva (2010, 402).
(86) Samuels (2007).
(87) Long (2001).
(88) Kleinman (2002, x).
(89) 張 (2006); Pinguet (1993); Sadakane (2008); Shimizu (2005, 77-86).
(90) Durkheim (1951).
(91) Durkheim (1951).
(92) Durkheim (1951, 282).
(93) Durkheim (1951, 282).
(94) Durkheim (1951, 282).
(95) Durkheim (1951, 282).
(96) Kirmayer (2002).
(97) Kirmayer (2002, 295).

第四章　生きる意味

＊　本章の一部は、Ozawa-de Silva (2020) に大幅な修正を加えたものである。
(1) Sadakane (2008).
(2) Mathews (1996a).
(3) Rosenberger (2007, 92).
(4) 日本では「良い死」や「良い死に方」という概念が大いに議論されており、数多くの人類学者が分析してきたように、家族に看取られない孤独死の問題は国民的な関心事である。Long (2000, 2005, 2012, 2020); Lock (1993, 2001);

Traphagan（2000, 2003, 2004, 2010）; Danely（2010, 2014）; Lynch and Danely（2013）参照。

（5）Mathews（1996a）; Rosenberger（2007）; Allison（2013）; Biehl（2005）; Chua（2014）; Stevenson（2014）.

（6）García and Miralles（2017）; Tamashiro（2019）.

（7）Mathews（1996a）; 田口（2014）; Yamamoto-Mitani and Wallhagen（2002）.

（8）Mathews（1996a, 718）.

（9）Mathews（1996a, 718）.

（10）Kavedžija（2019, 2）.

（11）和田（2000）; Kavedžija（2019, 2）.

（12）Yamamoto-Mitani and Wallhagen（2002, 404）.

（13）神谷（2004）; Yamamoto-Mitani and Wallhagen（2002, 404）.

（14）神谷（2004）; 田口（2014）。

（15）神谷（2004）。

（16）Yamamoto-Mitani and Wallhagen（2002）.

（17）神谷（2004）。

（18）田口（2014）。

（19）Yamamoto-Mitani and Wallhagen（2002, 407-9）.

（20）Yamamoto-Mitani and Wallhagen（2002, 403）.

（21）Mathews（1996a, 734）.

（22）Mathews（1996a, 735）.

（23）Mathews（1996a, 735）.

（24）Mathews（1996b, 1996a, 2017）; Holthus and Manzenreiter（2017c）; Kavedžija（2019）; Ozawa-de Silva（2020）.

（25）Mathews（1996a）.

（26）Mathews（1996a, 733）.

（27）Allison（2013）. この著作に先立ち、Marilyn Ivy（1995）も *Discourses of the Vanishing: Modernity, Phantasm, Japan* で同様の

テーマを研究している。また、Ivy の著作に関する Strauss（2006）のコメントも参照されたい。このコメントでは、（自殺、生きがい、生きづらさなどのテーマについてを含め、日本で喧伝されている）単一的な国のナラティブと、その水面下に存在する複数の別のナラティブとの間の軋轢が指摘されている。本書の『万引き家族』の項では、どのように是枝監督が国の標準的なナラティブに疑問を投げかけ、それとは別のシナリオを提示したかを明らかにしている。

（28） Allison（2013, 63）.

（29） 雨宮・萱野（2008）; Allison（2013）.

（30） Sugiyama-Lebra（1976）.

（31）「自分がない」のようなフレーズを文字通り "having no self" と英語に訳すと、日本人をエキゾチックでオリエンタルなものにしてしまうという意図しない結果を招きかねない。また、「自分がない」のような表現の解釈として、日本人には個人という意識がまったくなく、ただ周りに合わせているだけで、その集団とは別に個人の好みや意見があるわけではないとまで言う人さえいる。しかしながら、これは明らかに誤りである。人間以外の動物や幼児であっても、ある種類の食物を他の種類の食物よりも好んだり、ある種類の待遇を他の種類の待遇よりも好んだりするなど、個人の嗜好はしっかりと存在する。したがって、日本人に個人的な嗜好がないなどと言うのは不合理である。このような表現をある言語やある文化のものから別の言語や文化のものに翻訳する場合、こうしたエキゾチック化は避けなければならない。そのための一つの方法は、人類に共通する性質を見失わないことである。これは、文化的、言語的な差異を否定するものではないし、英語で同等の口語表現を見つける必要があるというものでもない。土居（2001）が日本語の「甘え」という単語と依存の概念に関して定評のある研究で指摘したように、このような単語やフレーズは、他の地域よりも日本で一般的であったり、日本に特有であったりするある種の経験を特定することができる。したがって、このような研究に携わる研究者に私が訴えたいのは、人類に共通する性質と、経験がどのようにコンテクストの中で特異なものとなり得るか、また常にそうであるのかの両方を認める中間的な立場を模索することである。しかしながら、このような特異性は、人類に共通する意識や性質の範囲を決して超えるべきではない。この「日本人の自己」というやっかいな問題については、Ozawa-de Silva（2007）でずっと詳しく探究している。

（32） Manzenreiter and Holthus（2017b）; Holthus and Manzenreiter（2017c）; Kavedžija（2019）.

（33） Manzenreiter and Holthus（2017b）; Holthus and Manzenreiter（2017c）.

(34) Holthus and Manzenreiter (2017b, 1); Manzenreiter and Holthus (2017b, 1-21).

(35) Jiménez (2008); Mathews and Izquierdo (2008); Miles-Watson (2010); Jackson (2011, Jackson (2013); Johnston and Colson (2012); Thin (2008); Robbins (2013).

(36) Mathews and Izquierdo (2008, 1). Matheus と Izquierdo は *Pursuits of Happiness* の中で、幸福の四つの経験的側面を提示している。(1) 身体的なもの (例：健康、身体能力) (2) 対人的なもの (例：家族関係、社会的ネットワーク) (3) 実存的なもの (例：観念、人々に人生の意味を感じさせる価値体系) (4) 構造的なもの (文化制度の包括的な側面) 幸福の概念は文化によって異なるが、マシューズは、欧米のコンテクストでは幸福はより個人としての業績［訳註：能力と努力により得られる社会的地位］と結びつけられているのに対し、東アジアでは幸福が対人的なつながりの観点から理解されると述べている。Holthus と Manzenreiter の主張によれば、個人としての幸福は東アジア人の社会的調和を脅かし、「幸福への恐れ」につながりかねないため、幸福は潜在的にネガティブなものとして認識されることすらある。Mathews (2017) および Manzenreiter and Holthus (2017b, 7-8) を参照。

(37) Keyes (2002, 2005, 2014); Keyes, Shmotkin, and Ryff (2002); Ryff, Keyes, and Hughes (2003); Keyes and Simoes (2012).

(38) Russell (1996); Austin (1983); McWhirter (1990); Shevlin, Murphy, and Murphy (2015).

(39) Manzenreiter and Holthus (2017c, 260).

(40) Bondy (2017).

(41) Holthus and Manzenreiter (2017a).

(42) Walker and Kavedžija (2016, 2).

(43) Tiefenbach and Kohlbacher (2017, 250).

第五章　三・一一東日本大震災を生き抜いて

(1) João Biehl や Jason Danely といった何人かの人類学者が、個人として、またコミュニティのレベルで、見捨てられ、気にかけてもらえず、忘れ去られることがどのように感じられるものなのかを生々しく描いている。Biehl は、薬物使用や精神疾患、高齢化によって見捨てられたコミュニティを指して「社会に見捨てられた地域 (zones of social abandonment)」という言葉を使っている。Biehl (2005) を参照。Danely は、京都の日本人高齢者グループを調査した際、彼の対話相手となった高齢者たちが、見捨てられたという気持ちをどのように年金生活者同士の絆を築く手段に変えていったのかを記述しているが、この変化の道筋は、本書で北茨城について説明したものと非常によく似ている。Danely は、彼の対話の相手たちがどのように「（家族から、社会から、若い世代から）捨て去られ、見捨てられたという気持ち」を経験したか、そしてこれらの経験がどのように日本人の集団としての文化的態度や「ケアの政治的構造化（political structuring of care）」に起因しているのかを説明している（Danely 2014, 33）。

（2）宮崎（1984）; 大友（1988）; 庵野（1995-1996）。

（3）Lindee (2016).

（4）Tabuchi (2014).

（5）Tabuchi (2014).

（6）警察庁（2019）。

（7）渡部（2014）。

（8）「東日本大震災から七年半が経ってもなお、五万八千人の避難者がいる」（2018）。

（9）Allison (2013).

（10）Mora (2014, 25).

（11）ここで興味深いのは、第一線で活躍する精神科臨床医が、治療を受けている人々の意思に反して強制的な医療行為に従事する際に、医療権力と倫理にかなった思いやりのあるケアの提供者であることとの間の倫理的ジレンマに対する Paul Brodwin の評価である。Brodwin（2014）を参照。

（12）Biehl (2005).

（13）フジワラさんをはじめ、この章に登場する伊藤博士と川野博士以外の名前は仮名である。

（14）「福島原発事故の真実と放射能健康被害」（2019）。

（15）「石巻市の被害概況、復興の状況」（2012）。

（16）Clifford が描写している引き裂かれた気持ちを引用すると「ここに暮らしていても、別の場所を思い出したり望んだりする」。Brodwin は、故郷を失った人々が、失った故郷を基盤として、どのようにディアスポラ的な集団のアイデンティティとその集団への帰属意識を構築していくかを調査している。Brodwin（2003）に引用されている Clifford（1997,

255）を参照。

第六章　レジリエンスの分析

（1）Myers (2015); Nakamura (2013).
（2）Shay (2014).
（3）Farnsworth et al. (2014).
（4）「心のケアチーム」(n.d.)。
（5）Kitanaka (2011); Kleinman (1988).
（6）Kitanaka (2011, 109).
（7）Kitanaka (2011, 17).
（8）Nakamura (2013, 154).
（9）Ozawa-de Silva (2010).
（10）Gibson (1979).
（11）Gibson (1979, 127).
（12）Gibson (1979, 127).
（13）Gibson (1979, 130).
（14）Gibson (1979, 128).
（15）Gibson (1979, 129).
（16）Gibson (1979, 128).
（17）Gibson (1979, 130).
（18）Kukihara et al. (2014, 524).
（19）Lewis (2020, 46-47).
（20）私が用いているモデルと定義は、Brendan Ozawa-de Silva とともに考案したもので、多角的な領域と側面にわたるレジリエンスを育むための教育プログラムであるエモリー大学の SEE Learning プログラムの教材で詳しく説明されている。

このプログラムとそのアプローチに関する情報は、seelearning.emory.edu で入手できる。
（21） Mattingly（2014）.
（22） Myers（2016）.
（23） Ozawa-de Silva（2006）.
（24） Buder（2018）.
（25） 前述したように、これらはいずれも哺乳類の特徴であり、人間に特有のものではない。相互扶助と有償サービスの違いは何かという疑問が沸く人がいるかもしれない。相互扶助の場合、ある人が他の人にサービスを提供するのは、将来のどこかで同様の恩返しやサービスが受けられるという希望や期待を持ってのことかもしれない。しかしながら、相互扶助の性質上期限がないということは、いつどのように恩返しをするかは相手の行為者が選択できるということである。このような恩返しを怠った場合でも、社会的な影響はあるかもしれないが、法的な影響は通常無い。金銭的な取引の場合、支払いとサービスの提供は共に義務づけられており、一方の当事者が正しくその取引に従わなかった場合、法的にも社会的にも重大な影響が生じる。つまり、このような取引には（国家によって支えられた）暗黙の強制力という要素があり、選択の要素はより少ないということである。例えば、Alexy（2020）や Alexy and Cook（2019）を参照されたい。
（26） さや（2006）。
（27） Lester（2013, 754）.
（28） Lester（2013, 758）.
（29） Lester（2013, 759）.
（30） Lester（2013, 759）.
（31） Grabbe and Miller-Karas（2018）; Miller-Karas（2015）.
（32） Gagné（2020）.
（33） Gagné（2020, 719）.
（34） 和田（2011）。
（35） Gibson（1979, 129）.

(36) Gibson (1979, 127-28).

第七章　孤独が教えてくれること

(1) Soble (2015).
(2) Kondo (1990); Sugiyama-Lebra (1976); Markus and Kitayama (1991); Shimizu and LeVine (2001).
(3) Suizzo (2004).
(4) Shimizu (2001b, 206).
(5) Rochat (2009a, 314).
(6) Rochat (200ga, 306).
(7) Rochat (200ga, 308).
(8) Rochat (2009a, 306).
(9) Cooley (1983); Mead (1934); Heidegger (1962).
(10) Taylor (1989).
(11) 土居 (2001)。
(12) 土居 (2001)。
(13) 中根 (1967)。
(14) 木村 (1972); 浜口 (1982)。
(15) Mead (1934, 5); Rochat, (2009a, 8).
(16) Bourdieu ならドクサ的ポジション (doxic position) と呼ぶようなもの、つまり文化的に当然視され、したがって一般的には意識的な分析の領域外のままであるポジションに関しては文化的な違いがある。Bourdieu (1977) を参照。
(17) Rochat (2009b).
(18) Shimizu (2001b, 219).
(19) Shimizu (2001a, 12).
(20) 高橋 (1998)。

（21）高橋（1997a, 1999, 2001）。
（22）Joiner（2005）.
（23）Niezen（2009, 179）.
（24）Rochat（2009a）.
（25）Rochat（2009a, 314）.
（26）Ozawa-de Silva（2008）; Ozawa-de Silva and Ozawa-de Silva（2010）.
（27）Cacioppo and Patrick（2008）.
（28）Keyes（2014）；Keyes and Simoes（2012）; Steger et al.（2006）.
（29）Ozawa-de Silva（2015）.
（30）Ozawa-de Silva（2015）.
（31）Ozawa-de Silva（2015, 267）.
（32）Ozawa-de Silva（2015, 268-69）.
（33）Cacioppo and Patrick（2008）.
（34）Ozawa-de Silva（2006）.
（35）Chilson（2018）.
（36）Strauss（2006, 336）. 前述のように、これは Ivy（1995）への応答として述べられたものである。
（37）Ehrlich（2018）.
（38）Ehrlich（2018）.
（39）Ehrlich（2018）.
（40）本書全体を通じて述べたように、この種のケアがすべての人間と哺乳類の幼児の生存に欠かせないものだという事実は、なぜそれが人間の心理的、身体的、社会的なウェルビーイングにとってそれほど重要なのかについて発達論と進化論に基づく論拠を与えてくれる。
（41）Vij（2007）.
（42）Kleinman（1998, 359）.

(43) Kleinman (1998, 362).
(44) Ozawa-de Silva (2015, 199).
(45) Ozawa-de Silva (2015, 383). この節は Ozawa-de Silva (2015) に示された Kleinman の著作に一解釈から離れて組み立てられている。
(46) Neff and Vonk (2009).
(47) Deibler (2015).
(48) この研究の多くは本書全体にわたって引用されているが、私がとりわけ頭に浮かぶのは、トラウマ、幼少期の有害事象、情動表出の制御、社会的、情動的学習などについての研究である。
(49) Rich and Hida (2021).
(50) Rich and Hida (2021).

訳者あとがき

本書は、現代日本の孤独と自殺に関する学術的な研究書であるが、専門書というだけにとどまらない射程の広さを持っている。自己とは何かについて最先端の議論がある一方で、自殺サイトや映画・アニメから現代日本の若者の心理を探り、また東日本大震災の被災者や日本人大学生へのインタビューというエスノグラフィー研究も含まれている労作である。「孤独と自殺」という重いテーマを、さまざまな角度から長年にわたって追い続けてきた著者の知力のみならず、精神力にも感嘆するほかはない。

本書は医療人類学という学際的な分野の専門書として書かれてはいるものの、自殺対策の現場にいる人々や、一般の読者にとっても役に立つ実用書の側面もある。自殺念慮に苦しむ人は、本書を読んで救われるかもしれない。私はもとよりこの分野の門外の徒であるが、現代日本がなぜ、どのように「孤独な社会」であるのかについて多くを学ぶことができた。一般の読者も、自殺サイトや大学生のインタビュー、東日本大震災の被災者の声などから読み始めれば、得るところは大きいと思う。「はじめに」と第一章は理論的な内容なので、「主観性」などの耳慣れない言葉に戸惑いを感じるかもしれない。理論の部分は後回しにして、興味のある章から読み始めることをお勧めしたい。

「孤独と自殺」という一筋縄ではいかないテーマにさまざまな角度からアプローチしている本書の訳出もまた一筋縄ではいかず、また最新の議論を扱った部分では訳語が確定していないものもあって、訳すのはなかなかの難業であった。とは言え、訳しながら学んだことは多く、私の視野を広げてくれたのは間違いない。門外の徒ではあっても、本書の重要性は理解できるので、本書を日本の読者に届ける一翼を担えたことは、私にとって大変嬉しく光栄なことに感じられる。専門家だけでなく、多くの一般読者に本書を読んでもらえたら、訳者として望外の喜びである。

著者の小澤デシルバ滋子さんのすばらしい研究の成果に敬意を表するとともに、青土社の編集者、村上瑠梨子さんにもお礼を申し上げたい。

二〇二四年五月

吉川純子

索引

あ行

か行

さ行

た行

な行

は行

ま行

や行

ら行

わ行

参照文献

あーあ 2015「一緒に生きよう」3 月 20 日 https://wailing.org/ess
悪夢 2006「生きづらさ系のフォーラム」11 月 6 日 http://8238.teacup.com/hampen/bbs.
アレックス 2015「一緒に生きよう」August 25. https://wailing.org/.
Alexy, Allison. 2020 *Intimate Disconnections: Divorce and the Romance of Independence in Contemporary Japan.* Chicago: University of Chicago Press（= 2022『離婚の文化人類学――現代日本における「親密な」別れ方』濱野健訳、みすず書房）.
Alexy, Allison, and Emma Cook, eds. 2019 *Intimate Japan: Ethnographies of Closeness and Conflict.* Honolulu: University of Hawai'i Press.
アリス 2006「生きづらさ系のフォーラム」11 月 1 日 http://8238.teacup.com/hampen/bbs.
Allison, Anne. 2013 *Precarious Japan.* Durham, NC: Duke University Press.
雨宮処凛・萱野稔人 2008『「生きづらさ」について――貧困、アイデンティティ、ナショナリズム』東京：光文社新書
American Psychiatric Association. 2013 *Diagnostic and Statistical Manual of Mental Disorders (DSM-5).* 5th ed. Washington, DC: American Psychiatric Association.
Annas, Julia. 1993 *The Morality of Happiness.* Oxford: Oxford University Press.
庵野秀明 1995-1996『エヴァンゲリオン』東京：テレビ東京
朝倉喬司 2005『自殺の思想』東京：太田出版
Austin, Bruce A. 1983 "Factorial Structure of the UCLA Loneliness Scale." *Psychological Reports* 53 (3): 883-89.
あや 2006「生きづらさ系のフォーラム」11 月 22 日 http://8238.teacup.com/hampen/bbs.
バレエ少女 2010「鬼神掲示板」. www3.ezbbs.net/cgi/bbs?id=onigame&dd=05&p=11
Bateson, Daniel. 2009 "These Things Called Empathy: Eight Related but Distinct Phenomena." In *Social Neuroscience of Empathy,* edited by Jean Decety and William Ickles, 3-16. Cambridge, MA: MIT Press.
Baumeister, Roy F., and Mark R. Leary. 1995 "The Need to Belong: Desire for Interpersonal Attachments as a Fundamental Human Motivation." *Psycho- logical Bulletin* 117 (3): 497-529.

Beutel, Manfred E., Eva M. Klein, Elmar Brähler, Iris Reiner, Claus Jünger, Matthias Michal, Jörg Wiltink, Philipp S. Wild, Thomas Münzel, Karl J. Lackner, and Ana N. Tibubos. 2017 "Loneliness in the General Population: Prevalence, Determinants and Relations to Mental Health." *BMC Psychiatry* 17 (97): 1-7.

Biehl, João and photographs by Torben Eskerod. 2005 *Vita: Life in a Zone of Social Abandonment.* Berkeley: University of California Press（= 2019『ヴィータ——遺棄された者たちの生』桑島薫・水野友美子訳、みすず書房）.

Biehl, João, Byron Good, and Arthur Kleinman. eds. 2007 *Subjectivity: Ethnographic Investigations*. Berkeley: University of California Press.

Bishop, Claire. 2012 *Artificial Hells: Participatory Art and the Politics of Spectatorship.* New York: Verso Books（=2016『人工地獄——現代アートと観客の政治学』大森俊克訳、フィルムアート社）.

ブラックジャック 2018「鬼神掲示板」www3.ezbbs.net/cgi/bbs?id=onigami&dd=05&p=11.

Blakemore, Sarah-Jayne, and Suparna Choudhury. 2006 "Development of the Adolescent Brain: Implications for Executive Function and Social Cognition." *Journal of Child Psychology & Psychiatry* 47 (3/4): 296-312.

ボア 2006「生きづらさ系のフォーラム」10月28日 http://8238.teacup.com/hampen/bbs.

Bondy, Christopher. 2017 "A Really Warm Place': Well-Being, Place and the Experiences of Buraku Youth." In *Happiness and the Good Life in Japan*, edited by Wolfram Manzenreiter and Barbara Holthus, 181-94. New York: Routledge.

Borovoy, Amy. 2008. "Japan's Hidden Youths: Mainstreaming the Emotionally Distressed in Japan." *Culture, Medicine, and Psychiatry* 32 (4): 552-76.

Bourdieu, Pierre. 1977 *Outline of a Theory of Practice*, Translated by Richard Nice, Cambridge: Cambridge University Press.

——— 1990 *The Logic of Practice*, Translated by Richard Nice, Stanford, CA: Stanford University Press.

Brodwin, Paul. 2003 "Marginality and Subjectivity in the Haitian Diaspora." *Anthropological Quarterly* 76 (3): 383-410.

——— 2014 "The Ethics of Ambivalence and the Practice of Constraint in U.S. Psychiatry." *Culture, Medicine, and Psychiatry* 38 (4): 527-49.

Buckley, Sandra. 2009 Preface to *Encyclopedia of Contemporary Japanese Culture*, edited by Sandra Buckley, xxx-xxxvi. New York: Routledge.

Buder, Emily. 2018. "With Japanese Cry Therapy Company Ikemeso Danshi, You Can

Pay to Shed Tears." *The Atlantic*, December 10, www.theatlantic.com /video/index/577729/crying-man-japan/.
バム 2006「生きづらさ系のフォーラム」10月15日 http://8238.teacup.com/hampen/bbs.
Cacioppo, John T., James H. Fowler, and Nicholas A. Christakis. 2009. "Alone in the Crowd: The Structure and Spread of Loneliness in a Large Social Network." *Journal of Personality and Social Psychology* 97 (6): 977-91.
Cacioppo, John T., Louise C. Hawkley, John M. Ernst, Mary Burleson, Gary G. Berntson, Bita Nouriani, and David Spiegel. 2006 "Loneliness within a Nomological Net: An Evolutionary Perspective." *Journal of Research in Personality* 40 (6): 1054-85.
Cacioppo, John T., and William Patrick. 2008 *Loneliness: Human Nature and the Need for Social Connection*. New York: W.W. Norton（= 2018『孤独の科学——人はなぜ寂しくなるのか』柴田裕之訳、河出文庫).
Cattan, Mima, Martin White, John Bond, and Alison Learmouth. 2005 "Preventing Social Isolation and Loneliness among Older People: A Systematic Review of Health Promotion Interventions." *Ageing and Society* 25 (1): 41-67.
チビ　2018「死にたい人の交流サイト」9月2日 http://blued.sakura.ne.jp/bbs/35/yybbs.cgi?pg=45.
Chibnik, Michael. 2015 "Goodbye to Print." *American Anthropologist* 117 (4): 637-39.
Chilson, Clark. 2018 "Naikan: A Meditation Method and Psychotherapy." *Oxford Research Encyclopedia of Religion*. https://doi.org/10.1093/acrefore /9780199340378.013.570.
張賢徳 2006『人はなぜ自殺するのか——心理学的剖検調査から見えてくるもの』東京：勉誠出版
Chua, Jocelyn Lim. 2014 *In Pursuit of the Good Life: Aspiration and Suicide in Globalizing South India*. Berkeley: University of California Press.
チュン・チュン　2016「幻想灯夜」2月29日 www2.ezbbs.net/cgi/bbs?id=ruruto&dd=05&p=3.
Clifford, James. 1997 *Routes: Travel and Translation in the Late Twentieth Century*. Cambridge, MA: Harvard University Press（= 2002『ルーツ——20世紀後期の旅と翻訳』毛利嘉孝ほか訳、月曜社).
ココア 2015「幻想灯夜」6月9日 www2.ezbbs.net/cgi/bbs?id=ruruto&dd=05&p=3.
今一生 2006『「死ぬ自由」という名の救い——ネット心中と精神科医』東京：河出書房新社
Cook, Michael. 2018. "Are We in the Middle of a Loneliness Epidemic?" Foundation for Economic Education. January 11. https://fee.org/articles/are-we-in -the-middle-of-a-

loneliness-epidemic/.
クッキー 2006「生きづらさ系のフォーラム」9月14日 http://8238.teacup.com/hampen/bbs.
Cooley, Charles Horton. 1983 "Looking-Glass Self." In *Human Nature and the Social Order*, ed. by Charles Horton Cooley, 183-85. New Brunswick, NJ: Transaction Publishers.
Cornwell, Erin York, and Linda J. Waite. 2009 "Social Disconnectedness, Perceived Isolation, and Health among Older Adults." *Journal of Health and Social Behavior* 50 (1): 31-48.
Crivelli, Carlos, and Alan J. Fridlund. 2019 "Inside-Out: From Basic Emotions Theory to the Behavioral Ecology View." *Journal of Nonverbal Behavior* 43 (2): 161-94.
Dalai Lama [Bstan-'dzin-rgya-mtsho]. 2012 *Beyond Religion: Ethics for a Whole World*. New York: Random House（= 2012『ダライ・ラマ 宗教を越えて――世界倫理への新たなヴィジョン』三浦順子訳、サンガ).
Dalai Lama [Bstan-'dzin-rgya-mtsho], and Arthur C. Brooks. 2016 "Behind Our Anxiety, the Fear of Being Unneeded." *New York Times*, November 4. www.nytimes.com/2016/11/04/opinion/dalai-lama-behind-our-anxiety-the-fear-of-being-unneeded.html.
Dalai Lama [Bstan-'dzin-rgya-mtsho], and Daniel Goleman. 2003 *Destructive Emotions: How Can We Overcome Them? A Scientific Dialogue with the Dalai Lama*. New York: Bantam Books.
Damasio, Antonio R. 1999 *The Feeling of What Happens: Body and Emotion in the Making of Consciousness*. New York: Harcourt College Publishers（= 2018『意識と自己』田中三彦訳、講談社学術文庫).
――― 2006 *Descartes' Error: Emotion, Reason, and the Human Brain*. New York: Random House（= 2010『デカルトの誤り――情動、理性、人間の脳』田中三彦訳、ちくま学芸文庫).
Danely, Jason. 2010 "Art, Aging, and Abandonment in Japan." *Journal of Aging Humanities and the Arts* 4 (1): 4-17.
――― 2014 *Aging and Loss: Mourning and Maturity in Contemporary Japan*. New Brunswick, NJ: Rutgers University Press.
Deibler, Daniel. 2015 "May 1, 1969: Fred Rogers Testifies Before the Senate Subcommittee on Communications." www.youtube.com/watch?v= fKy7ljRroAA.
de Jong Gierveld, Jenny, Theo G. van Tilburg, and Pearl A. Dykstra. 2018 "Loneliness and Social Isolation." In *The Cambridge Handbook of Personal Relationships*, edited by Anita L. Vangelisti and Daniel Perlman, 485-99. Cambridge: Cambridge University Press.

Decety, Jean, and William Ickles eds. 2009 The *Social Neuroscience of Empathy.* Cambridge, MA: MIT Press. of California Press（= 2016『共感の社会神経科学』岡田顕宏訳、勁草書房）.

でんでん 2006「心の花園」November 16. http://bbs1.nazca.co.jp/12/.

Desapriya, Ediriweera B. R., and Nobutada Iwase. 2003 "New Trends in Suicide in Japan." *Injury Prevention* 9 (3): 284.

Desjarlais, Robert R., Leon Eisenberg, Byron Good, and Arthur Kleinman. 1995 *World Mental Health: Problems and Priorities in Low-Income Countries.* Oxford: Oxford University Press.

Di Marco, Francesca. 2016 *Suicide in Twentieth-Century Japan*. New York: Routledge.

土居健郎 2001『「甘え」の構造』東京：弘文堂

動物園 2006「生きづらさ系のフォーラム」12 月 21 日 http://8238.teacup.com/hampen/bbs.0911/ko0/00/040/127000€.

Dunne, John. 2011 "Toward an Understanding of Non-Dual Mindfulness." *Contemporary Buddhism* 12 (1): 71-88.

Durkheim, Emile. 1951 *Suicide: A Study in Sociology.* New York: Free Press.

Ehrlich, David. 2018 "Kore-eda Hirokazu's Masterpiece 'Shoplifters' Is the Culmination of His Career." *IndieWire.* November 20. www.indiewire.com/2018/11/shoplifters-hirokazu-kore-eda-interview-palme-d-or-ethan-hawke-1202022396/.

Eisenberg, Nancy, and Richard A. Fabes. 1990 "Empathy: Conceptualization, Measurement, and Relation to Prosocial Behavior." *Motivation and Emotion* 14 (2): 131-49.

Ekman, Paul. 2003 *Emotions Revealed: Recognizing Faces and Feelings to Improve Communication and Emotional Life*. New York: Times Books.

Eliot, George. 1956 *Middlemarch.* Boston: Houghton Mifflin（= 2021『ミドルマーチ』廣野由美子訳、光文社古典新訳文庫）.

エリー 2006「生きづらさ系のフォーラム」8 月 14 日 http://8238.teacup.com/hampen/bbs.

Farnsworth, Jacob K., Kent D. Drescher, Jason A. Nieuwsma, Robyn B. Walser, and Joseph M. Currier. 2014 "The Role of Moral Emotions in Military Trauma: Implications for the Study and Treatment of Moral Injury." *Review of General Psychology* 18 (4): 249-62.

Fredrickson, Barbara L., Karen M. Grewen, Sara B. Algoe, Ann M. Firestine, Jesusa M. G. Arevalo, Jeffrey Ma, and Steve W. Cole. 2015 "Psychological Well-Being and the Human Conserved Transcriptional Response to Adversity." *PLOS One* 10 (3): 1-17.

Friedman, Milton. 1951 "Neoliberalism and Its Prospects." *Farmand*. February 17.

フレンズ 2017「生き苦しんでいる人たちのための掲示板」3 月 30 日. www2.ezbbs.net/cgi/bbs?id=ruruto&dd=05&p=2.

「福島原発事故の真実と放射能健康被害」2019 年 4 月 17 日 www.sting-"www.sting-wl.com/category/.

福谷修 2003『自殺マニュアル』（DVD）アムモ K.K.

Gagné, Isaac. 2020 "Dislocation, Social Isolation, and the Politics of Recovery in Post-Disaster Japan. *Transcultural Psychiatry* 57 (5): 710-23.

García, Héctor, and Francesc Miralles 2017 *Ikigai: The Japanese Secret to a Long and Happy Life*. New York: Penguin Life.

Geertz, Clifford. 1975. "On the Nature of Anthropological Understanding: Not Extraordinary Empathy but Readily Observable Symbolic Forms Enable the Anthropologist to Grasp the Unarticulated Concepts That Inform the Lives and Cultures of Other Peoples." *American Scientist* 63 (1): 47-53.

ゲットー n.d.『はてなブログ』. http://ghetto.hatenablog.com/.

Gibson, James J. 1979 "The Theory of Affordances." In *The Ecological Approach to Visual Perception*, 127-37. Boston: Houghton Mifflin（= 1985「アフォーダンスの理論」『生態学的視覚論——ヒトの知覚世界を探る』古崎敬ほか訳、サイエンス社).

Gilbert, Gustave. 1950 *The Psychology of Dictatorship: Based on an Examination of the Leaders of Nazi Germany*. New York: Ronald Press.

Golden, Jeannette, Ronán M. Conroy, Irene Bruce, Aisling Denihan, Elaine Greene, Michael Kirby, and Brian A. Lawlor. 2009 "Loneliness, Social Support Networks, Mood and Wellbeing in Community-Dwelling Elderly." *International Journal of Geriatric Psychiatry* 24 (7): 694-700.

ゴミ 2017「死にたい人の交流サイト」11 月 2 日 http://blued.sakura.nejp/bbs/35/yybbs.cgi?pg=45.

Good, Byron J. 2012 "Phenomenology, Psychoanalysis, and Subjectivity in Java." *Ethos* 40 (1): 24-36.

Gordon, Ilanit, Avery C. Voos, Randi H. Bennett, Danielle Z. Bolling, Kevin A. Pelphrey, and Martha D. Kaiser. 2013. "Brain Mechanisms for Processing Affective Touch." *Human Brain Mapping* 34 (4): 914-22.

Grabbe, Linda, and Elaine Miller-Karas. 2018. "The Trauma Resiliency Model: A Bottom-Up' Intervention for Trauma Psychotherapy." *Journal of the American Psychiatric Nurses Association* 24 (1): 76-84.

群馬 2006「生きづらさ系のフォーラム」11 月 4 日. http://8238.teacup.com/hampen/

bbs.

Haas, Ann P., Mickey Eliason, Vickie M. Mays, Robin M. Mathy, Susan D. Cochran, Anthony R. D'Augelli, Morton M. Silverman, et al. 2011 "Suicide and Suicide Risk in Lesbian, Gay, Bisexual, and Transgender Populations: Review and Recommendations." *Journal of Homosexuality* 58 (1): 10-51.

Hafner, Katie. 2016. "Researchers Confront an Epidemic of Loneliness." *New York Times*, September 5. www.nytimes.com/2016/09/06/health/lonliness-aging-health-effects.html.

浜口恵俊 1982『間人主義の社会　日本』東京：東洋経済新報社

Hammond, Claudia. 2018 "Five Myths about Loneliness." *BBC Future*. February 13. www.bbc.com/future/article/20180213-five-myths-about-loneliness"www.bbc.com/future/article/20180213-five-myths-about-loneliness.

Happy Campus 2003「ネット心中とデュルケムの自殺論」Happy Campus www.happycampus.co.jp/docs/963400369997@hco8/18202/.

Harris, Rebecca. 2015 "The Loneliness Epidemic: We're More Connected Than Ever-But Are We Feeling More Alone?" *Independent*, March 30. www.independent.co.uk/life-style/health-and-families/features/the-loneliness-epidemic-more-connected-than-ever-but-feeling-more-alone-10143206.html.

Hawkley, Louise C., and John T. Cacioppo. 2010 "Loneliness Matters: A Theoretical and Empirical Review of Consequences and Mechanisms." *Annals of Behavioral Medicine* 40 (2): 218-27.

Heidegger, Martin. 1962 *Being and Time,* Translated by John Macquarrie & Edward Robinson, New York: Harper & Row.

ハイホー会員サポート 2007「引き手役に引きずられて集団自殺――自殺サイトの恐怖」http://home.hi-ho.ne.jp/support/info/security/colum/column05.html"http://home.hi-ho.ne.jp/support/info/security/colum/column05.html.

「東日本大震災 7 年半　避難者数なお 5 万 8000 人」2018『毎日新聞』9 月 10 日 https://mainichi.jp/articles/20180911/ko0/00m/040/127000c.

Hollan, Douglas. 2008 "Being There: On the Imaginative Aspects of Understanding Others and Being Understood." *Ethos* 36 (4): 475-89.

Holthus, Barbara, and Wolfram Manzenreiter. 2017a "Conclusion: Happiness as a Balancing Act Between Agency and Social Structure." In *Happiness and the Good Life in Japan*, edited by Wolfram Manzenreiter and Barbara Holthus, 243-55. New York: Routledge.

——— 2017b "Introduction: Making Sense of Happiness in 'Unhappy Japan.'" In *Life Course, Happiness and Well-Being in Japan*, ed. by Barbara Holthus and Wolfram

Manzenreiter, 1-30. New York: Routledge.
——— eds. 2017c *Life Course, Happiness and Well-Being in Japan*. New York: Routledge.
Holt-Lunstad, Julianne, Timothy B. Smith, and J. Bradley Layton. 2010 "Social Relationships and Mortality Risk: A Meta-Analytic Review." *PLOS Medicine* 7 (7): 1-20.
Holt-Lunstad, Julianne, Timothy B. Smith, Mark Baker, Tyler Harris, and David Stephenson. 2015 "Loneliness and Social Isolation as Risk Factors for Mortality: A Meta-Analytic Review." *Perspectives on Psychological Science*10 (2): 227-37.
堀口逸子・赤松利恵 2005「社会における実態に関する研究――（1）新聞における報道の実態」上田茂編『Web サイトを介しての複数同時自殺の実態と予防に関する研究報告書』東京：国立精神衛生研究所（NCNP）、19-26
堀口逸子・張賢徳・赤松利恵・柄本三代子 2005「社会における実態に関する研究――（3）大学生を対象としたフォーカス・グループ・インタビュー調査新聞における報道の実態」上田茂編『Web サイトを介しての複数同時自殺の実態と予防に関する研究報告書』東京：国立精神衛生研究所（NCNP）、51-56
堀口逸子・柄本三代子 2005「社会における実態に関する研究――テレビにおける報道の実態」『Web サイトを介しての複数同時自殺の実態と予防に関する研究報告書』上田茂編 東京：国立精神衛生研究所（NCNP）、31-49
Humphry, Derek. 1991 *Final Exit: The Practicalities of Self-Deliverance and Assisted Suicide for the Dying*. New York: Random House.
池田清彦 2003「「ネット心中」事件に思う　身内と他人、逆転の果てに」『朝日新聞』4 月 21 日
「生きててすみません」2018「鬼神掲示板」www3.ezbbs.net/cgi/bbs?id=onigami&dd=05&p=11.
稲村博 1977『自殺学――その治療と予防のために』東京：東京大学出版会
Ip, Ka, Alison Miller, Mayumi Karasawa, Hidemi Hirabayashi, Midori Kazama, Li Wang, Sheryl Olson, Daniel Kessler, and Twila Tardif. 2020 "Emotion Expression and Regulation in Three Cultures: Chinese, Japanese, and American Preschoolers' Reactions to Disappointment." *Journal of Experimental Child Psychology* 20: 1-19.
石巻市 2012「石巻市の被害概況、復興の状況」www.city.ishinomaki .lg.jp/cont/10181000/8320/siryo1.pdf.
一緒 2005「お前はもう死んでいる」12 月 24 日 http://jamu.cc/2ch/test/read.cgi/xyz/#1.
一緒 2006「生きづらさ系のフォーラム」9 月 15 日 http://8238.teacup.com/hampen/bbs.
Ivy, Marilyn. 1995. *Discourses of the Vanishing: Modernity, Phantasm*, Japan. Chicago: nUniversity of Chicago Press.
Jackson, Michael. 2011. *Life within Limits: Well-Being in a World of Want.* Durham, NC.

Duke University Press.
——— 2013 *The Wherewithal of Life: Ethics, Migration, and the Question of Well-Being.* Berkeley: University of California Press.
Jenkins, Janis H. 1996 "Culture, Emotion and Psychiatric Disorder." In *Handbook of Medical Anthropology: Contemporary Theory and Method*, edited by Carolyn Sargent and Thomas Johnson, 71-87. Westport, CT: Greenwood Press.
Jiménez, Alberto Corsín. 2008 *Culture and Well-Being: Anthropological Approaches to Freedom and Political Ethics.* London: Pluto Press.
ジンギ 2006「自殺者の草原」12月16日 www.cotodama.org/cgi-bin/.
自殺志願生徒 2013「一緒に生きよう」5月16日 https://wailing.org/.
「自殺サイト　自殺志願者の憩いの場」. n.d. http://izayoi2.ddo.jp/top/.
「自殺サイトの投票ランキング」2005 Site Rank http://cat.jp.siterank.org/jp/cat/1100102562/.
「自殺対策にSNS、効果は？相談しやすい／反応がみえにくい」2018『朝日新聞』6月20日
「自殺者数の数字」2014　厚生労働省 www.mhlw.go.jp/wp/hakusyo /jisatsu/16/dl/1-01.pdf.
「自殺対策概要」2006「生きやすい社会の実現を目指して」www8.cao.go.jp/jisatsutaisaku/sougou/taisaku/kaigi_2/data/s1.pdf.
John, Tara. 2018. "How the World's First Loneliness Minister Will Tackle 'the Sad Reality of Modern Life.'" *Time*, April 25. https://time.com/5248016 /tracey-crouch-uk-loneliness-minister/.
Johnston, Barbara R., Elizabeth Colson, Dean Falk, Graham St John, John H. Bodley, Bonnie J. McCay, Alaka Wali, Carolyn Nordstrom and Susan Slyomovics. 2012 "Vital Topics Forum: On Happiness." *American Anthropologist* 114 (1): 6-18.
Joiner, Thomas E. 2005 *Why People Die by Suicide.* Cambridge, MA: Harvard University Press.
Jones, Torquil, and Gabriel Clarke. 2018 *Bobby Robson: More Than a Manager*（DVD）Noah Media Group.
カエル 2018「死にたい人の交流サイト」4月28日 http://blued.sakura.ne.jp/bbs/35/yybbs.cgi?pg=45.
影 2016「一緒に生きよう」6月22日 https://wailing.org/.
神谷美恵子 2004『生きがいについて』東京：みすず書房
カナタ 2010「鬼神掲示板」www3.ezbbs.net/cgi/bbs?id=onigami&dd=05&p=11.
かなた 2018「鬼神掲示板」www3.ezbbs.net/cgi/bbs?id=onigami&dd=05&p=11.

カオリ 2006「自殺者の草原」12 月 22 日 www.cotodama.org/cgi-bin/.

カスタマー 2018「鶴見済『完全自殺マニュアル』レビュー」アマゾン・ジャパン 10 月 18 日 www.amazon.co.jp/- /en/%E9%B6%B4%E8%A6%8B%E6%B8%88/dp/4872331265/ref=sr_1_3?dchild=1&keywords= %E8%87%AA%E6%AE%BA&qid=1623001044&s=books&sr=1-3.

Kavedžija, Iza. 2019. *Making Meaningful Lives: Tales from an Aging Japan*. Philadelphia: University of Pennsylvania Press.

香山リカ・森健 2004『ネット王子とケータイ姫——悲劇を防ぐための知恵』東京：中公新書ラクレ

警察庁 2019「東北地方太平洋沖地震の警察活動と被害状況」www.npa.go.jp/news/other/earthquake2011/pdf/higaijokyo_e.pdf.

警察庁生活安全局地域課 2006「平成 16 年における自殺の概要資料」www.npa.go.jp/safetylife/seianki/jisatsu/H16/H16_jisatunogaiyou.pdf.

欠陥 2017「死にたい人の交流サイト」. September 2. http://blued.sakura.ne.jp/bbs/35" /yybbs.cgi?pg=45.

ケン 2019「死にたい人の交流サイト」1 月 12 日 http://blued.sakura.ne.jp/bbs/35/yybbs.cgi?pg=45.

Keyes, Corey L. M. 2002 "The Mental Health Continuum: From Languishing to Flourishing in Life." *Journal of Health and Social Behavior* 43 (2): 207-22.

——— 2005 "Mental Illness and/or Mental Health? Investigating Axioms of the Complete State Model of Health." *Journal of Consulting and Clinical Psychology* 73 (3): 539-48.

——— 2014 "Mental Health as a Complete State: How the Salutogenic Perspective Completes the Picture." In *Bridging Occupational, Organizational and Public Health: A Transdisciplinary Approach*, edited by Georg F. Bauer and Oliver Hammig, 179-92. New York: Springer.

Keyes, Corey L. M., Dov Shmotkin, and Carol D. Ryff. 2002 "Optimizing Well-Being: The Empirical Encounter of Two Traditions." *Journal of Personality and Social Psychology* 82 (6): 1007-22.

Keyes, Corey L. M., and Eduardo J. Simoes. 2012 "To Flourish or Not: Positive Mental Health and All-Cause Mortality." *American Journal of Public Health* 102 (11): 2164-72.

キキ 2006「嘆き掲示板」10 月 13 日 http://wailing.org/freebsd/jisatu/index.html.

木村敏 1972『人と人との間——精神病理的日本論』東京：弘文堂

Kinsella, Sharon. 1994 "Cuties in Japan." In *Women, Media, and Consumption in Japan*, edited by Brian Moeran and Lisa Skov, 170-96. Honolulu: University of Hawaii Press.

Kirmayer, Laurence J. 2002 "Psychopharmacology in a Globalizing World: The Use of Antidepressants in Japan." *Transcultural Psychiatry* 39 (3): 295-322.

———. 2008 "Empathy and Alterity in Cultural Psychiatry." *Ethos* 36 (4): 457-74.

Kitanaka, Junko. 2011 *Depression in Japan: Psychiatric Cures for a Society in Distress.* Princeton, NJ: Princeton University Press.

Kitayama, Shinobu, Hazel Markus, Hisaya Matsumoto, and Vinai Norasak-kunkit. 1997 "Individual and Collective Processes in the Construction of the Self: Self-Enhancement in the United States and Self-Criticism in Japan." *Journal of Personality and Social Psychology* 72 (6): 1245-67.

Kleinman, Arthur. 1988 *The Illness Narratives: Suffering, Healing, and the Human Condition.* New York: Basic Books（= 1996『病いの語り――慢性の病いをめぐる臨床人類学』江口重幸訳、誠信書房）.

——— 1998 "Experience and Its Moral Modes: Culture, Human Conditions, and Disorder." Lecture presented at the Tanner Lectures on Human Values, Stanford University, April 13-15.

——— 2002 Preface to *Reducing Suicide: A National Imperative*, edited by Institute of Medicine, 4-7. Washington, DC: National Academies Press.

Klinenberg, Eric. 2018 "Is Loneliness a Health Epidemic?" *New York Times*, February 9. www.nytimes.com/2018/02/09/opinion/sunday/loneliness-health.html.

ナイト 2006「嘆き掲示板」12 月 20 日 http://wailing.org/freebsd/jisatu/index.html.

「心のケアチーム」n.d. 厚生労働省 https://saigai-kokoro.nenp.go.jp/activity/pdf/activity04_02.pdf.

今敏 2004『妄想代理人』東京：WOWOW

Kondo, Dorinne. 1990 *Crafting Selves: Power, Gender, and Discourses of Identity in a Japanese Workplace.* Chicago: University of Chicago Press.

是枝裕和 1998『ワンダフルライフ』（DVD）エンジンフィルム

厚生労働省 2015「平成 27 年版　自殺対策白書」www.city.kumamoto.jp/common/Upload FileDsp.aspx?c_id=5&id=12213&sub_id=1&flid=80342.

厚生労働省 2017「平成 29 年版　自殺対策白書」www.npa.go.jp/safetylife/seianki/jisatsu/H29/H29_jisatsunojoukyou_01.pdf.

Kral, Michael J. 1994 "Suicide as Social Logic." *Suicide & Life Threatening Behavior* 24 (3): 245-55.

Kukihara, Hiroko, Niwako Yamawaki, Kumi Uchiyama, Shoichi Arai, and Etsuo Horikawa. 2014 "Trauma, Depression, and Resilience of Earthquake/ Tsunami/ Nuclear Disaster Survivors of Hirono, Fukushima, Japan." *Psychiatry and Clinical*

Neurosciences 68 (7): 524-33.
黒沢清 2008『トウキョウソナタ』(DVD) ジャンゴフィルム
くろすけ 2006「心の花園」11 月 19 日 http://bbs1.nazca.co.jp/12/.
クル 2006「生きづらさ系のフォーラム」10 月 17 日 http://8238.teacup.com/hampen/bbs.
Lane, Richard D., and Lynn Nadel, eds. 2002 *Cognitive Neuroscience of Emotion.* Oxford: Oxford University Press.
Lester, David. 1987 *Suicide as a Learned Behavior.* Springfield, IL: Charles C. Thomas.
Lester, Rebecca. 2013 "Back from the Edge of Existence: A Critical Anthropology of Trauma." *Transcultural Psychiatry* 50 (5): 753-62.
LeTendre, Gerald K. 2000 *Learning to Be Adolescent: Growing up in U.S. and Japanese Middle Schools.* New Haven, CT: Yale University Press.
Lewis, Sara E. 2020 *Spacious Minds: Trauma and Resilience in Tibetan Buddhism.* Ithaca, NY: Cornell University Press.
Lindee, Susan. 2016 "Survivors and Scientists: Hiroshima, Fukushima, and the Radiation Effects Research Foundation, 1975-2014." *Social Studies of Science* 46 (2): 184-209.
Lock, Margaret. 1986 "Plea for Acceptance: School Refusal Syndrome in Japan." *Social Science & Medicine* 23 (2): 99-112.
——— 1988 "A Nation at Risk: Interpretations of School Refusal in Japan." In *Biomedicine Examined,* edited by Margaret Lock and Deborah R. Gordon, 377-414. Boston: Kluwer Academic.
——— 1993 *Encounters with Aging: Mythologies of Menopause in Japan and North America.* Berkeley: University of California Press. (= 2005『更年期——日本女性が語るローカル・バイオロジー』江口重幸ほか訳、みすず書房).
——— 2001 *Twice Dead: Organ Transplants and the Reinvention of Death.* Berkeley: University of California Press (= 2004『脳死と臓器移植の医療人類学』坂川雅子訳、みすず書房).
Long, Susan, ed. 2000 *Caring for the Elderly in Japan and the U.S.: Practices and Policies.* New York: Routledge.
——— 2001 "Negotiating the 'Good Death': Japanese Ambivalence about New Ways to Die." *Ethnology* 40 (4): 271-89.
——— 2005 *Final Days: Japanese Culture and Choice at the End of Life.* Honolulu: University of Hawaii Press.
——— 2012 "Ruminations on Studying Late Life in Japan." *Anthropology & Aging* 33 (2): 31-37.

——— 2020 "Family, Time, and Meaning Toward the End of Life in Japan." *Anthropology & Aging* 41: 24-45.

ラブハート 2016「幻想灯夜」10 月 24 日 www2.ezbbs.net/cgi/bbs?id=ruruto&dd=05&p=3.

Luhrmann, Tanya M. 2006. "Subjectivity." *Anthropological Theory* 6 (3): 345-61. Luhrmann, Tanya M., and Jocelyn Marrow, eds. 2016. *Our Most Troubling Madness: Case Studies in Schizophrenia across Cultures.* Berkeley: University of California Press.

Lutz, Catherine. 2017 "What Matters." *Cultural Anthropology* 32 (2): 181-91.

Lynch, Caitrin, and Jason Danely, eds. 2013 *Transitions and Transformations: Cultural Perspectives on Aging and the Life Course*. New York: Berghahn Books.

抹茶のジョー 2018「鶴見済『完全自殺マニュアル』レビュー」アマゾン・ジャパン 8 月 19 日 www.amazon.co.jp/-/en/%E9%B6%B4 %E8%A6%8B-%E6%B8%88/dp/4872331265/ref=sr_1_3?dchild=1&keywords=%E8%87%AA%E6%AE%BA&qid=1623001044&s=books&sr=1-3.

町沢静夫 2003『ひきこもる若者たち——「ひきこもり」の実態と処方箋』東京：大和書房

舞田敏彦 2016「絶望の国 日本は世界一「若者自殺者」を量産している」『プレジデント・オンライン』1 月 12 日 https://president.jp/articles/-/17058.

Manzenreiter, Wolfram, and Barbara Holthus, eds. 2017a *Happiness and the Good Life in Japan*. New York: Routledge.

——— 2017b "Introduction: Happiness in Japan Through the Anthropological Lens." In *Happiness and the Good Life in Japan*, edited by Wolfram Manzenreiter and Barbara Holthus, 1-22. New York: Routledge.

——— 2017c "Reconsidering the Four Dimensions of Happiness across the Life Course in Japan." In *Life Course, Happiness and Well-Being in Japan*, edited by Barbara Holthus and Wolfram Manzenreiter, 256-72. New York: Routledge.

Markus, Hazel R., and Shinobu Kitayama. 1991 "Culture and the Self: Implications for Cognition, Emotion, and Motivation." *Psychological Review* 98 (2):224-53.

まる 2006「生きづらさ系のフォーラム」11 月 7 日 http://8238.teacup.com/hampen/bbs.

Maruyama, Masao. 1969 *Thought and Behavior in Modern Japanese Politics*. London: Oxford University Press.

Mathews, Gordon. 1996a "The Stuff of Dreams, Fading: Ikigai and 'The Japanese Self.'" *Ethos* 24 (4): 718-47.

——— 1996b *What Makes Life Worth Living? How Japanese and Americans Make Sense of Their Worlds*. Berkeley: University of California Press.

——— 2017 “Happiness in Neoliberal Japan.” In *Happiness and the Good Life in Japan*, edited by Wolfram Manzenreiter and Barbara Holthus, 227-43. New York: Routledge.
Mathews, Gordon, and Carolina Izquierdo. 2008 *Pursuits of Happiness: Well-Being in Anthropological Perspective*. New York: Berghahn Books.
Mattingly, Cheryl. 2014 *Moral Laboratories: Family Peril and the Struggle for a Good Life*. Berkeley: University of California Press.
McIntosh, John L. 2004 “Year 2004 Official Final Data on Suicide in the United States.” American Association of Suicidology. www.suicidology.org.
McVeigh, Brian J. 1997 *Life in a Japanese Women's College: Learning to Be Ladylike*. New York: Routledge.
McWhirter, Benedict T. 1990 “Factor Analysis of the Revised UCLA Loneliness Scale.” *Current Psychology* 9 (1): 56-68.
Mead, George Herbert. 1934 *Mind, Self, and Society*. Chicago: University of Chicago Press.（= 2021『精神・自我・社会』山本雄二訳、みすず書房）.
Mead, Margaret. 2000 *Coming of Age in Samoa*. New York: Harper Perennial Modern Classics.
メランコリー 2017「死にたい人の交流サイト」8 月 29 日 http://blued.sakura.ne.jp/bbs/35/yybbs.cgi?pg=45.
Miles-Watson, Jonathan. 2010 “Political Economy, Religion and Wellbeing: The Practices of Happiness.” In *Ethnographic Insights into Happiness*, 125-33. New York: Routledge.
Miller-Karas, Elaine. 2015 *Building Resilience to Trauma: The Trauma and Community Resiliency Models*. New York: Routledge.
ミミ 2006「嘆き掲示板」12 月 11 日. http://wailing.org/freebsd/jisatu/index.html.
ミザリー 2006「生きづらさ系のフォーラム」9 月 15 日 http://8238.teacup.com/hampen/bbs.
見田宗介 1971『現代日本の心情と論理』東京 : 筑摩書房
——— 2006『社会学入門——人間と社会の未来』東京：岩波新書
宮崎駿 1984『風の谷のナウシカ』（VHS）東映
Mora, Ralph B. 2014 “Lessons Learned about PTSD from the Disaster in Fukushima.” Journal of Fukushima.” *Journal of Healthcare, Science and the Humanities* 4 (2): 23-39.
本橋豊・高橋祥友・中山健夫・川上憲人・金子善博 2006『STOP ！自殺——世界と日本の取り組み』東京：海鳴社
Moustakas, Clark E. 1961 *Loneliness*. New York: Prentice Hall（= 1984『愛と孤独』片岡康・東山紘久訳、創元社）
牟田武生 2007『ネット依存の恐怖——ひきこもり・キレる人間をつくるインター

ネットの落とし穴』東京：教育出版
Myers, Neely Laurenzo. 2015 *Recovery's Edge: An Ethnography of Mental Health Care and Moral Agency*. Nashville, TN: Vanderbilt University Press.
——— 2016 "Recovery Stories: An Anthropological Exploration of Moral Agency in Stories of Mental Health Recovery." *Transcultural Psychiatry* 53 (4): 427-44.
Nakamura, Karen. 2013 *A Disability of the Soul: An Ethnography of Schizophrenia and Mental Illness in Contemporary Japan*. Ithaca, NY: Cornell University Press.
中根千枝 1967『タテ社会の人間関係——単一社会の理論』東京：講談社現代新書
——— 1972 *Japanese Society*. Berkeley: University of California Press.
名無し 2016「鬼神掲示板」10 月 31 日 www3.ezbbs.net/cgi/bbs?id=onigami&dd=05&p=11.
なんとなく 2006「自殺者の草原」12 月 24 日 www.cotodama.org/cgi-bin/.
Neff, Kristin D., and Roos Vonk. 2009 "Self-Compassion Versus Global Self-Esteem: Two Different Ways of Relating to Oneself." *Journal of Personality* 77 (1): 23-50.
「ネットがつなぐ集団自殺あと絶たず　住宅に男女五遺体」2018『日本経済新聞』7 月 22 日
Niezen, Ronald. 2009 "Suicide as a Way of Belonging: Causes and Consequences of Cluster Suicides in Aboriginal Communities." In *Healing Traditions: The Mental Health of Aboriginal Peoples in Canada*, edited by Laurence J. Kirmayer and Gail Valaskakis, 178-95. Vancouver: University of British Columbia Press.
ノーネーム 2006「自殺者の草原」7 月 14 日 www.cotodama.org/cgi-bin/.
大澤真幸 1996『虚構の時代の果て——オウムと世界最終戦争』東京：ちくま新書
OK n.d.「幻想灯夜」www2.ezbbs.net/cgi/bbs?id=ruruto&dd=05&p=3.
小此木啓吾 2005『「ケータイ・ネット」人間の精神分析』東京：朝日文庫
鬼神 2017「鬼神掲示板」www3 .ezbbs.net/cgi/bbs?id=onigami&dd=05&p=11.
鬼神 2017「鬼神掲示板」10 月 5 日 www3.ezbbs.net/05/onigami/.
Ortner, Sherry B. 2005 "Subjectivity and Cultural Critique." *Anthropological Theory* 5 (1): 31-52.
大友克洋 1988『AKIRA』(VHS) 東宝
Ozawa-de Silva, Brendan. 2015 "Becoming the Wish-Fulfilling Tree: Compassion and the Transformation of Ethical Subjectivity in the Lojong Tradition of Tibetan Buddhism." PhD diss., Emory University.
Ozawa-de Silva, Chikako. 2006. *Psychotherapy and Religion in Japan: The Japanese Introspection Practice of Naikan*. New York: Routledge.
——— 2007 "Demystifying Japanese Therapy: An Analysis of Naikan and the Ajase Complex through Buddhist Thought." *Ethos: Journal of the Society for Psychological*

Anthropology 35 (4): 411-46.
——— 2008 "Too Lonely to Die Alone: Internet Suicide Pacts and Existential Suffering in Japan." *Culture, Medicine and Psychiatry* 32 (4): 516-51.
——— 2009 "Seeking to Escape the Suffering of Existence: Internet Suicide in Japan." In *Understanding and Applying Medical Anthropology*, edited by Peter J. Brown and Ronald L. Barrett, 246-58. Mountain View, CA: Mayfield.
——— 2010 "Shared Death: Self, Sociality and Internet Group Suicide in Japan." *Transcultural Psychiatry* 47 (3): 392-418.
——— 2017「若者の自殺から見える孤独感と存在的苦悩（ Existential Suffering)」『臨床心理学』17 (4): 568-69
——— 2020 "In the Eyes of Others: Loneliness and Relational Meaning in Life Among Japanese College Students." *Transcultural Psychiatry* 57 (5): 623-34.
Ozawa-de Silva, Chikako, and Brendan Ozawa-de Silva. 2010 "Secularizing Religious Practices: A Study of Subjectivity and Existential Transformation in Naikan Therapy." *Journal for the Scientific Study of Religion* 49 (1): 147-61.
Ozawa-de Silva, Chikako, and Michelle Parsons. 2020 "Toward an Anthropology of Loneliness." *Transcultural Psychiatry* 57 (5): 613-22.
Peplau, Letitia Anne, and Daniel Perlman.1982 *Loneliness: A Sourcebook of Current Theory, Research, and Therapy*. New York: Wiley.
Perlman, Daniel, and Letitia A. Peplau. 1981 "Toward a Social Psychology of Loneliness." In *Personal Relationships 3: Personal Relationships in Disorder*, edited by Robin Gilmour and Steve Duck, 31-43. London: Academic Press.
Perry, Philippa. 2014. "Loneliness Is Killing Us-We Must Start Treating This Disease." *Guardian*, February 17 www.theguardian.com/commentisfree /2014/feb/17/loneliness-report-bigger-killer-obesity-lonely-people.
Pike, Kathleen M., and Amy Borovoy. 2004 "The Rise of Eating Disorders in Japan: Issues of Culture and Limitations of the Model of 'Westernization.'" *Culture, Medicine and Psychiatry* 28 (4): 493-531.
Pinguet, Maurice. 1993 *Voluntary Death in Japan*, Translated by Rosemary MorrisHoboken, Cambridge : Polity Press.
ポイズン 2018「一緒に生きよう」10 月 25 日 https://wailing.org/.
Prime Minister's Office, Department for Digital, Culture, Media & Sport, Office for Civil Society, and The Right Honourable Theresa May 2018 "PM Launches Government's First Loneliness Strategy" GOV.UK. October 15. www.gov.uk. / government/news/pm-launches-governments-first-loneliness-strategy.

パフィ 2016「幻想灯夜」3月4日 www2.ezbbs.net/cgi/bbs?id=ruruto&dd=05&p=3.
Qualter, Pamela, Janne Vanhalst, Rebecca Harris, Eeske Van Roekel, Gerine Lodder, Munirah Bangee, Marlies Maes, and Maaike Verhagen. 2015 "Loneliness across the Life Span." *Perspectives on Psychological Science* 10 (2): 250-64.
レイコ 2017「鬼神掲示板」10月14日 www3 .ezbbs.net/05/onigami/.
Rich, Motoko, and Hikari Hida. 2021 "As Pandemic Took Hold, Suicide Rose among Japanese Women." *New York Times*, February 23. www.nytimes.com /2021/02/22/world/asia/japan-women-suicide-coronavirus.html.
Robbins, Joel. 2013 "Beyond the Suffering Subject: Toward an Anthropology of the Good." *Journal of the Royal Anthropological Institute* 19 (3): 447-62.
Rochat, Philippe. 2009a "Commentary: Mutual Recognition as a Foundation of Sociality and Social Comfort." In *Social Cognition: Development, Neuroscience, and Autism*, edited by Tricia Striano and Vincent Reid, 303-17. Malden, MA: Blackwell.
——— 2009b *Others in Mind: Social Origins of Self-Consciousness*. Cambridge: Cambridge University Press.
Rosenberger, Nancy. 2001 *Gambling with Virtue: Japanese Women and the Search for Self in a Changing Nation*. Honolulu: University of Hawaii Press.
——— 2007 "Rethinking Emerging Adulthood in Japan: Perspectives from Long-Term Single Women." *Child Development Perspectives* 1 (2): 92-95.
Routasalo, Pirkko E., Niina Savikko, Reijo S. Tilvis, Timo E. Strandberg, and Kaisu H. Pitkäl. 2006 "Social Contacts and Their Relationship to Loneliness Among Aged People-A Population-Based Study." *Gerontology* 52 (3): 181-87.
Rubin, Rita. 2017 "Loneliness Might Be a Killer, but What's the Best Way to Protect against It?" *Journal of the American Medical Association* 318 (19): 1853-55.
ランラン 2006「生きづらさ系のフォーラム」9月14日 http://8238.teacup.com/hampen/bbs.
Russell, Daniel W. 1996 "UCLA Loneliness Scale (Version 3): Reliability, Validity, and Factor Structure." *Journal of Personality Assessment* 66 (1): 20-40.
Russell, Daniel W., Carolyn E. Cutrona, Cynthia McRae, and Mary Gomez. 2012 "Is Loneliness the Same as Being Alone?" *Journal of Psychology* 146 (1-2): 7-22.
Ryff, Carol D., Corey L. M. Keyes, and Diane L. Hughes. 2003 "Status Inequalities, Perceived Discrimination, and Eudaimonic Well-Being: Do the Challenges of Minority Life Hone Purpose and Growth?" *Journal of Health and Social Behavior* 44 (3): 275-91.
Sadakane, Hideyuki. 2008 "A Sociological Investigation on 'Group Suicides through the Internet' in Japan." *Japanese Sociological Review* 58 (4): 593-607.

斎藤環 1998『社会的ひきこもり』東京：PHP 新書
——— 2003「「生」の希薄さ、根底に」『朝日新聞』5 月 2 日
齊藤友紀雄 n.d. 著者との私的なインタビュー
Samuels, David. 2007 "Let's Die Together." *The Atlantic*, May. www.theatlantic.com/magazine/archive/2007/05/let-s-die-together/305776/.
佐々木俊尚 2007「大手マスコミ　インターネット心中報道の落とし穴」http://homepage3.nifty.com/sasakitoshinao/pcexplorer_5.html.
さや 2006「嘆き掲示板」10 月 12 日 http://wailing.org/freebsd/jisatu/index.html.
Schinka, Katherine C., Manfred H. M. VanDulmen, Robert Bossarte, and Monica Swahn. 2012 "Association Between Loneliness and Suicidality during Middle Childhood and Adolescence: Longitudinal Effects and the Role of Demographic Characteristics." *Journal of Psychology* 146 (1-2): 105-18.
Seligman, Martin E. P. 2002 *Authentic Happiness: Using the New Positive Psychology to Realize Your Potential for Lasting Fulfillment.* New York: Free Press.
Seligman, Martin E. P., and Mihaly Csikszentmihalyi. 2000 "Positive Psychology: An Introduction." *American Psychologist* 55 (1): 5-14
Shay, Jonathan. 2014 "Moral Injury." *Psychoanalytic Psychology* 31 (2): 182-91.
Shevlin, Mark, Siobhan Murphy, and Jamie Murphy. 2015 "The Latent Structure of Loneliness: Testing Competing Factor Models of the UCLA Loneliness Scale in a Large Adolescent Sample." *Assessment* 22 (2): 208-15.
渋井哲也 2012「一人で死ぬのは淋しい」10 月 https://biz-journal.jp/2012/10/post_883_3.html.
渋井哲也 2007『若者たちはなぜ自殺するのか』東京：長崎出版
Shimizu, Hidetada. 2001a "Introduction: Japanese Cultural Psychology and Empathic Understanding: Implications for Academic and Cultural Psychology." In *Japanese Frames of Mind: Cultural Perspectives on Human Development,* edited by Hidetada Shimizu and Robert A. LeVine, 1-26. Cambridge: Cambridge University Press.
——— 2001b "Beyond Individualism and Sociocentrism: An Ontological Analysis of the Opposing Elements in Personal Experiences of Japanese Adolescents." In *Japanese Frames of Mind: Cultural Perspectives on Human Development*, ed. by Hidetada Shimizu and Robert A. LeVine, 205-27. Cambridge: Cambridge University Press.
Shimizu, Hidetada, and Robert A. LeVine, eds. 2001. *Japanese Frames of Mind: Cultural Perspectives on Human Development.* Cambridge: Cambridge University Press.
清水浩 1998『生きない』（DVD）オフィス北野
清水新二 2005「現代日本の人間関係パターンと情報機器コミュニケーション」上田

茂編『Webサイトを介しての複数同時自殺の実態と予防に関する研究報告書』東京 : 国立衛生研究所（NCNP）、77-86
東水壮太 2018 「車から男女3人の遺体、集団自殺か　共感する声多数で「日本どうした」と反響——埼玉県内のボート場に駐車中の車の中に、男女3人の遺体。疑われる集団自殺に相次ぐ共感の声」『Sirabee　ニュース』8月17日 https://sirabee.com/2018/08/17/20161754117/.
『新潮45』編集部 2017「「座間9遺体事件」私はこうして「首吊り士」から逃れた——同棲を約束しながら九死に一生を得た21歳女性の告白」『デイリー新潮』11月17日.
少女A 2017「鬼神掲示板」2月5日. www3.ezbbs.net/cgi/bbs?id=onigami&dd=05&p=1.
シュシュ 2006「生きづらさ系のフォーラム」12月13日 http://8238.teacup.com/hampen/bbs.
Singer, Tania, Ben Seymour, John O'Doherty, Holger Kaube, Raymond J. Dolan, and Chris D. Frith. 2004 "Empathy for Pain Involves the Affective but Not Sensory Components of Pain." *Science* 303 (5661): 1157-62.
Soble, Jonathan. 2015 "Japan to Pay Cancer Bills for Fukushima Worker." *New York Times*, October 20. www.nytimes.com/2015/10/21/world/asia/japan -cancer-fukushima-nuclear-plant-compensation.html.
園子温 2001『自殺サークル』（DVD）アースライズ
Steger, Michael F., Patricia Frazier, Shigehiro Oishi, and Matthew Kaler. 2006 "The Meaning in Life Questionnaire: Assessing the Presence of and Search for Meaning in Life." *Journal of Counseling Psychology* 53 (1): 80-93.
Steger, Michael F., Shigehiro Oishi, and Todd B. Kashdan. 2009 "Meaning in Life across the Life Span: Levels and Correlates of Meaning in Life from Emerging Adulthood to Older Adulthood." *Journal of Positive Psychology* 4 (1): 43-52.
Steger, Michael F., and Emma Samman. 2012 "Assessing Meaning in Life on an International Scale: Psychometric Evidence for the Meaning in Life Questionnaire-Short Form among Chilean Households." *International Journal of Wellbeing* 2 (3): 182-95.
Steptoe, Andrew, Aparna Shankar, Panayotes Demakakos, and Jane Wardle. 2013 "Social Isolation, Loneliness, and All-Cause Mortality in Older Men and Women." *Proceedings of the National Academy of Sciences* 110 (15): 5797-801.
Stevenson, Lisa. 2014 *Life Beside Itself: Imagining Care in the Canadian Arctic*. Berkeley: University of California Press.
Strauss, Clara, Billie Lever Taylor, Jenny Gu, Willem Kuyken, Ruth Baer, Fergal Jones,

and Kate Cavanagh. 2016 "What Is Compassion and How Can We Measure It? A Review of Definitions and Measures." *Clinical Psychology Review* 47: 15-27.
Strauss, Claudia. 2006 "The Imaginary." *Anthropological Theory* 6 (3): 322-44.
Sugiyama-Lebra, Takie. 1976 *Japanese Patterns of Behaviour.* Honolulu: University of Hawaii Press.
——— 1984 *Japanese Women: Constraint and Fulfillment*. Honolulu: University of Hawaii Press.
Takashi, Suichiro 2018 "Shiraishi's Suicidal 'Hanging Neck' Is a Hot Topic! Looking for Suicide Applicants with Multiple Accounts.". *Yomiuri News*, September 10.
Suizzo, Marie-Anne. 2004 "Mother-Child Relationships in France: Balancing Autonomy and Affiliation in Everyday Interactions." *Ethos* 32 (3): 293-323.
Tabuchi, Hiroko. 2014 "Unskilled and Destitute Are Hiring Targets for Fukushima Cleanup." *New York Times*, March 17. www.nytimes.com/2014/03 /17/world/asia/unskilled-and-destitute-are-hiring-targets-for-fukushima-cleanup.html.
田口一成 2014『生きがいとはなにか――生きがいをめぐる一試論』n.p. Kindle
Takahashi, Yoshitomo（高橋祥友）1997a "Culture and Suicide: From a Japanese Psychiatrist's Perspective." *Suicide and Life-Threatening Behavior* 27 (1): 137-46.
——— 1997b『自殺の心理学』東京：講談社現代新書
——— 1998『群発自殺――流行を防ぎ、模倣を止める』東京：中公新書
——— 1999『青少年のための自殺予防マニュアル』東京：金剛出版
——— 2001『自殺のサインを読みとる』東京：講談社
——— 2006『自殺予防』東京：岩波新書
——— 2009 著者との私的なインタビュー（5 月）
竹島正 2009『ネット世代の自殺関連行動と予防のあり方に関する研究』東京：国立衛生研究所（NCNP）
「宅配毒物で自殺　ほう助容疑で警視庁捜査」1998『朝日新聞』12 月 25 日
Tamashiro, Tim. 2019 *How to Ikigai: Lessons for Finding Happiness and Living Your Life's Purpose.* Coral Gables, FL: Mango Media.
Taylor, Charles. 1989 *Sources of the Self: The Making of Modern Identity*. Cambridge, MA: Harvard University Press (= 2010『自我の源泉――近代的アイデンティティの形成』下川潔・桜井徹・田中智彦訳、名古屋大学出版会).
てんてん 2016「鶴見済『完全自殺マニュアル』レビュー」9 月 15 日 Amazon Japan. www.amazon.co.jp/-en/%E9%B6%B4 %E8%A6%8B-%E6%B8%88/dp/4872331265/ref=sr_1_1?dchild=1&keywords =%E8%87%AA%E6%AE%BA%E3%83%9E%E3%83%8B%E3%83%A5%E3

%82%A2%E3%83%AB&qid=1623004337&s=books&sr=1-1.
Thin, Neil. 2008 "Realising the Substance of Their Happiness': How Anthropology Forgot About *Homo gauisus*." In *Culture and Well-Being: Anthropo- logical Approaches to Freedom and Political Ethics*, edited by Alberto Corsín Jiménez, 134-55. London: Pluto Press.
Throop, Jason, and Douglas Hollan, eds. 2008 "Special Issue: Whatever Happened to Empathy?" *Ethos* 36(4): 385-489.
"The Truth of the Fukushima Nuclear Accident and Radiation Health Damange." n.d. www.sting-wl.com/category/.
Tiefenbach, Tim, and Florian Kohlbacher. 2017 "Fear of Solitary Death in Japan's Aging Society." In *Life Course, Happiness and Well-Being in Japan*, edited by Barbara Holthus and Wolfram Manzenreiter, 238-55. New York: Routledge.
トム 2018「鬼神掲示板」www3.ezbbs.net/cgi/bbs?id=onigami&dd=05&p=11.
Tomaka, Joe, Sharon Thompson, and Rebecca Palacios. 2006 "The Relation of Social Isolation, Loneliness, and Social Support to Disease Outcomes among the Elderly." *Journal of Aging and Health* 18 (3): 359-84.
トトロ 2006「心の花園」11 月 19 日 http://bbs1.nazca.co.jp/12/.
Traphagan, John. 2000 *Taming Oblivion: Aging Bodies and the Fear of Senility in Japan.* Albany, NY: State University of New York Press.
——— 2003 "Older Women as Caregivers and Ancestral Protection in Rural Japan." *Ethnology* 42 (2): 127-39.
——— 2004 "Interpretations of Elder Suicide, Stress, and Dependency among Rural Japanese." *Ethnology* 43 (4): 315-29.
——— 2010 "Intergenerational Ambivalence, Power, and Perceptions of Elder Suicide in Rural Japan." *Journal of Intergenerational Relationships* 8 (1): 21-37.
トゥループルー 2018「鬼神掲示板」www3.ezbbs.net/cgi/bbs?id=onigami&dd=05&p=11.
鶴見済 1993『完全自殺マニュアル』東京：太田出版
Tsutsumi, Akira. 2004 Comment posted on "Why Are Suicide Pacts on the Rise in Japan?" *BBC News*, October 15. http://news.bbc.co.uk/2/hi/talking_point /3737072. stm.
"Twitter 'Hangers' 'I Want to Die' Identify the Identity of Eight Housewives." 2017. *Kozitech*, November 10.
上田茂編 2005『Web サイトを介しての複数同時自殺の実態と予防に関する研究報告書』東京：国立衛生研究所（NCNP）
Ueno, Kayoko. 2005 "Suicide as Japan's Major Export: A Note on Japanese Suicide

Culture." *Revista Espaco Academico*, no. 44 (January). https://web .archive.org/web/20141219085031/http://www.espacoacademico.com.br/044/44eueno_ing.htm.
海 2006「生きづらさ系のフォーラム」http://8238.teacup.com/hampen/bbs.
碓井真史 2002 「インターネット心理学」www.n-seiryo.ac.jp/-usui/net/.
Victor, Christina, Sasha Scambler, John Bond, and Ann Bowling. 2000 "Being Alone in Later Life: Loneliness, Social Isolation and Living Alone." *Reviews in Clinical Gerontology* 10 (4): 407-17.
Victor, Christina R. 2011 "Loneliness in Old Age: The UK Perspective." In *Safeguarding the Convoy: A Call to Action from the Campaign to End Loneliness*. Abingdon: Age UK Oxfordshire. https://campaigntoendloneliness.org /wp-content/uploads/downloads/2011/07/safeguarding-the-convey_-_a-call-to-action-from-the-campaign-to-end-loneliness.pdf.
Vij, Ritu. 2007 *Japanese Modernity and Welfare: State, Civil Society and Self in Contemporary Japan*. London: Palgrave Macmillan.
——— 2012 著者との私的なインタビュー(2月2日)
Vogel, Ezra F. 1980 *Japan as Number One: Lessons for America*. Cambridge, MA: Harvard University Press.
——— 1993 *The Four Little Dragons: The Spread of Industrialization in East Asia*. Cambridge, MA: Harvard University Press.
Waal, F. B. M. de. 2009 *The Age of Empathy: Nature's Lessons for a Kinder Society*. New York: Harmony Books(= 2010『共感の時代へ——動物行動学が教えてくれること』柴田裕之訳、紀伊國屋書店).
和田秀樹 2011『震災トラウマ』東京：ベスト新書
和田修一 2000「高齢社会における「生きがい」の論理」『生きがい研究』12: 18-45
「若者の自殺をめぐる状況」2014 厚生労働省 www.city.kumamoto.jp/common / UploadFileDsp.aspx?c_id=5&id=12213&sub_id=1&flid=80342.
「若者 死に至る訳「自己消去」願望——10代死生観アンケート結果」2003『AERA』8月25日号
Walker, Harry, and Iza Kavedžija. 2016 "Introduction: Values of Happiness." In *Values of Happiness: Toward an Anthropology of Purpose in Life*, edited by Harry Walker and Iza Kavedžija, 1-28. Chicago: Hau Books.
渡部真 2014「巻頭言」渋井哲也・村上和巳・渡部真・太田伸幸編著『震災以降——終わらない 3.11——3年目の報告』東京：三一書房
Weeks, David G., John L. Michela, Letitia A. Peplau, and Martin E. Bragg. 1980 "Relation Between Loneliness and Depression: A Structural Equation Analysis." *Journal of*

Personality and Social Psychology 39 (6): 1238-44.
Weiss, Robert Stuart. 1974 *Loneliness: The Experience of Emotional and Social Isolation.* Cambridge, MA: MIT Press.
White, Merry I. 1994 *The Material Child: Coming of Age in Japan and America*. Berkeley: University of California Press.
ウィング 2015「一緒に生きよう」https://wailing.org/.
Yamamoto-Mitani, Noriko, and Margaret I. Wallhagen. 2002 "Pursuit of Psychological Well-Being (Ikigai) and the Evolution of Self-Understanding in the Context of Caregiving in Japan." *Culture, Medicine and Psychiatry* 26 (4): 399-417.
山本陽一・多々良和臣 2006「日本で急増するネット自殺――2年間で3倍に」http://ameblo.jp/babanuki/entry-1001013 8363.html.
Yang, Ryan. 2013 "Mr. Rogers on Arsenio Hall." www.youtube.com/watch?v=1geWczVpUbE.
ゆでたまご 2006「サイト・ガイド」ゲットー http://ghetto.hatenablog.com/entry/2019/10/31/siteguide.
―――― 2018『たまごんのブログ』(blog) 7月7日 https://ydet .hatenablog.com/entry/2018/07/07/123000.
ヨシエ 2018「鬼神掲示板」8月28日 www3.ezbbs.net/05/onigami/.
ザ・掲示板 2003「自殺したい人はおいでよ。ビシッと叱ってあげるから」http://psychology.dot.thebbs.jp/1050136588.html.
ザザ 2018「鬼神掲示板」1月18日 www3.ezbbs.net/05/onigami/.
Zielenziger, Michael. 2006 *Shutting Out the Sun: How Japan Created Its Own Lost Generation.* New York: Vintage.
Zika, Sheryl, and Kerry Chamberlain. 1992 "On the Relation Between Meaning in Life and Psychological Well-Being." *British Journal of Psychology* 83 (1): 133-45.

【著者】

小澤デシルバ慈子（Chikako Ozawa-de Silva）

専門は医療人類学、心理人類学、社会人類学、日本研究。エモリー大学人類学部教授を経て、現在同大学ロシアおよび東アジア言語文化学科教授。単著に *Psychotherapy and Religion in Japan: The Japanese Introspection Practice of Naikan*（Routledge、2006年、未邦訳）がある。編著に *Toward an Anthropology of Loneliness*（Transcultural Psychiatry、2020年、未邦訳）がある。なお本書『孤独社会』は Victor Turner Book 賞、Stirling Book 賞、Francis Hsu Book 賞の受賞作である。

【訳者】

吉川純子（よしかわ・じゅんこ）

専門はアメリカ文学、アメリカ文化、ジェンダー研究。法政大学、中央大学他講師。お茶の水女子大学大学院修士課程英文学専攻修了。ラトガース大学大学院修士課程英文学専攻修了。共著に福田敬子他編『憑依する英語圏テクスト——亡霊・血・まぼろし』（音羽書房鶴見書店、2018年）がある。共訳書に、サラ・サリー『ジュディス・バトラー』（竹村和子他訳、青土社、2005年）がある。

孤独社会

現代日本の〈つながり〉と〈孤立〉の人類学

2024 年 8 月 20 日　第 1 刷印刷
2024 年 9 月 6 日　第 1 刷発行

著者　小澤デシルバ慈子
訳者　吉川純子
発行者　清水一人
発行所　青土社

東京都千代田区神田神保町 1-29　市瀬ビル　〒 101-0051
電話　03-3291-9831（編集）　03-3294-7829（営業）
振替　00190-7-192955

印刷所・製本所　双文社印刷

装幀　國枝達也

Printed in Japan
ISBN 978-4-7917-7669-6